BECOMING A MANAGER
HOW NEW MANAGERS MASTER THE CHALLENGES
OF LEADERSHIP（2ND EDITION）

上任第一年

从业务骨干到
团队管理者的成功转型

（原书第2版）

[美] 琳达·希尔（Linda A. Hill） 著

罗波 / 译　　康至军 / 审校

图书在版编目（CIP）数据

上任第一年 1：从业务骨干到团队管理者的成功转型（原书第 2 版）/（美）希尔（Hill, L. A.）著；罗波译 . —北京：机械工业出版社，2015.12（2025.4 重印）

书名原文：Becoming a Manager: How New Managers Master the Challenges of Leadership

ISBN 978-7-111-52445-8

I. 上… II.① 希… ② 罗… III. 企业领导学 IV. F272.91

中国版本图书馆 CIP 数据核字（2015）第 303065 号

北京市版权局著作权合同登记　图字：01-2012-7138 号。

Linda A. Hill. Becoming a Manager: How New Managers Master the Challenges of Leadership, 2nd Edition.

Copyright © 2003 Harvard Business School Press.

Published by arrangement with Harvard Business School Press.

Simplified Chinese Translation Copyright © 2016 by China Machine Press. This edition is authorized for sale in the Chinese mainland (excluding Hong Kong SAR, Macao SAR and Taiwan).

No part of this book may be reproduced or transmitted in any form or by any means, electronic or mechanical, including photocopying, recording or any information storage and retrieval system, without permission, in writing, from the publisher.

All rights reserved.

本书中文简体字版由 Harvard Business School Press 授权机械工业出版社在中国大陆地区（不包括香港、澳门特别行政区及台湾地区）独家出版发行。未经出版者书面许可，不得以任何方式抄袭、复制或节录本书中的任何部分。

上任第一年 1
从业务骨干到团队管理者的成功转型（原书第 2 版）

出版发行：机械工业出版社（北京市西城区百万庄大街 22 号　邮政编码：100037）

责任编辑：岳晓月　　　　　　　　　　　责任校对：董纪丽

印　　刷：北京机工印刷厂有限公司　　　版　　次：2025 年 4 月第 1 版第 27 次印刷

开　　本：170mm×242mm　1/16　　　　印　　张：21.25

书　　号：ISBN 978-7-111-52445-8　　　定　　价：79.00 元

客服电话：（010）88361066　68326294

版权所有 · 侵权必究
封底无防伪标均为盗版

谨以此书献给我的双亲——克利福德·希尔和莉莲·希尔，他们鼓励我对事物充满好奇心，对生活保持乐观向上的心态。

The Translator's Words
译者序

新晋主管的最实用指引

管理别人不是管理自己的延伸。

在人生的经历当中，我们会遇到很多人生角色的转型，比如结婚、升级做父母。成为管理者所需要的学习和转变，不啻人生角色的转型。和这些重大的人生转折一样，管理者也必须发展出崭新的思维和行为模式。

越是明星员工，在成为管理者时面临的挑战越大。让自己成为优秀员工的种种习惯，反而会成为管理者之路上的绊脚石。成为管理者，意味着要扮演完全不同的角色，必须学会以全新的方式来对待工作。

大部分走上管理岗位的人，在最初的一段时间里都是懵懵懂懂的。很多人会有一点"终于有手下可以差遣"的得意，但对于成为团队"当家人"没有太多的感觉。随着工作中的挑战越来越多，突然有一天发现，自己似乎掉到了陷阱当中。管好下属如同赶着一群猫向前走，困难的让自己精疲力竭。

如何应对晋升后的挑战？书籍多如牛毛，最有价值的，当属这一本。琳达·希尔教授没有坐在书斋里闭门造车，而是找到了 19 位主管，并完整地记录了他们在上任第一年中经历的所有成功和失败。

本书的内容分为五个部分：

成为一名主管到底意味着什么？书中通过分析不同人员（上级、下属、同级）对新主管的期望，来引发反思。鲜活的观点随处可见：失控感和依赖感会困扰新主管；必须从关注具体问题，转变为关注人的管理，并且不再将管人视为杂事儿……

成为一名主管最大的两个挑战是什么？首先要面对互赖性：仅靠职权、命令和控制是不够的，必须要赢得信任，激励而非威逼下属；其次要面对多样性：管理下属没有标准的答案，必须采取因人而异的管理方式。做过管理者的都知道，这两点有多难。

成为一名主管仅仅需要技能提升吗？成为主管更是一次人生的成长和修炼。管人带队伍，跟生活中升级做父母有很多相似之处。在应对现实的各种挑战、冲突之余，要更深入地了解自己，与内心对话，与自己更融洽地相处。

怎样才能帮助个人完成向主管的跨越呢？尽管大部分人认为，"自己的坎儿只能自己过，没人可以替代自己，也没有捷径可循，自己必须勇往直前"，但琳达还是提供了一些实用的建议。

成为主管后，需要持续关注的三项任务是什么？从依赖职权，到在没有正式职权之下发挥影响力；从管理个体，到建立有效的团队；终身学习。在《上任第一年2》中，琳达与一位优秀的CEO联袂，围绕这三个话题提供了更具体、务实的建议。

琳达教授进行了一项非常接地气的研究，就连向来"吝啬"的管理大师明茨伯格，都在自己的多本著作中引用本书的内容，并给予了慷慨的赞扬。扎根于新晋主管的现实挑战，本书英文版面世之后，书中大量的场景甚至引起了读者强烈的情感共鸣。

阅读本书，犹如做一次管理推拿，不仅心里时时会有"就是这儿！我遇到的就这个问题"的共振，大量的解析和建议，更是让人通体舒畅、豁然开朗。衷心希望本书惠及更多的新晋主管，帮助大家更轻松地开启管理者之旅。

康至军

《上任第一年》系列校译、《事业合伙人》作者

Preface 第 2 版序

现在距离我最初开始收集材料撰写这本书已经过去十多年了,每当想到这一点,我总会觉得难以置信。当时,尽管我们对于一个高效经理能做些什么、是什么样子已经有了不少的认识,但是对于他们如何成为那样的经理却知之甚少。因此,我的目标非常简单明确:让新经理谈谈他们是如何学会管理和领导的。19位经理都同意我记下他们在第一年工作中经历的所有成功和失败,他们的经验引起了世界各地经理的强烈共鸣。每个月都会有经理跟我说,他们发现自己的经历并不是唯一的。正如《财富》100强公司的一位资深经理跟我说的那样,本书讲的都是些"最基本的东西"。

新经理(不管是来自纽约的新任教区神父,还是来自上海的新任研发部门经理)都说成为一位经理是一种巨大的改变,其中并没有什么捷径可循。他们发现,从个人贡献者到成为一位经理实在是非常大的变化,他们对此往往会觉得吃惊不已。他们也告诉我,当了解到其他经理也曾经历他们新上任时所面临的智力和感情方面的挑战时,他们感到如释重负。刚开始当经理的时候,他们首先需要摆脱长期以来形成的根深蒂固的观念,因为那种观念是在他们只需对自己的工作表现负责的情况下形成的。

在晋升为经理以前,大多数人总是作为"实干者"或者个人贡献者来开展工作的，他们的基本职责往往仅限于某一特定工作，比如销售、工程或者是金融分析。他们的贡献主要取决于他们的个人工作，也就是说，由他们的个人经验和行为决定。但是，作为经理却完全不同，他们必须认识到自己的职责：为整个团队制订计划并付诸实施。如果我们拿交响乐团来打比方，那么经理必须从以前将精力集中在某一个特定任务上，转变到把精力放到如何协调乐队里所有人的努力上，也就是说，要从一个小提琴手转变成为乐队指挥。要知道，要为整个团队制订计划，动员和激励员工完成这样的计划往往比大多数人预计的更为复杂，特别是在结构简单并且发展迅速的公司中。正如一位新经理所说，相对于"如何看待自己，自己应该做什么"这些问题，把自己看成一个网络设计者和一个领导者，是另外一种完全不同的看法。这说明，需要用更宽泛、更整体和更长期的方法来解决问题。这也意味着，在处理新工作所带来压力的同时，也需要探索衡量成功的方式和学会从工作中找到满足感。这更涉及一种全新的职业认同感。

简单来说，成为一名经理要求个人进行以下三方面的基本学习：学习新的东西、改变观念和改变自我。[1]学习新的东西这一方面（比如任务学习）似乎是公司、组织和学术界最为关注的方面。新经理发现，想要成为一位高效经理必须发展包括技术能力、人际关系能力和概念设定能力在内的多种才能，是颇具挑战的。但是，其他担任新职务所必须进行的学习，则会让更多的新经理感到尤为吃惊和心力交瘁，这些学习包括建立新的态度、观念和价值观（比如在改变观念和改变自我方面所需要进行的个人学习）。尽管如此，很少有书籍或是项目能够明确经理进行个人学习的必要性。当新经理和我联系的时候，他们总是会跟我谈及本书第6章和第7章的内容——"认知自我"及"应对压力和情绪"。现在，还有为数不多的几个"庇护所"可以让新经理得到安全感，能够去承受他们最深的恐惧和不安。

领导指的是什么

在我写完《上任第一年1》之后到现在的日子里，我一直致力于为新经理提供资源，本书第2版将讲述我在这个过程中学到的东西。当时，我为自己学院（哈佛商学院）里的许多管理人员和各类公司的经理进行职业生涯设计，并且给予他们无数的教育项目。我同时也是哈佛商学院出版社新技术启动小组的成员，我们一起设计了第一个多媒体远程教学产品。也许最重要的是，在5年中我一直是"领导才能与组织行为学"这门工商管理硕士必修课的负责教授。这门课程的目的是让学生们做好完成第一份管理工作的准备，并帮助他们形成这样一种学习的意愿和能力，就是去学习如何在事业发展的过程中进行领导。我们非常重视一点，即我们不可能教会学生如何去管理，只有他们才能教会他们自己。我们的基本目标是使这门课程能够帮助工商管理硕士在离开商学院以后，能拥有最重要的一些资源，从而通过这些资源来把工作中获得的学习经验转化为个人资本。

当然，我和同事都非常明白，我们无法预测那些经验会是什么样的，因为在过去10年中所发生的变化实在是太大了，所以我们根本无力做出预测。举例来说，在过去10年中出现了大量的新词汇，如24/7、电子商务、虚拟团队等。当然，有一点是可以确定的，那就是管理工作将会变得比过去任何时候都要复杂和具有挑战性。在当前的环境下，管理工作，特别是与管理工作相关的领导力，是推动公司发展的主要动力之一。如果现在再去研究新经理，我毫不怀疑我会听到更多关于"领导才能""变革"和"多样性"的问题。这些在涉及管理的话题中高频率出现的词语，也说明了今天经理所面对的最直接的挑战。随着全球化进程的加速，劳动力的人口分布发生重大变化，经理现在又需要面对额外的任务，那就是在不稳定的情况下管理有着不同背景和能力的员工。经理不仅仅要让自己学会进行管理的个人能力，而且要为员工创造一种良好的环境，让他们愿意去学习并改变自我，只有如此，公司才能够不断适应新情况，并能够进行创新和发展。

新经理必须打破"管理就是要维持现状"这一陈旧观念。在大部分时间里，经理只关注如何完成当前任务和处理其中的复杂问题，但是却忽略了他们还肩负着另外一项职责，那就是进行创新，为未来做好准备。在当今时代，组织必须不断进行自我更新才能够应对激烈的竞争，所以经理必须要成为有效改革的推动者，要明白如何克服抵制改革的阻力，如何处理与变革相关的不可避免的压力，以及如何实施合适的改革策略。

在 21 世纪，经理除了要学会处理复杂的问题，还要准备好应对变革。约翰·科特（John Kotter）是一位著名的领导力专家，他提出：

> 领导和管理是两个完全不同但又相辅相成的行为。两者都有其特定的功能和特色行为……管理致力于处理复杂问题……领导则指的是应对变革的行为。[2]

正如科特论述的那样，大多数的管理职位需要管理者拥有上述两种能力。但是，他也指出，他很担心经理常常会忽略作为领导者和改革推动者的角色与职责。科特和其他一些专家认为，在 20 世纪八九十年代，组织都存在一种通病，那就是管理过度而领导不足。于是，组织发现它们很难去适应环境，去应对充满竞争的环境所带来的挑战。这一点说得非常精辟，读者在本书中也会看到，我所采访和研究的几位新经理都普遍存在这样的问题，他们没有把足够的关注投入到改革推动者这个角色中去。相反，他们把自己简单地看成了改革的对象，认为他们只需要执行上司提出的改革方案就可以了。现在的组织规模不断扩大，甚至刚刚成立的公司也可能是全球性的，于是经理发现自己需要处理比以前多得多的复杂问题。这一点让我感到担忧，因为当前的组织所面临的通病变成了不但领导不足，而且管理也不足。

当本书的第 1 版面世时，有些人提出我没有对"领导才能"这个问题进行足够的论述。其实那是我特意不去论述的，因为新经理并不是通过那样的方式来积累经验的，而我所要做的就是真实地记录下那些新经理给我讲述的经历。当然，领导才能是非常重要的，其中包括为员工制定目标和激励他们去完成那样的目标，这样的才能在当今这个充满变数的时代中显得尤为重要。我的下一个计划就是要深入研究这个问题，我将重新定义"领导"的概念，从如何应对变革扩展到如何形成文化。

对于第 2 版而言，当讲述新经理的工作时，我特意包括了他们的管理能力（处理复杂问题）和领导职责（应对变革）。组织只有拥有高效的经理才有可能经受住当前环境的严峻挑战，经理要有能力处理复杂问题和应对变革。

由于出现了这么多的挑战，人们现在并不像以前那样对经理工作那么狂热也就不难理解了。很少有人表示愿意成为经理，他们的理由是：经理这个职位现在需要面对的挑战和不稳定性比以前要多得多，但是得到的回报却比以前任何时候都少。另外，很多担任经理职务的人只做一部分工作，然后就完完全全地离开了管理工作。随着世界各地的组织结构变得更加简单、更具有灵活性，经理需要努力去应对不断变化的市场并担负越来越多的责任，他们同时是计划的制订者、网络的建立者，还是改革的推动者。无数的例子说明，处理人际关系的问题正变得越来越复杂，越来越具有挑战性。经理要怎样做才能应对不断增加的管理职责呢？

为什么要出第 2 版

当我看到《上任第一年 1》一书中所谈及的中心主题，并没有随时间的推移而过时时，我感得非常欣慰。但是，对于新经理需要知道些什么，他们又应该怎样去进行学习，我又有了更为深入的理解。在第 1 版中，对于如何让新经理能够从容应对管理中存在的挑战，我并没有给出许多明确的建议，相反，我鼓励读者自己从19位经理的经历中寻找、提炼有益的经验。在第2版中，我将尝试解决大多数新经理提出的运作中的问题。他们的问题很多，但是基本可以归纳为以下三个问题：

- 我怎样才能更有效地处理公司政治，怎样去影响或说服上司和同级的其他经理？
- 我如何在改革时建立和带领一支由不同背景员工组成的团队？
- 我如何开始自己的成功管理生涯？

为了解答这些问题，在第2版新增加的三个章节中，我采用了一种新的方法来论述，也给出了更多的建议。其中有许多是我以前给新经理提供的模型和建议，这都是为了帮助他们完成任务以及应对相关挑战而设计的。

对于熟悉第1版的读者来说，本书的中心内容并没有什么改变。那19位新经理的经历在第一次出版的时候是适用的，到现在依然具有很高的参考价值。事实上，在阅读这19位经理的经历时，你会提前看到新增章节中所要详细讲述的内容的影子。新增加的章节是本书的第五部分。第10章主要论述如何处理组织中的政治现实及其挑战，特别是如何在只有很少甚至没有职权的情况下发挥影响力。第11章主要讲如何带领多样化的团队。第12章讲的是我最近考虑的问题，即经理能够做些什么来为他们一生的管理生涯打好基础。我们现在清楚地知道，经理必须准备好在一生中都要进行学习和个人深造。变革的频率和强度正在不断增大，而变革并不仅仅意味着领导和改变他人，它同时也包括改变自我。所以，在第10章讲到的政治框架的基础上，我提出了一个终身学习的动力和影响力模型。

在结语中，我会谈谈组织能够做些什么来帮助经理完成领导和学习的过程。当我刚开始写《上任第一年1》的时候，组织大多没有把很多精力集中到新经理的发展问题上，相反，它们更为重视资深管理人员。现在，很多公司都认识到了人力资本是竞争优势的重要来源，我们明白所有人对于保持公司的产品质量、服务、创新和经济效益都是非常关注的。公司开始意识到，只要有一个经理发生问题，那么其中的人力成本和财务成本都是很高的。对于那些希望在未来继续有所发展的公司来说，如何吸引和培养年轻的管理人才，就成了重要的战略挑战，公司对于低级经理发展的投资也在不断增加。我们终于开始理解，给予新经理的第一个任务，对于他们以后能否成为成功的经理起着非常重要的作用，因为正是在完成这个任务的同时，新经理开始形成他们的基本个人哲学理念和管理风格。在最后，我谈到了对于这些问题的最新认识，以及如何把突出的个人贡献者培养成为未来的主要管理人才。

Preface
第1版序

写作本书的目的,在于为新经理学习管理艺术提供一个畅所欲言的论坛。虽然我们对于有实力的成功经理了解颇多,但是我们对于他们是如何走向成功的却知之甚少。本书讲述了19位新经理在上任第一年中的探索经历,他们的经历和观察是具有指导意义的,带给我们的是对做经理的真实理解。

谨以本书献给正在考虑开始管理生涯的个人、新经理、负责开发新经理的人员(生产线管理人员和人力资源经理),以及对管理行为和管理开发感兴趣的学者及研究人员。因为本书旨在吸引广泛的目标群体,所以不含过于专业的内容。对理论基础感兴趣的读者可参看注释、参考文献和附录,附录是对研究方法的说明。

本项目的实地研究是在1985~1988年完成的,数据分析和著书又用了3年时间。很多人为本书做出了巨大的贡献,出于保密性,我不能提名感谢参与该项研究的公司和个人。我尤其感谢为我花费了大量时间的经理和他们的同事们,本书是为他们而写,讲的是他们的故事。我希望我客观地评价了他们的集体智慧,道出了他们的心声。我也感谢聘用了这些经理的公司,是它们让我接触到了这些个人和机密信息,是它们不求回报地支持了这个项目。

对这项研究最熟悉不过的、从头到尾见证它的人是哈佛商学院的约翰·加巴罗（John Gabarro）、约翰·科特和杰伊·洛尔施（Jay Lorsch），我对他们深表感谢。我也得益于该校其他人的支持及其深切的指导，塞缪尔·海斯（Samuel Hayes）和本杰明·夏皮罗（Benjamin Shapiro）协助我选择并进入研究地点进行实地调研；很多同事数次检查初稿，不断督促我进一步推敲对研究的分析和描述。我尤其感谢安尼·多娜伦（Anne Donellon）、罗伯特·埃克尔斯（Robert Eccles）、理查德·哈克曼（Richard Hackman）、摩根·麦考尔（Morgan McCall）和理查德·沃尔顿（Richard Walton）。我也感谢系主任约翰·麦克阿瑟（John McArthur）和研究室主任芭芭拉·范伯格（Barbara Feinberg）给我时间和资源完成这项工作。

在过去的几年中，我有机会在专业会议、公司的培训项目以及咨询业务中提出我的研究成果。我感谢众多学者、高管和经理，他们的观察和提出的问题帮我解释和验证了我的研究结果并确定了他们的结论。这些经理的认同是对我最大的肯定，他们使我确信我的结论与他们的经历是相一致的，这有助于我更好地理解他们的经历和体会，而且他们提出的建议可以用在我们的学习工作中。

很多人为本书的出版做出了巨大的贡献。芭芭拉·范伯格不仅是一位编辑，她也见证了我写第一本书的艰苦情感历程。我的研究助理——詹·伊莱亚斯（Jaan Elias）、南希·坎普拉斯（Nancy Kamprath）和梅林达·康拉德（Melinda Conrad）帮我准备手稿、整理参考资料、理顺评论，增强了它们的清晰性和逻辑性。我也特别感谢希拉里·加拉查（Hilary Gallagher）、卡罗林·萨尔蒂尔（Carolyn Saltiel）和罗斯·加格比（Rose Giacobbe）及其他员工的文字处理工作，他们耐心地打出了无数手稿，而且承受了巨大的工作压力。

我也感谢我的朋友多年来的理解和支持，特别是我亲爱的朋友洛林·德尔霍尼（Lorraine Delhome）和我的"工作组"成员——朱迪·博迪（Judy Bodie）、乔林·戈弗雷（Joline Godfrey）、黛安娜·麦克卢尔（Diana McClure）、贾尼斯·麦考密克（Janice McCormick）、芭芭拉·托夫勒（Barbara Toffler）和罗斯·佐尔泰克·杰克（Rose Zoltek Jick）。同时我也谢谢我的先生罗杰·布莱特巴思（Roger Breit-bart），感谢他的爱以及对我的叙事方式和文风的肯定，他给了我无比的信心。

Acknowledgements
致谢

当《上任第一年1》出版的时候,我还无法意识到自己开始了一个怎样的旅程。然而,这本书的出版,是过去10年我所主要从事的专业研究的直接成果。首先要感谢哈佛商学院前院长约翰·麦克阿瑟先生,他给予了我很多帮助,特别是鼓励我将学到的东西付诸实践。我所经历的第一个管理任务,就是负责为工商管理硕士研究生新开设一门关于领导力的必修课程,在完成这个任务的过程中,我体会到了本书中采访的那些新经理所面对的压力和情绪,我也犯了很多他们犯过的错误。因为汲取了他们的经验,我才能较快地度过那些焦虑的日子,也能把自己的错误作为教训铭记心中。由于在哈佛商学院有着良好的合作氛围,我能够和很多慷慨的同事一起工作,并从他们那里学习到很多东西。他们中的许多人已经撰写了很多关于管理和领导力的著作,我想即使尽我一生之力也不可能写出那么多的书来。我还要特别感谢我所在的教学组,感谢他们在我最开始探索如何进行领导的时候给予了我很多帮助。

我还要感谢多年来一直和我一起工作的研究助理,他们和我一起为那些未来的经理选择课程材料和课文,这也是本书新增章节的基础所在。我还要特别感谢Katherine Seger Weber、Stacy Palestrant、Kristin C. Doughty和Maria T. Farkas做出的贡献。Jennifer M.Suesse是我在商学院负责的领导力创新项目的助理主管,她一直以来都是非常忠实的合作伙伴,她的创造力、敏锐的感觉和无私的激励使我们的工作得以顺利进行。

最后，我还要感谢许多经理，不管是新经理还是资深经理，感谢他们抽出时间和我联系，并和我讨论他们对于本书的看法，正是他们提出的问题和深入的见解，让我决定写作本书的第2版。

在第1版中，我引用了一位新经理的话作为开头，他把成为一位经理比作"初次为人父母"。现在，当我在清晨写下这些致谢的话语时，我的第一个孩子，3个月大的乔纳森正躺在我身边。我似乎看到自己面前又有了一条道路需要去探索，我需要去发现自我，发展自我。

Contents 目录

译者序
第2版序
第1版序
致谢

引言

第一部分 领会成为一名经理意味着什么
第1章 搭建舞台 *12*
第2章 调整期望 *39*
第3章 向管理身份转变 *61*

第二部分 开发人际关系判断力
第4章 行使权力 *78*
第5章 管理下属的绩效 *101*

第三部分 应对自身管理问题
第6章 认知自我 *138*
第7章 应对压力和情绪 *163*

第四部分　驾驭转型

第 8 章　上任第一年的关键资源　*183*

第 9 章　平稳转型　*215*

第五部分　打破管理神话

第 10 章　在没有正式职权之下发挥影响力　*251*

第 11 章　建立有效的团队　*261*

第 12 章　终身学习　*277*

结语　创造一种领导和学习的文化　*290*

附录 A　研究设计和方法　*304*

注释⊖

参考文献⊖

⊖ 本书注释、参考文献见 course.cmpreading.com。

引 言

> 你知道当上司有多难吗？特别是当你失去控制的时候。这种感觉很难用言语表达，就像突然一天你有了孩子一样。前一天你还没有孩子，第二天你就突然成了一个孩子的父亲或母亲，而且你被期望理应知道所有关于照顾这个孩子的事。[一]

这段话是一家证券公司新上任的区域经理说的。他刚走马上任一个月，晋升之前已经做了13年的经纪人。作为曾经的明星经纪人，他是所在区域里最具抱负和创造力的经纪人之一。当区域总监提出让他当部门经理的时候，无论是他本人还是同事都觉得顺理成章，因为经理人选往往都是从能力和业绩排名最优的个人中提拔的。

他非常享受经纪人的工作，之前并没有认真考虑过做管理。做经纪人的收入很可观，但他也时不时担心会被无休止的压力击垮——"这种牛市会一直持续吗？"此外，他还担心随着时间的推移会对这项工作心生厌倦。回想之前他合作过的4个区域经理，他认为自己早已具备成为一个卓有成效管理者的条件。事实上，他有几次说过，如果由他负责的话，他可以让他和同事的潜力发挥得更好。经过一段时间的

[一] 除非另有说明，否则所有的引用都来自经理们的口述，或是采访记录的整理。许多名字都做了隐晦处理。

思考，他最终决定谋求区域经理这一管理职位。当任职通知下达后，另一位区域经理邀请他共进午餐，欢迎他加入区域经理"职业大联盟"。在接下来的一周中，当他把自己的客户逐个分配给其他经纪人时，他感到一阵恐慌，但已经没有退路了。他已经放弃了他的"舒适区"。在履新短短一段时间后，他开始懊悔自己可能有"吃下了、嚼不烂的东西"。

这种经历绝非个案。实际上，不管是对于个人还是组织，晋升为经理的确是职业生涯中的一个关键节点。这往往是对出色业绩的嘉奖，也是输送管理人才的一种方式。但从个人贡献者到管理者的转变是一段艰难且充满冒险的旅程，原本拥有远大前程的人在成为管理者的路途上夭折的例子比比皆是。尽管他们都曾是出色的个人贡献者，但却从未真正成功转型为管理者。调研显示，一线经理是组织中被认为不胜任、倦怠以及过度损耗问题最严重的一个人群。[1]这对转型失败的经理本人和他们所在的组织，都造成了人力和财力上的巨大损失。[2]即使那些成功者，在长达25年后，仍对第一次从事管理工作记忆深刻。

尽管向管理角色转变的艰难普遍存在，也至关重要，但我们对于这种转变过程仍然知之甚少，这着实令人吃惊。很少有人研究经理的早期经历——最初上任的几个月或第一年。[3]这恰好就是本书的主题：新经理面临的最大挑战是什么？如何学会当经理？他们可以依靠什么样的个人和组织资源？尽管书架上堆满了描述成功经理人的书，但是极少有关于他们如何成功的书。

新经理

本书跟踪调查了19位经理第一年的任职情况。所有参与者都是新任的销售经理和营销经理，14位男性、5位女性。其中10位是证券公司的区域经理，9位是计算机公司的销售经理（有关参与者及研究方法的描述详见书后"附录"）。

在他们晋升为经理之前，每个人都是个人贡献者，或者说是专家、明星业务员或专业人士。他们的主要职责是完成特定的专业任务，他们对组织的贡献是独立的，主要依赖于个人的专长、经验以及行为。[4] 相比之下，经理则负责整个组织或其中的一个部门，主要职责是督导他人而非自己直接完成专业工作。个人贡献者和一线经理之间的区别经常是模糊的，因为一线经理通常也要做一些专业性的工作。区分经理和个人贡献者的是，经理可以对他人行使的正式职权以及参与者的权利和义务。

这些参与调研的新经理是组织中的一线销售经理，他们负责管理本区域的日常工作，督导区域销售代表，并对达成既定的业绩目标负责。他们的工作描述如下：发展销售团队；营造良好工作氛围；建立绩效指标；评估、激励和发展下属；作为本部门与公司其他部门的联络人；解释和推行公司的方针政策；作为公司形象的代表。他们并不负责某个特定的客户，但必要的时候他们要与指定的销售代表一起去拜访客户。

这两个新经理群体所在的企业都是《财富》500强公司，从任何一个财务指标来讲，他们的公司都是行业领先者。但是，它们都正在经历由于愈加激烈的竞争和活跃的商业环境所带来的巨大变革，这让两家公司中的管理角色变得更加复杂且更富挑战。管理者需要对更广泛的财务、战略、人力资源的结果负责。公司要求他们不但要关注短期财务指标，还要考虑长期战略举措；不但要关注收入，还要关注利润。在金融服务行业撤销管制之后，这家证券公司从产品导向转为服务导向；这家计算机公司近期也在内部推行成本控制、服务与质量提升类项目。相应地，两家公司都开始在组织内部强调领导力、培养下属，以及与客户保持长期的合作伙伴关系。

证券公司的经理（SFM）和计算机公司的经理（CCM），他们的职位差别很大。证券公司的经理管理的是零售销售人员，这些销售人员独立地向个人客户和小企业客户销售无形产品（金融工具）。计算机公司的经理负责管理机构销售人员，这些销售人员主要向企业客户销售大型数据处理系统。他们与其他岗位人员，如系统分析师、行政管理人员、营运人员共同组成一个销售团队，但后者并非CCM正式管理的员工。证券公司的经理是综合管理者，他们需要对整个部门的盈亏负责。他们从制定策略到推进计划并执行，都要全权负责。计算机公司的经理只负责销售，他们的目标主要还是收入，而不是利润。他们只负责制订与本部门策略相一致的销售和营销计划。因此，证券公司经理的权限和自主权比计算机公司经理大得多。毫无疑问，证券公司的经理作为个人贡献者的经验，要比计算机公司的经理更为丰富。

尽管存在着这样的差异，但这些新经理上任的最初经历和体会却相差无几。⊖我们会在随后的章节中探讨这些在经理上任第一年中反复出现的话题。

发现

尽管有无数的文章和书籍给出了关于如何发展管理者的建议，但很少是建立在实证研究基础上的，也鲜有从新经理的角度看待这一现象，或考虑在职发展经历的。[5]大多数都属于入门指导，其中罗列出经理在管理工作中需要掌握的知识，很多书都将管理能力开发与任务学习等同起来：获得必要的能力（为了实现管理职能所需的知识和技

⊖ 当然，这些经理的经历也不尽相同。每个经理人的经验在一定程度上受到个人特质的影响，包括先前经验、个人技能、管理风格等，也受到情境因素的影响，包括企业、办公区域大小、战略考虑、下属基本情况等。尽管如此，我们依然清晰地看到其中心趋势或中心特质。所谓中心特质，是指绝大多数（15位及以上）或是大多数（10位及以上）的新任经理人一致的回应和表现。在第9章，我们将会就他们经验中一些比较明显的差异做进一步的探讨。

能)以及建立重要的关系。成为经理,很大程度上被描述成了一种智力练习,尽管它的确是一项难度系数很高的事情。

本书从不同于以往的角度描述了新经理的发展历程。书中,新经理自述了他们是如何习得管理这门新手艺的。他们的亲身经历和感受,为我们认知新经理所面临的挑战提供了更丰富的视角。听了他们的讲述你会明白一点,那就是:向管理者角色的转换,不只是获得能力和建立关系那么简单。更准确地说,它是一种深刻的转变,是一位个人贡献者学习如何以管理者视角去思考、感受和衡量价值的发展历程(见表 0-1)。

表 0-1 身份的转变

从	到
专家和实干者:直接从事专业化的工作。以工作任务为特征	**通才和日程设定者**:组织和协调不同的工作,包括财务、产品设计、生产和组织。以业务或管理职位为特征
个体参与者:主要靠个人努力完成工作。以相对独立为特征	**人际网络构建者**:通过他人,主要是可以正式行使权力的下属完成工作。以与他人高度依存为特征

新经理对角色转变过程有很多生动形象的描述,其中交织着转型的压力,不情愿放弃固有的态度和习惯,以及小心地尝试新的思维方式和行为模式的故事。他们不只讨论发生了什么,还包括他们的体会和感受是什么。

当新经理试着向日程设定者和人际网络建设者角色转型时,他们开始调整自己的心理。行动的结果是他们掌握了角色转变的四大任务:

- 领会做一名经理意味着什么;
- 培养人际决断力;
- 获得自我认知;
- 应对压力和情绪。

通过在岗工作体验，新经理开始理解和接受他们的新职责（领会做一名经理意味着什么），并接受任务（培养人际决断力）和习得岗位必要的胜任能力（获得自我认知、应对压力和情绪）。经理对新工作的预期往往并不全面，有时还过于简单化。他们需要在日常的管理工作中根据新下属、上级和同级繁多的要求不断调整期望。随着时间的推移，经理开始形成自己的管理理论：对于管理角色的一套假定和设想。他们在行动和决策的过程中摸索出了这些理论，随后这些理论开始指导他们今后的行为。接受调研的经理纷纷明确表示，上任第一年最急需学会的课程是如何应对"人的挑战"。通过解决问题与人际互动，他们形成了一套在管理实践中建立人际关系的黄金法则。但新经理觉得最具挑战的不是完成任务，而是自我发展。做管理的第一年涉及大量的自我反思和个人成长。随着不断发现未知的真实自我，他们逐渐走向成熟，认识到像他们这样的成年人也是可以改变和发展的。无怪乎他们会将应对新职位的压力和紧张情绪以及提升自我认知列为最重要的学习任务。

虽然这四种任务可以从概念上加以区分，但经理基本上是同时应对和学习这些任务的。我这里所说的"学习"，是指学习结束后一个人对某些事物的看法发生了质的改变，并且产生了长远的影响。此外，这种学习不仅是知识上的，还包括经验上的认知。[6] 经理在新的工作任务中，从每天遇到的问题和与人接触的过程中学习，这种学习是一点一滴、循序渐进的。有时候经理意识到自己在学习，但更多的时候他们是意识不到的。这种学习主要是一种"渐进的、潜在的变化"，随着经验的积累，原来的信念、态度、价值观慢慢被一套新的价值观所取代。[7] 这个建构的过程，就是一个反复改进的过程。领导力领域的权威沃伦·本尼斯（Warren Bennis）写道："一个人对所学东西的运用并不是像财产一样占有，而是要把所学到的东西变成新的自我的一部分。"[8]

就像那些突然为人父母者面临的压力一样,经理同样需要在工作中学习,这是一个重要且充满压力的过程。他们要对别人的生活负责,他们还必须在理解自己的所作所为之前做出决定并付诸行动。就像初为父母一样,经理也是依靠经验完成转变。在面对和征服挑战的过程中,他们开始以一种截然不同的视角来重新认识自己和这个世界。

本书中所研究的大部分新经理都是成功的。在这19位新经理中,他们的上司感觉,除了其中的3位,其他人在上任第一年都是"成功的"。也就是说,他们都完成了基本的转型。但即便如此,对这19位经理来说,第一年的经历可以由一位曾在海军服役过的管理者生动地概括为:"这是难以言表的一年。"

第一部分

**领会成为一名经理
意味着什么**

BECOMING A
MANAGER

为准确讲述新经理的经历，我们需要从他们上任伊始说起，询问他们做经理意味着什么以及经理都做什么。在本书的这一部分，我们会探讨新经理是如何理解管理角色与个人贡献者之间的差异，以及他们是如何拥抱这一变化的。

新经理从经验中学习成为一名经理意味着什么？首先，从他们作为个人贡献者的经验中获取（观察他们经理的工作）；其次，从执行管理职能和任务时与他人的互动交流中获取。在履新的一年，当他们面对新职位带来的无法回避的问题以及同事的期望时，经理开始重新审视成为经理意味着什么。

他们一路上遇到很多意料之外的情况，有积极的、有消极的。随着经理对管理工作实际情况的了解，当心照不宣的工作预期未实现或工作特征未被预见时，他们对此万分苦恼。超出他们现有框架的问题和期望，激励经理进一步改善和修正他们的理解。他们紧抓三大关键问题：（1）如何使管理的最初预期与经理日常工作现实相一致；（2）如何处理与下属的诸多冲突；（3）如何理解并满足上司雄心勃勃的要求。伴随每一次的意外情况和重新建构，经理对管理角色的复杂性理解更为深刻，并不断朝着管理者身份迈进。

成为经理意味着什么？新经理对这一问题的理解是精华所在，因此我们必须理解他们的先前期望以及他人的不同要求。在第1章，我们会考虑管理角色的蓝图，以及新经理、下属、上司和同级的期望（除非另有说明，同级指的是其他职能部门的同事）。我们会关注经理和下属的最初期望，因为这是新经理上任第一年的关键。[1] 管理角色的蓝图将作为参照点,以此为基准来比较这些期望的异同。

第2章和第3章讲述了新经理学习的心路历程。这是一段情感故事,因为不仅他们的行为方式的的确确改变了(做什么以及与谁一起做),而且态度也转变了(思维、工作重点和赢得自尊的来源)。在第2章,我们会关注新经理前半年的经历,他们根据实际工作和下属的期望调整自身的期望。在第3章,我们观察到经理在下半年对角色的认知愈加复杂。直至此时,他们才开始真正将上司的期望融入对管理工作的理解,并向合格的经理迈进了一大步。

认识到上司的期望使他们进一步领会到作为部门第一责任人意味着什么,他们开始认识到自身在组织中的位置,并履行设定日程和建立关系的责任。当他们整合众多互相冲突的期望时,经理开始放弃曾经固守的身份,并欣然接受另一身份。

第 1 章
搭 建 舞 台

管理角色

最初新经理并没有真正认识到角色的转变,他们未能理解新角色的复杂性和涉及面。一位新经理这样说:

> 我对新工作知之甚少。我兴高采烈地走进来,因为我升职了,但我并不清楚应该遵循什么原则和风格。上任第一天过后,我感觉自己碰壁了。

难怪新经理发现理解和定义新角色是件困难的事。杰出的实践者和学者写了很多管理著作,提出了各种概念,他们的共识是:管理角色是复杂的、严苛的。这是一个临界点,有着固有的内在压力。经理必须应对各种不同的、模糊的职责,并且卷入一张关系网:下属、上司以及组织内外的其他人,而他们的要求往往是相互冲突的。[1]因此,日常管理工作充满压力、忙碌且碎片化。

在充满巨大不确定性、多样性以及相互联系的环境中,他们必须保持头脑清醒,知道做什么以及怎么做。因此,经理必须为本部门开发并不断更新日程,这些日程是他们的行动指南和框架。管理学权威科特指出，日程是由松散且相互关联的目标和计划组成的，涵盖长期和短期责任（对经理而言，长期是指1～5年）以及其他方面：财务（如销售、费用、收入和投资回报）；业务（如产品改善或新品研发、库存和市场份额）；组织（如组织设计、人力资源管理政策和绩效管理）。[2] 为了推进新日程，经理必须与其关系网中的人建立起合作关系。

作为个人贡献者，本书的研究对象在某种意义上有一项日常工作，即技术性工作的直接执行，换言之，向特定的客户销售产品和服务。为履行这一职责，他们必须致力于与客户、上司，有时候是同级（计算机公司的经理只有为数不多的同级可以合作共同完成任务）建立关系。但是，他们对于企业目标的贡献主要基于个人的想法和行动。

然而，晋升到管理层意味着在职责范围上的一种飞跃：管理更多的人员、现金、职能、产品和市场。经理对企业目标的贡献基于他们对整个部门的影响，他们必须通过他人完成工作。因此，他们必须建立和维护更大、更多样的人际关系网络（包括一个完整的新群体——下属）。作为具有正式职权的人，他们负责理解和整合各方不同的日程，他们的任务是：制定和协商日程，精心细致地安排工作，完成计划并最终实现组织期望的结果。

各方的一系列期望

我们从描述新经理最初对新角色的期望开始——他们认为最重要的职责是什么。之后我们会分析内部关系网中核心成员（下属、上级和同级）的观点。本章的主要观点基于我对各方在经理上任第一周的首次访谈。下面是我对两个开放性问题的分析和理解：你如何描述经理的工作？经理应该做什么？尽管经理、下属、上级和同级的个人视角不尽相同，但还是有清晰的关联性。在本章，这些重复出现的模式将被讨论，观点中的重大差异将稍后陈述。

新经理和其关系网中的人对管理角色看法不一，每个群体的观点都倾向于满足自身利益。新经理的最初期望主要由进入管理层的动机和作为业务明星的经验形成。因此，在定义新角色时，他们重点关注新获得的正式职权以及与销售相关的制订计划的责任。相反，他们并不重视另一部分，即他们现在负责人员管理，而不仅仅是任务管理。因此，设定日程和建设网络的责任概念就被削弱了。

另一方面，下属并不在乎经理的正式职权，他们强调经理角色是通过或与他人一起完成工作。下属以一种自私的方式定义经理的日程设定和网络建设责任：经理的首要任务是确保下属完成个人日程。下属最关心的是经理不要干涉他们的职责领域和自主权，并提供工作所需的环境与资源，以确保他们获得成功与满足。

正如你所料，上司对成为经理拥有最为全面和现实的观点，但他们也显示出偏见。他们强调经理角色作为一种正式职权，尤其要对整个部门的工作全面责任。因为上司有自己的日程安排，并指望经理为他们做出贡献，所以上司最关注经理是否完成他们设定的目标。

我们几乎没有花时间研究同级的期望，因为经理很少关注他们。和经理网络中的其他人一样，同级也根据自己的工作重点定义管理角色。因为他们拥有正式职权，所以经理要确保他们及其下属认识并关注同级的利益和诉求。

换句话说，每个群体都有自己的框架来帮他们理解拜占庭迷宫式的管理工作。我们需要理解这些框架，因为它们决定了每个群体选择关注什么，而且显然也决定了他们的行为方式。[3] 表1-1使用了先前管理工作概念模型的参照点，总结了我们发现的管理角色的不同定义。

表 1-1 成为一名经理意味着什么：概念模型

管理角色	相关人员			
	新经理	下属	上司	同级
日程设定				
财务	×		×	
业务	×	×	×	
组织		×	×	
构建关系网				
下属	×	×	×	
上司			×	
同级			×	×
外部其他人			×	

新经理的期望：作为上司的经理

当被问到"成为一名经理意味着什么"时，几乎所有的经理都从管理的权利和特权开始回答，而不是责任。他们通常都明确地表达成为经理意味着**做上司**：

> 经理就是负责管理。
>
> 经理就是具有权力的人，是权威和专家。
>
> 成为经理意味着用我的主张和想法运营一个部门。
>
> 你坐在桌子的另一端，你掌控着他们（下属）的职业生涯，可以说，他们的工作紧握在你的手掌心。
>
> 它（办公室）是我的孩子，我的工作就是确保它正常运转。

他们的回答高度一致：做经理意味着肩负责任与义务，拥有权力和控制力。大部分经理认为做经理的最大动机来自于获得权力和控制的机会，有了这些，他们认定将会获得更多渴望已久的自主权，可以按照自己的想法做事，他们将不再"饱受他人各种无理要求的

干扰":

> 现在，我成为那个最终拍板的人。我有自己喜欢的做事方式，但是那并非凌驾于他人之上。我只是想拥有管理自己工作和生活的自主权。
>
> 我想证明我的想法，我想将我的想法付诸实践。
>
> 多年以来，我曾效力于很多经理，但我和他们中的大多数相处得并不愉快。我有自己的想法，开始和其他人聊很多，告诉他们我的管理哲学是什么，最终我下定决心，我必须尝试一下。我需要一个机会，以一种我一直想被对待的方式来对待别人。

与正式职权相伴而生的是决策制定的责任与义务。大多数人将决策制定视为新角色的主要职能：

> 老板任用我就是让我制定决策，这事儿我责无旁贷。
>
> 做出好的决策并坚决贯彻。陷入窘境的经理往往在做决策时拿不定主意，在做出决策后又令老板后悔不已——他们说，那是正确的决定吗？你不能这样干。
>
> 这项业务你不能轻率，你必须对此负责，因为客户和公司的福祉在你手中。

从这些问题中我们可以看出，新经理主要注重销售和业务决策，而不是人员决策。他们只会例行公事地谈及两类人员管理的决定——聘用和解雇下属，甚至潜在的人际冲突也常常简化为技术性裁决。一位经理预料，当下属和客户之间出现纠纷时，她会经常被要求作为仲裁者。她描述自己的工作是"确保做出正确的业务决定"，并维护客户关系。至于她的行为如何影响她与下属的关系和发展，她只字未提。跟她所属群体中的其他人一样，这位经理对于管理角色的第一方面——正式职权，比对第二方面——通过他人完成工作，看得更为清楚。

日程设定

作为销售主管的经理。作为上司，新经理觉得他们的主要职责就是提供"销售领导力"，经理应当"驱动业务发展"。因为他们有销售职能，所以应该可以"带动销售增长"：

> 我将成为销售主管。我必须确保不断想出绝妙的销售点子，如果你不能搞定客户，就没法做销售经理。我跟这么多客户打过交道，我技能娴熟，我希望我能做得更好。
>
> 工作中80%是销售，我喜欢销售。我必须熟知产品并帮助下属掌握销售方法。我必须提出具体的销售点子和建议，我需要召开高效的会议以传递必要的信息，激励销售人员销售产品。
>
> 我的头等大事是驱动业务发展，带来收入，不惜一切代价。

总之，大多数经理主张销售领导力是他们的"终极责任"。他们确信他们未来的下属、上级和顾客都持相同的观点：

> 我的老板为我的销售目标和顾客满意买单。
>
> 老板的底线是期望我完成销售数据。
>
> 我的作用就是让下属赚到钱……给他们提供客户、产品知识和销售技能培训。有些人希望我手把手教他们，有些想在工作中摸索，大多数则希望我最好让他们单独干。
>
> 顾客永远是对的，我必须要让它（顾客想要的东西）成真。

顾客找到我，希望我做那些我的下属不能做的棘手决定和更高的期望。

销售主管的三大关键职责出现在新经理的角色说明中。[4] 他们的第一大责任是"提供机会"，也就是说，分配客户或销售指标。除了提供机会，他们被要求快速、高效地提出销售点子，包括卖什么以及如何卖的独家秘诀：

我的下属明白，时间就是金钱。他们既希望我提供信息，又希望我尽量不要干涉他们。

我的销售代表希望我快速响应。他们找到我是因为不知道下一步该怎么办，他们希望我能够运用我的专业和影响帮助他们顺利完成工作。

他们强调的销售主管的最后一个职责是中长期规划：

我的工作是关注行业的发展趋势和动向。我起码得做两年的规划，以洞察客户需求的变化。每一个出色的市场人员都应富有远见，就像每一个出色的商人都会有一种说不清道不明，但在脑海中有关于顾客应该前往哪里的一幅画面。

在分析和开发了我们部门的战略之后，我为这个领域制定了目标……很多人（下属）没想清楚我们的顾客应该做什么。他们考虑顾客正在做什么，而我必须判断他们是否在做正确的事情。

经理相信其下属主要通过他们提供的机会和销售建议来评价其管理表现，但是他们的上级会更注重规划。

在讨论销售领导力方面，新经理对成为一名执行者和经理之间的差异有一定认识。正如他们强调正式职权一样，他们将日程设定视作一种管理特权。作为上司，设定关键指标以指导下属工作是他们的权利，尤其是分配客户和制定销售目标。他们也期待全新的规划职责——关注长期，他们喜欢"制定策略"。此外，作为上司，他们的工作是为团队设定方向。而且，新经理明白，在履行新角色的过程中，难免与其他共事者发生冲突。他们承认下属和上级可能会有不同的工作重点，但正如我们所见，他们只聚焦在日程设定责任的一个方面，就是与财务和业务相关的领域，而不是组织或人员。

构建关系网

作为监管者的经理。新经理一般根据他们的职责定义新职位，而不是关系。上任伊始，他们并没有清晰地认识到自己主要负责人员管理而非任务管理。尽管他们对新职责有了一定认知，但他们并未意识到应该放弃什么，尤其是直接担责的技术性工作。

尽管如此，几乎所有经理都提到了新职位的人员管理职责。谈及"人员"，一般而言指的是下属，而非上级、同事或组织外的重要人员。也可以看到，在谈到下属时，他们几乎谈的全是销售人员。即便是总经理和分管不同职能部门的人（销售、行政和运营），也都显示出这种偏见。正如我们所见，对于新经理而言，管理下属主要是训练销售领导力，而销售领导力主要是针对财务和业务方面的日程设定。

很显然，新经理并没有与网络建设的责任合拍。他们明白他们负责督导销售人员，但他们更多关注人员管理的行政方面，而这些很多具有"个人"标签，比如员工关系和绩效评估。令人烦恼的是，这将耗费他们大量的时间与精力。大多数经理曾被问及描述管理职责，他们的确对激发员工的需要做出评论。[5] 一些人甚至提及在组织中"创造良好氛围"和"领导团队"的角色。然而，他们并未描述更多细节，只是点到而已。然而，当涉及销售领导力和决策制定时，他们则兴致勃勃地大谈特谈。

作为行政管理者的经理。我们已经看到新经理主要关注他们的新权力和特权,但他们很勉强地接受伴随权力而来的一项责任:行政管理。他们认为行政管理就是例行的交流活动,如文档和信息交换,因此对行政管理工作持负面印象,他们对此毫不隐晦。行政管理更像是一种约束,干涉了经理的自主权,抢占了其他重要职责的宝贵时间:

> 经理是官僚主义者,是文案工作者,是挡道的寄生虫。
>
> 我认为最差的经理只是一个行政管理者。他闭门造车,浪费大量的时间写文件。
>
> 我从未将自己看成一名经理,否则我会失去人心。你从事的是市场营销,而不是人事工作,你应当集中精力完成营销工作,其他一切都是次要的。

当经理"宽宏大量"时,他们认为行政是一项次要但必不可少的管理职责。这令人厌恶,但不得不做:"经理的工作就是在遵守公司规章制度的前提下驱动业务发展。"

新经理认为行政管理职责有两大目的,它们是组织确保业务按照公司合规要求开展的一种方式。相较于计算机公司的经理,证券公司经理对行政管理角色更为敏感:"我们开展交易,但被严格管制。"他们承认部门经理是经纪行遵守游戏的关键,因为他处于监控经纪人的最佳位置。[6] 行政程序保护他们以及公司免受不公平和不正当行为:

> 当一家公司足够大时,你必须建立并保存书面记录。
>
> 存在一种架构和一套运营的基本规则,这你已知晓。但是不久我将会坐在桌子的另一侧,我必须更加客观,尽量减少灵活性,我必须遵守一些条条框框。你要努力尝试在本部门、跨部门、整个公司创造一种统一的环境。

这本手册将一切压在经理的肩上。如果一个经纪人是骗子，而我没有及时发现，那我可能就要被炒鱿鱼……为了保护我的利益，我必须遵循程序。

正如一些新经理提到的，行政程序是一种组织方式，它持续不断地收集和更新该领域和市场发生的一切信息。经理认为行政管理职责对上级而言很重要，而对于下属和客户则是被逼无奈的选择。后两者期望经理能"让他们免受繁文缛节、官僚习气的影响"。

作为政客的经理。所有新经理均对处理与上司和同级间的关系深感不安，尤其担心不能实现上司给他们制定的目标。他们觉得讨好上司的最好办法就是产生结果，具体而言就是达成销售目标。产生结果就需要销售领导力。他们很少有人提到花时间和精力与上司建立合作关系，或共同协商合适的部门日程。他们视上司的日程是强制性的，自己只能奉命行事。

新经理很少提及管理同级关系，这很有点讽刺意味。对很多人而言，管理这层关系处于行政管理角色、填报职能部门要求的无聊文档之后。人际关系被视为不得不做的麻烦事，"避开行政管理这只猴子"："如果你找对人，就能把事办好，不要被可笑的规则和流程羁绊。"总之，不要将时间白白浪费在这些杂事上。

尽管不屑于此，但几乎所有人都承认管理办公室政治的必要性。很多人谈到同级可能成为麻烦制造者，一些人还讲述了同级间互相拆台甚至搞破坏的经历。亲历此事者表达了圆滑处事和不轻易树敌的必要性。这种策略通常意味着不要向同级透露你的真实想法和诉求，一些人甚至认为当他们不求"个人回报"时，就不要向同级提供帮助。如同上司关系，很少有人主动谈到管理同级关系，仅有一小部分人意识到与同级主动建立信赖与合作关系的价值，但他们仍觉得这样的活动很奢侈。

新经理的最初期望概要

对所有新经理而言，走上管理岗位是一项深思熟虑的决定。在上任前，每位新经理都系统思考并与不同人探讨其工作职责，但对管理工作的期望仍不系统，且过于简单。应当承认，他们认识到诸多管理职能，以及一些深植于管理职位的内在压力（如销售领导力和行政管理职责之间的压力）。然而，他们并未认识到全方位的要求以及其中的模糊和矛盾之处。对他们而言，管理角色主要是正式职权和管理任务，而非人员管理。一位新经理略带沮丧地承认，上任一年后，他对工作的最初印象是成为"拥有拍板权的销售主管"。[7] 为何他们没有完全认识到人员管理职责，尤其是监督与协作的职责？——这一职责是研究人员和资深从业者认定的个人贡献者和经理之间的根本区别。[8]

经理的最初期望部分受选拔和晋升期间信息的影响。很多人从与准上司和人力资源主管的谈话，及绩效评估和奖惩中获得提示（为保密起见，我们没有展示职位描述的细节）。他们接触到的职位描述都详尽阐释了即将肩负的管理职责，但这些信息往往强调最终结果，而不是经理应当采取何种措施，而后者才是他们的兴趣所在。也有报道指出，正式的职位描述通常包含何谓管理的建议，但对经理如何履行工作却语焉不详。[9]

相反，经理预期的成形深受成为管理者的动机和前期工作经验的影响。在做经理意味着什么的最初概念中，他们强调经理的权力和特权，而不是责任。正是这种权力和特权（权威）吸引他们从事管理工作。我们将在第 2 章看到，新经理也不情愿放弃实干家的角色，因为那让他们觉得得心应手，并从中赢得很多自尊。经理以为管理角色就是做更多以前一直在做的事，只是眼下他们拥有更大的权力、控制力和责任罢了。

此外，如同我们中的大多数人，经理特别依赖过去的经验来理解新职位。[10] 作为个人贡献者，他们曾经与经理并肩工作，而不久他们也将坐上那个位子。平均而言，新经理一般做过 8 年业务员，向 5 位经理汇报过工作。其中一位非常自信地表示他已经看得很透彻了。但大量研究表明，经验可能成为一种负担，使人对当前环境产生目光短浅的观点。经理的经验如同不完美的镜片，很难看清他们的新职位。他们仅从个人贡献者的视角体验过管理角色，他们的身份仍然是业务员，而不是经理。

新经理在职业生涯中很少遭遇失望与挫折，这样似乎对成为经理意味着什么的理解存有偏见。"成功让人眼花缭乱"，这句陈词滥调恰如其分。经理曾是业务明星，事实上，晋升为经理是对其杰出业绩的一种嘉奖。通过曾与"令人敬畏和顶级"的上司共事的业务明星，他们开始定义经理角色。由于他们专业知识丰富、积极性高，相较于普通的销售人员，他们更少依赖销售经理的支持与指导。一位经理说："他的成功与经理没太大关系。"由于业务明星工作独立，所以对于以前的经理如何处理工作中遇到的人际关系难题，新经理直接观察有限，反而不如那些专业一般的下属。因为他们很成功，相对而言，他们较少碰到与上级或同级之间的困难和冲突。研究人员也发现，人们从失败中学到的比成功中更多。[11] 在逆境中，我们才会花时间三省吾身。直到选择管理生涯之前，新任经理几乎不会主动观察他们自己的上司是怎么做的。

新任经理会遇到很多意外。一位经理在上任第一个月末不无遗憾地说："在错误的表象下工作。"他们必须根据管理的实际情况，以及下属、上级和同级来调整自己的期望。接下来，我们谈谈下属的期望。

下属的期望：作为人员管理者的经理

对新任经理而言，个人贡献者和经理之间的主要区别在于权利和责任不同。下属对管理角色的第二方面——通过他人完成工作,持不同看法。[12] 下属认为他们负责任务和战术,经理负责人员和策略。事实上,下属的普遍看法是经理"负责人员管理"。

下属坚信经理的工作是"支持"下属,而下属负责具体任务。而经理将自己视为上级,对下属而言他们是促动师。经理的工作就是为下属的成功创造条件;大多数下属期望被视为"独当一面完成所负责业务的人"。

> 上司任命经理运营一个模块的业务。经理将业务进行分解,并说:"好的,这块由你负责,给你机会去实现它。如果你能搞定,告诉我你准备怎么做。在实施过程中,告诉我你需要什么资源,需要我提供什么帮助,最终才能顺利完成目标。"他时不时地督促我,以确保我方向正确。

下属觉得经理应该视野广阔。他们负责营造积极的工作氛围,解决下属感到棘手的问题。我问下属,新经理该如何创造这样的环境,他们的回答包括以下四个方面:经理需要提供销售领导力;保持组织高效运行;经理有两大日程设定责任——提供团队领导力和管理与他人的关系(在组织、客户和社区中),以及建立关系网。

设定日程

作为销售主管的经理。跟新经理一样,下属将销售领导力视为经理重要的管理职能。他们认为销售管理必须具备产品的专业知识与技能,经理依靠做业务员时积累的经验和声誉赢得信赖。经理的首要职责是通过分配客户或区域、建立配额来提供机会。只有那些贴近市场和产品的人才能公平合理地实现目标。他们期望经理提供销售想法和指导:

> 我需要什么?如何开拓新客户?如何进入圈子?如何应对下滑趋势?我需要具体的建议。当我业绩不佳时,我该往

哪走？如何针对不同的客户群？我需要适合我的脚本。我的经理帮我找到了约见客户的好方法，因为他发现我面谈比在电话里谈更有优势。经理能够发掘你的优势，这点非常重要。

好经理总是思维敏锐、好点子不断，比如如何利用电话会议技术。

好经理提出工作与问题解决的方向和信息。

销售领导力的第三个职责是规划。 大多数下属谈到经理在开发市场策略和方案中的管理角色：

你必须具备战略意识……为客户提供更多信息、更多性能分析；在讲座上发表公共演讲，比以往更多地出现在公众面前。同时，努力尝试为推广产品打基础；宣传保险，并截留银行客户。

他得关注全局，这样我们不必担心南辕北辙，只需一门心思地考虑推广产品的最佳策略。

下属相信一项至关重要的管理职责是持续监控组织和环境中正在发生的事，并适时更新日程。[13] 下属头脑清醒，他们明白这些信息的获取有赖于经理，他们靠自身无法获得（这个目标在讨论经理作为联络员时更为清楚）。

经理的工作应当高瞻远瞩，以便下属集中精力实现短期目标。下属强调，好经理不是埋头拉车，而是抬头看路。他们指望经理时常提醒他们，以应对未来的变化。预测未来机会，识别潜在问题并提前规划，使组织免受不必要的影响，这是经理义不容辞的责任：

业务变化很快，今天你还是领跑者，明天就可能落在队伍后面。经理必须时刻关注最新趋势，并为此做好准备。

（我最优秀的一个经理）采用超级高速公路策略。我们沿超级高速公路驶向山顶，途中有缓行、弯道、窄桥、停车和护栏等标识，经理确保我们遵守交通规则，以防掉下悬崖。如果轮子冲出道路，他会把我们拉回正轨。他引导我们渡过危险。

作为组织者的经理。下属依次描述管理角色是提供销售领导力和维持组织高效运营，他们觉得这两项职能是经理工作的一部分，经理应当为下属营造一个积极向上的环境。

大多数下属期待经理做一个组织者，设计并维持一个高效而稳定的组织：搭建组织架构，建立体系，安置员工，组织培训，以实现稳定而有序的工作流程。[14] 经理应当确保办公室运转顺畅，以便下属专心致力于销售工作。在建立高效组织方面，大多数下属声称安置员工和组织培训是尤为重要的管理职责。在专业服务行业，很多人指出员工的才能是成功的关键要素。因此，经理做出正确的录用决定，并开展新员工培训，显得势在必行：

> 你需要周围有好员工积极进取和分享想法。
>
> 如果你的经理不知道如何选拔人才，整个部门就会走下坡路——这不可避免。员工不再交流思想，顾客抱怨猛增，利润下降，士气低沉。
>
> （糟糕的录用决策）置部门的其他人为不成功人士，而部门需要把自己看作成功专业人士的聚集地。
>
> 我们的业务高度依赖于人。经理必须引导新员工并培训他们，促发他们不断朝着高水准的成果努力。

在研讨新经理的日常安排职责时，下属强调组织与人员管理。对他们而言，管理就是通过他人完成工作，以及与之关联的网络建设职责。

下属认为经理角色就是"搭建舞台、框架，然后是制定战略"。

大多数下属认为两大终极管理职责符合这一角色：在部门内外建立和维护有效的人际关系网络。

构建关系网

作为团队领导者的经理。下属期望新经理营造一个"健康的工作氛围"，在这里他们的专业和个人需求能够得到重视和满足。

> 这项业务太让人受挫，自从接手以来，你屡遭拒绝，并承担很大的风险。当你濒临崩溃、心灰意冷时，你需要领导给你力量和支持。
>
> 你希望在一个积极进取、乐观向上的环境中工作。
>
> 当工作氛围令人不满时，优秀的人才开始流失。
>
> 好经理是这样的一个人，当你一大早刮胡子时，你都能够想出好点子。即使你不在工作时，他的影响也无时不在……另一方面，一位糟糕的领导则会以微妙的方式削减你的努力，他给不了你鼓励、支持和指导。

下属建议经理可以用"团队领导力"营造一个积极的环境。一位下属说："真正的好经理不把自己当经理，而是把自己当领袖。"很多人感到对领导职责的漠视，对与下属建立良好关系的疏忽，是导致士气低沉、高流动率以及低产出的罪魁祸首。

下属并不能确切指出哪些具体的管理行为或活动是"领导行为"，但他们可以感知到经理的工作哪些体现出领导才能，哪些缺失领导才能。这种态度通常在经理的语调和风格中有所透露。其他领导力调研也发现，下属时常扫描经理的行为，探寻领导力的线索。其中下属最敏感的是经理对他们个人的看法：[15]

> 你感觉工作很带劲，你希望合作，你感到自己是团队的一分子。

经理知道如何让你去合作，即使你不这样想。

领导通过交流和沟通保持友好的人际关系，他们关心他人。

经理是最佳典范。如果他积极向上，你也积极向上。

经理，而不是部门中的其他任何一个人，代表着专业主义。

领导"把下属当成个体来看待"。下属期望经理能够关注他们的短期和长期发展，不仅仅是从业务员的角度，而是从个体的角度。经理将成功定义为财务数据的增长，而下属对成功的定义则更为广泛。财务上的成功或许是最主要的驱动力，但下属还关注其他三种类型的成功：认同（正式和非正式的）、职业发展和心理上的满足感。

他的工作是协助我实施营销计划和个人发展目标。

你知道他（一位在高层中享有声望的部门经理）关注他人，他不是仅仅盯着你的财务数字，他还看你的成果。

他们（领导）不完全盯着数字。他们不只谈论业务，或一味地指责你没有尽力，他们发自内心地考虑你的利益……他们支持你，而不会只关注他们自己的净收益。

下属建议做领袖意味着成为一个"分类顾问"。他们发现有时不可能去区分个人利益和工作相关的利益：

他应该倾听并提供指导。你可以走进他的办公室，他应当倾听你的抱怨，并富有同理心。

他应该问问我家里怎么了，我个人有什么兴趣。他应该出去和大家喝杯啤酒，而不总是板着一张脸……他必须表明他不只是关心自己，不是以自我为中心。

简而言之，从下属的角度看，经理首先要满足下属的需求和顾虑。通过提供团队领导力，经理可以实现个人和专业的利益，缓解焦虑与不安，点燃希望与梦想。大多数下属希望被经理关注。有趣的是，下属对"团队"的理解过于简单化。团队通常是指合作与协同，而下属简单地理解为凝聚力。这并不令人感到意外，因为下属很看重自主权。对下属来说，管理工作很大程度上是与他们建立关系，或者我们将在后面章节看到的，代表他们建立关系网。

作为联络员的经理。采访下属发现的最后一个关于管理角色的观点是，经理是部门的代表。经理，正式负责一个部门，其地位独一无二，是本部门面对公司其他部门或公司外部组织的代表。换言之，当这一权力给下属带来方便时，他们确实认可新经理的权力。当下属将经理视为上司或权威时，他们认为经理是他们与外部世界的联络员。作为人员管理职责的一部分，他们期望经理积极地与本部门以外的人建立和维持关系。下属希望看到两种关联的联络角色：缓冲和提议。

经理和下属都认为，经理有义务保护下属免受其他部门不合理和不必要的干扰。具体而言，他们抱怨说公司和地区办事处经常对他们提出不合理的要求。

大部分要求属行政事务，下属比新经理更讨厌这些。大多数一线销售代表直言不讳地表示，"在文案工作上拖拖拉拉"真是令人讨厌。一位销售代表说："坦率地讲，我很厌恶文案工作。"大多数下属认为行政管理隶属管理职责，他们应该免受这种"干扰和管制"——"时间就是金钱，我们应该尽可能少参与这些事。"

很多下属坚决地表示他们应该远离办公室政治，这属于管理范畴。他们希望经理为下属说话，经理有责任代表组织，并监管部门的资源、奖励和认可。

优秀的经理总是为下属着想，他们为下属争取公司资源和额外补贴。

你知道……我（一个下属）花了一半的时间在跟进，我知道资源在哪，但因为我不是经理，所以打电话很难得到回应。我打电话得到的是"不"，而经理是"是"。

经理是我们公共关系的代理人，他是我们联系外部世界的枢纽。

很多下属说，经理获取资源和报酬的能力部分是基于他的职权，而这在很大程度上是受经理可信度和关系网的影响。下属讲了很多趣闻轶事，都是由于经理缺乏可信度和关系网，从而使他们的工作变得举步维艰。一位下属抱怨说，由于他们经理与高层关系不好，所以年度目标非常离谱：

如果我的经理与上司相处一般，那么我们就处在不合理的高压之下……部门目标设定过高，而且没得商量。他和上司、我们不能充分沟通，我敢肯定上司并不了解下面的真实情况。培养与外部团体的关系是经理的职责，对经理而言，将我们推介出去至关重要。他应该让大家有这样的认识——我们代表品质。

经理的专业水准——他如何进入一个社群，是关键点。他应当成为最佳典范，树立良好的公众形象，并参加他们的活动。我的第一个经理树立了形象，但没有积极参与；另一位积极参与，但形象不佳，做事草率。

这位经理在社群中籍籍无名，这真不幸。公司并没有大的突破。他应该与当地的银行家齐名，但他并没有被列入该团体的名单。他对此无动于衷，他身在福特却买了本田。

如果经理花心思营造良好的外部关系，那么下属就能够避免与公司部门间以及客户的潜在冲突。下属们也承认,无论经理关系网维护得有多好,有些冲突也无法避免。当下属不能解决这些冲突时,他们希望经理能够干预:

> 你知道经理支持你,他会公正地代表你。
>
> 他们(经理)对你的需求应当有所回应。如果我工作中遇到挑战,并找经理寻求帮助,他应当帮助我渡过难关。当我不得不重新面对客户时,他们增强了我的公信力。

对下属来说,经理是他们和外部世界的联络人。新经理拥有下属不能独自获取的信息和资源。下属期望经理能够认识到他们的跨界角色,并为此投入更多精力。[16]

下属的期望概要

下属似乎比新经理更能全面和准确地描绘管理角色的蓝图,尤其是通过他人完成工作这一概念。这让人费解,因为新经理昨天还曾是下属。但下属强调个人贡献者和经理的角色差异,这符合他们的诉求,他们不希望经理过多插手日常性和基础性工作。很多人发现新经理通常不愿放弃他们的旧角色:

> 大多数新经理很享受销售工作,喜欢参与其中,喜欢与客户打成一片,因此他们很关注顾客。但很多人做得有点过了……比如我的经理很享受与客户交流。他们有控制欲,如果你对此不加以阻止,他们会失去控制……"我来直接指挥。"我发现他们真是乐此不疲,总是插手进来……他们沉浸在游戏中。他们真的很想玩,坐在场外是不够的。只做一个教练——没门。
>
> 他们的典型错误……他们做我的工作(销售),就差成会

计了……那么你只能希望你能熬过他们（也就是说，不久他们会被调到另一个办公室）。

新经理当然意识到了压力，有些甚至明确地提到这些，但是他们的关注点在别的地方，在他们新获得的权力上。此外，正如我们在第2章看到的，他们看似也找到了执行者和经理人的差异，而这使他们陷入思考。它意味着放弃一个舒适并且高度认同的身份。他们经历中的一个中心主题是和下属就各自责任的顽强斗争。

对下属而言，典型的管理角色是创造一个支持性的环境，他们个人和专业都能够获得长足的发展。而新经理太关注管理权利和特权（权力与控制），下属过于关注管理职责，尤其是那些有影响力的下属，他们都被蒙蔽了双眼看不清真相。结果，下属对管理职位的权利轻描淡写，他们并未认识到经理对部门福利待遇、督导（影响和控制）下属行为的终极责任；下属也相当狭隘地把经理看作联络员，他们轻视了经理平衡下属与部门外其他人需要的职责。

上司的期望：作为上级的经理

新经理的上司对于成为一名经理意味着什么持有最全面和最精准的看法。当然，他们自己也是经理。事实上，很多人对上任之初的情景历历在目，回忆当初，他们对即将进入的新世界的看法是何等的"错误与幼稚"。上级经常被新经理的错误观点逗乐，但正如我们所看到的，上级对管理角色的观点也反映了他们的偏见。

像新经理一样，大多数上级强调经理就是拥有正式职权和制定决策的人。经理负有本部门的拍板权：

> 经理是责任人。在我来看，部门的兴衰荣辱与他们的管理息息相关，这不能归功或归咎于任何其他人。

他们必须像商人一样思考，像对待自己的生意一样去行动。

他们负责全部细节、每件事。

尽管新经理关注伴随正式职权而来的特权，但上级更强调责任与义务。上司指望新任经理尽职尽责，为上司效力。因此，上级强调聘用经理就是为达成既定目标，包括团队的短期销售计划和公司的战略目标。

仅仅完成销售和利润目标还不够，就配额和利润达成数字还不够。大多数高管每年都要发号施令，每年都会强调这个主题或那个主题，如资产收益或生产效率。六七项重要事项分派下来，有些容易衡量，有些则不是，但所有都很关键。

这就是区别，新经理对这些并不太重视。尽管他们也谈论长期规划，但正如我们所看到的，大多数人还是把实现短期销售目标视为头等大事。

设定日程

作为商人的经理。在采访中，上司明确了新经理应当负责的目标，包括财务、业务和组织性事务。他们承认或许他们让新经理关注的"要事"太多了。而且，他们也承认一些目标相互冲突。

在他们的脑海里，经理就应该学会权衡、管控风险，因为经理是一个具有广阔视野的"商人"。一个上司说："我期望他把部门当成自己的生意来运营。"上司强调很多事情并没有标准答案，新经理将会发现在他们的业务板块只有更好或更差的答案。

大多数上司强调，为了实现诸多不同的目标，经理必须制订并实施一套精心策划的计划。这个计划就是经理工作的指导和框架，在该框架内他要平衡这些难免相互冲突的要事。事实上，近一半的上司在定义管理角色时明确提及日程设定。上司认为，如果没有日程，新经理可能做出不合理的时间和精力分配。与经理不同，上司非常清醒地意识到时间和相互冲突的要求带给新经理的压力。此外，他们也意识到经理在上任之初会感到不知所措或不堪重负，因为他们不知道如何做出必要的判断和取舍。判断力是靠时间和经验累加的，是从挫折和失败中历练而来的。

构建关系网

作为团队领导者的经理。上司最终定义经理的角色是人员管理，而不是任务管理。跟下属一样，上司观察到新经理理解这种差异有个渐进的过程。如果经理要实施日程，他们的当务之急是与下属、部门外的人员建立并管理关系。

很多上司认为经理的团队领导职责最为重要，但也最难掌握。经理的有效性主要取决于他是否能够实现团队领导责任。上司似乎相信经理能够通过领导力实现下属和组织的目标。很多上司谈到新经理需要培养团队精神，整个团队需要紧密围绕部门目标开展工作。大多数上司强调经理应当成为楷模：

经理以身作则，部门成员才会向他看齐。

优秀的经理能够点燃大家的梦想，激发团队的热情，营造良好的工作氛围，而不会让大家感到压抑。

上司认为领导职责对于一线经理而言尤为重要。经理是组织的代表，他们与业务的核心人员——销售人员联系紧密，对他们的影响也最大。而公司的营销策略很大程度上取决于高效的一线销售经理。

不可否认，"领导力"对上司而言含义广泛，包括与下属沟通，以及激励下属实现公司目标等。当上司谈到这些责任时，他们的关注点并不是经理管控下属的必要，而是兑现承诺。

优秀和平庸的经理主要区别在于：优秀的经理在驱动业

务发展的同时还能激励、发展和领导下属。

很多上司承认一些经验丰富的销售经理确实在逃避这些领导责任。

作为整合者的经理。跟下属一样，大多数上司认为经理的交流职责十分重要。然而，相较于下属，上司视这些责任是双向的。经理有责任关注信息和资源的双向流动。上司表示新经理有责任了解和强调本部门以外的其他人的诉求和利益，他们必须与下属沟通这些诉求，并在制定部门目标时予以考虑。上司希望经理能够公正地协商和整合本部门与其他部门的利益。

作为行政管理者的经理。大多数上司认为，除了强调作为协调人的职责外，相应地，经理也应该遵守组织规程和公司的管理制度。经理代表公司的利益，因此他们必须履行行政管理职责，维护公司的"声誉和资产"：

> 经理的工作就是尽可能为公司多赚钱，但不要惹是生非。
> 行政管理属于风险管控，它确保你不违反公司的规定，不触碰公司的红线。

当然，对上司来说，保护公司的利益也是出于保护自身的考虑。很多上司都讲述了经理让他们陷入进退两难的事件，可以理解，这些事让上司不堪回首。

从上司的角度来看，经理的行政管理工作就是将经理和组织融为一体。行政管理不仅是经理与组织内其他人沟通的一种方式，也是他人告知经理他们的工作重心和感受的一种方式。经理却不理解行政管理的内涵，他们觉得这是件麻烦事。我们将在第 8 章论述经理不理解行政管理规范及误解其内涵的原因，他们还是不能实现公司战略合作的需要。

上司的期望概要

跟新经理一样，上司最初将管理角色定位为权力和决策制定。作为部门权威和"神经中枢",经理所处的位置独一无二,他们可以看到公司的一些重大决策是否切合组织目标。因此,经理是部门中唯一有权做策略性决定的人。对上司而言,经理的作用至关重要,因为它综合全面。领导力是统一下属和组织的目标的关键。上司暗示经理的正式职权仅仅代表潜在的权力,而领导力是实现潜在权力的方式。上司看到了经理工作的复杂性:"某种程度上说,这是一项难以完成的工作,经理必须面面俱到、八面玲珑。"

经理的工作就是协调他人多种多样的、往往又相互冲突的期望,平衡并取舍。完成工作需要大量的"专业知识和技能、分析能力和人际交往能力",后者才是关键,只有建立了有效的人际关系网,新经理才能有效推进日程。

同级的期望:作为谈判者的经理

同级是指公司或地区办事处的其他职能部门中的同事。新经理不太关注与同级的关系。果不其然,同级把新经理看成部门的正式代表和越界者(boundary spanner)。他们看似仅仅通过关系定义管理角色,而不是职责。同级并不在新经理的管辖之列,他们认为经理的日程设定和构建关系的职责密不可分,应该放在一起加以讨论。

作为具有部门正式职权的人,同级依靠经理与下属沟通他们的需要。他们希望经理在制定部门规划时能考虑他们的利益。同级很纠结这种依赖性,大多数人抱怨,他们很大程度上受到新经理良好意愿的影响。在两类公司中,现场销售人员和营销人员有着更大的权力,包括正式的和非正式的。现场销售经理对一些重要的资源和不确定性有着更直接的控制,他们显然比其他部门的同事更有威望和地位。据很多同级描述,当他们忽视了同级的利益时,奖惩机制并不真正对新经理有用。当我问上级这种看法是否准确时,大多数人表示同意。

同级相信优秀的经理理解他们在大型组织中的地位。这些经理花费大量时间与其他部门的同级建立关系。一些同级描述了有些经理"把同级加入到销售团队中",与他们建立业务合作伙伴关系,但这是个案,而非普遍现象。很多同级认为一些经理并没有认识到同级对于组织做出的巨大贡献,也没有认识到该如何有效利用他们。

同级希望经理能够认识到有些必要的信息和资源来自于经理本身或其下属。如果经理没有为下属设定清晰的目标,让下属提供这些信息或资源,"那这一切就不会发生"。同级也意识到销售人员并不在意他们的要求,甚至觉得他们的要求不合情理。

很多同级也讲述了他们与下属之间的冲突是如何发生的。为了满足客户的要求,下属总是试图让其他部门的同事破例,给他们特殊政策或获取额外的公司资源。因为经理有正式职权,所以他们能够仲裁任何争议。同级希望经理更全面、更客观,从"什么是对公司最有利的"视角看问题,就事论事、秉公处理。

结束语

现在我们已经看到了成为一名经理意味着什么,也分析了与经理共事的人。让我们通过回顾和阐述表 1-1 结束本章,在表 1-1 中我们总结了各方对管理角色的概念模型和最初期望。我们在此概括出不同人对做经理的不同看法(见表 1-2)。

表 1-2 成为一名经理意味着什么:用他们自己的话说

管理角色	相关人员			
	新经理	下属	上司	同级
日程设定				
作为上司的经理	×		×	
作为销售主管的经理	×	×		
作为组织者的经理		×		
作为商人的经理			×	

(续)

管理角色	相关人员			
	新经理	下属	上司	同级
构建关系网				
作为上司的经理	×			
作为行政管理者的经理	×		×	
作为政客的经理	×			
作为人员管理者的经理		×		
作为团队领导者的经理		×	×	
作为联络员的经理		×	×	
作为协调人的经理			×	
作为谈判者的经理				×

尽管这些观点已经分门别类，并且引用了大量的资料予以阐释，但看起来还是像一盘大杂烩。显然新经理的工作很复杂，学做经理是一项艰巨的任务。他们必须理解复杂的、相互冲突的以及苛刻的期望。

这种学习令人不安，因为经理必须在他们理解角色是什么之前就做好经理。但只有实践，他们才能明白新任务是什么。的确，他们面对一个令人沮丧的两难困境。他们正尝试着扮演一个事先并不了解的角色，而他们并不理解这个角色的价值和意义。他们渴望在新岗位上一展身手，但又不知道他们必须学些什么。柏拉图在苏格拉底和雷诺有关美德的对话中发现了这种两难。雷诺问：

> 你甚至不知道它是什么的时候，你怎么去寻找它呢？你究竟怎样把未知的事物设为你的研究目标呢？换言之，即便你正好面对它，你怎么知道你发现的东西就是你不知道的东西呢？[17]

在第2章和第3章，我们将看到新经理发现了他们正在追寻的东西，即管理到底是什么。

第 2 章
调 整 期 望

纵观上任第一年，新经理重新调整了对成为一名经理意味着什么的理解。每一次调整都代表他们对新角色的提炼和升华。通过长期的不断调整，新经理开始朝着管理身份转型。

在第 1 章，我们看到，新经理最初认为经理角色就是获得正式职权，并强调在财务和业务中的日程设定职责。他们一般忽略新角色的其他职责：通过他人完成工作或者建立关系网。三个关键领域的意外事件促使他们重新思考管理角色：[1]第一个是经理的日常工作到底是什么；第二个是下属的期望，这迫使他们思考如何通过他人完成工作；第三个是上级的期望，这帮助他们理解正式职权的机会和约束。

我们先来看新经理上任的头 6 个月，他们正忙于应付前两个问题。他们的第一个任务就是使预期与日常管理实际相一致。他们对于权力和控制的期望，与工作量、工作节奏以及对他人的信赖不相一致。同时，新经理正全神贯注于理解下属的期望，对于下属明显相互矛盾的期望，他们感到很费解。

在上任 6 个月之后，大多数经理已学会预见管理角色中的超负荷、不确定性和冲突，以及成为经理所带来的依赖性与权力一样多。当他们因工作而取悦下属时，他们开始不自在地意识到做经理和做执行者之间的差异,以及对人负责而不是对任务负责之间的差异。当他们处理同下属和顾客间不可避免的冲突时,他们开始恳切地抛弃作为个人贡献者意味着什么的想法。只有放弃之前的身份识别,他们才能接纳经理的身份。

因为这个故事是从新经理的角度讲述,它不是特别简明直接。经理只在他们需要的时候才学习,也就是遇到问题或者意料之外时。因此,他们学习的课程灵活多变。在企业运营的不同阶段,他们担当不同的新职位。每位经理有自己的市场和下属管理难题。有些人必须制定和分配市场配额,或者做出重要的人事决定,如提前做好人员的招聘和解雇,而其他人可能直到年底才会面对这个问题。只有极少数新经理必须处理客户的法律诉讼或是核心下属引发的大批离职。

然而,一些问题和意料之外的事的确会发生在一年的不同时刻。上任的最初几天或几周,所有新经理都面临经理的日常事务。在头3个月,几乎每个人都处理了下属和客户或下属与同级之间的一项重大冲突。除一人之外的其他人都在下半年收到了上级对他们的首次绩效评估。因此,新经理的经历以一般顺序呈现,也就是他们面对典型困境的顺序。因为他们的学习是反复进行的,就像剥洋葱,有些问题我们将反复讨论。但是每一次,新经理对管理角色的基本框架将不断升华,而且更加扎根于现实。

发现管理工作的日常现实

经理迈出的第一步是认识到管理角色确实不同于个人贡献者。这显而易见,但是经理对于业务员与管理角色之间的不连续性感到意外,他们对管理工作的期望与实际的经历之间的不连续性也感到意外。下面这段话来自新经理,仅仅几周前他对我说,他对新职位非常渴望和迫切——职权、权力和控制:

我的第一天……我放下材料，收拾桌子，整理文件——事实上我什么都没干。头几个小时我有些百无聊赖，我真的无事可做，上司也没有给什么指示……头两天就是这样度过的。我的门开着，我不想让销售代表进来看到我捏弄自己的手指头。我想，怎样才能看起来很忙呢？我开始擦桌子，摆放更多的文件。我知道我应该很忙，但我确实不知道该做什么……当销售代表走过办公室时，我邀请他们进来，询问他们客户情况，并告诉他们我也可以做些什么。头几天我这么做了，谈论客户策略，阅读备忘录，让自己忙起来……我一直在想：我有点厌倦，在桌子的这边感觉怪怪的……然后，我做出第一个重大决定。我让一个销售代表彻底改变他的营销策略，以应对一个大客户，那将使我们更富于竞争力。不久之后更多的人开始在我的办公室前停下脚步。我开始感到压力很大，就像掉进了高压锅，有很多大问题。他们希望行动迅速、快速响应，才不管你是否了解销售代表，你的支持者是谁。而你只是刚刚接手新工作，才开始了解客户。前两个月真是让人焦头烂额。我承担了太多压力：这里发生了什么？那里发生了什么？这真是让人筋疲力尽。

　　这段话或多或少道出了新经理共有的经历。做经理与他们想象的不太一样，他们也不知道自己正在做什么。在焦虑与不安中，他们揣测"管理与具体做事根本不是一回事"。上任头一个月，他们就能够明确说出经理的日常工作与个人贡献者的重要区别。幸亏这打击了经理代表正式职权的看法，新经理开始深思他们到底应该怎么做。到目前为止，大多数新经理根本没信心描绘新角色的轮廓。

管理的工作量和工作节奏

　　当被问及经理做什么时，新经理颇有感触地谈到了新职位的压力。管理似乎是一个极其令人困惑的领域，充斥了高负荷的工作、不确定性和矛盾冲突（我们将在第7章分析这几个主题的情感因素）。

首先，他们被新经理无休止的工作量和快节奏所震惊。当被问到会给考虑做管理的人什么建议时，一位经理说："管理工作比你想象的难得多。工作量会超出业务人员的40%～50%！这谁会想到呢？"

一位新经理这样描述新工作的职责：在视野、规模和开放性上质的飞跃。没有谁觉得描述新经理职责是件轻松的事，他们认为工作清单太长了，"一项永无止境的工作""一刻都不能停歇的工作"。典型的一天是这样的，他们同时处理很多问题，从琐碎的小事到重要的大事；他们总是被打断，不得不停下来和很多人进行简短的交谈：[2]

> 有八九个人在预约你的时间……一整天在你的办公室进进出出。今天又会处理谁的麻烦事呢？我该如何打起精神倾听呢？因为我没那么多时间同时与八九个人谈话。

在晋升前，经理以为合作和规划是他们的主要工作，而上任的头几个月彻底打破了这种想法。大多数经理认为自己就像消防员，四处救火，但却很少花时间考虑潜在问题，思考如何从根本上预防问题再次发生。

头几周下来，所有的经理都必须面对这样一个现实：工作量巨大，决不能事必躬亲。然而，他们很难舍弃业务专家的角色定位，这种错觉在上任第一年里让人纠结。他们并未意识到即使最杰出的经理也不可能成为各方面的专家。[3]此外，他们并没有完全认识到管理角色本身固有的超负荷性、不确定性和冲突性：

> 一旦我接手这个工作，或者可以这么说，如果（他大笑），一切都将迎刃而解。之后我会做协调者、管控者，也不一定总是按照这个顺序。紧密围绕这个行动的人将会提供正确的信息和答案。

我以为自己满腹经纶，无所不知……可实际上我只是略知一二。

一开始，很多人认为当他们学会怎样开展新工作时，日常管理中的这些问题将会自动消失。但是到了第三个月，经理将面对两项挑战：第一个是需要充沛的精力；第二个是需要科学地管理时间。他们意识到时间是他们最稀缺的资源。

一名优秀的经理首先要体力充沛、精神饱满……你总是忙个不停。有很多突发事件需要应对，你早上刚接到电话，可是电脑突然坏了。你身处激烈竞争的环境，在电脑崩溃期间，你必须改变工作的侧重点。但是你必须意识到，在众多的事情中，哪些才是真正的问题所在，哪些是今天必须解决的。事情已远远超出我能做的。我注意到，你要做的事情远比你能做的事情多得多，所以需要要事优先，想想今天最重要的事情是什么。

管理的依赖性

一个令人紧张不安的现实摆在你面前：

你的绩效评估不再根据你个人的产出，代之的是向你汇报的下属的产出……当我是客户代表时，我管控着自己的"一亩三分地"，我的收入完全与我的付出相称。

在第三个月月底，大多数经理开始意识到成为经理所产生的依赖性与所获得的权力一样多。个人付出与成果控制之间的关系更间接和模糊。[4]当描述不喜欢新工作的哪些地方时，一位经理说：

事实上你并不能控制一切。你能掌握的唯一时间就是当你关上门时,这时我觉得我并没有做我该做的事,就是和他人在一起。

对大多数经理而言,在上任之初的几个月,依赖感令人印象深刻,甚至觉得这是一种威胁,因为他们开始意识到下属"并不像他们一样有动力或者有能力":

> 我不厌其烦地与这位销售代表谈如何管理一个客户,但他听不进去。我开始捏一把汗。我突然想到曾经有人提醒说,当我放弃自己的客户时,我就走出了舒适区。
>
> 相比于业务人员,可能最大的差别在于我现在必须依靠他人(就像汽车的汽缸),即我的6名下属。我有6个汽缸,我得确保它们正常运转,如果一个熄火了,就会影响到你……你过去习惯于独立开展工作。你明确你的指标和边界,但是其他6个人也明确他们的指标和边界,你试图改变他们的行为,使他们雄心勃勃、充满斗志,但是这真的很难做大。

依赖感和失控感是新经理上任第一年的热门讨论话题。[5]

为什么觉得意外

在上任之初的头几个月,经理没有找到使期望与现实一致的途径。当他们将期望与现实比较时,他们恼火地承认他们正基于错误的认知开展新工作。他们惊讶于自己居然离现实如此遥远:"我们如同置身于外星世界。"

为何他们会对做经理的最初体验深感意外呢?作为个人贡献者,他们曾经与经理紧密共事,而现在他们也坐上了经理的位置。此外,所有人均经过正式选拔,并参加了岗前培训,但他们仍惊讶于业务员和经理、预期与现实之间的巨大鸿沟。[6]

我们观察到,新经理的经验如同一种感知过滤器,使他们选择性地关注管理工作的某些方面:"从局外人的角度我了解这项工作,但是当我置身局内时,我发现那真是天壤之别。"局外看到的是职位本身所具有的权力和控制力,而不是它的局限性和依赖性。

只有在岗位上亲自体验一段时间后,他们才发觉自己对管理工作的设想是想当然。因为他们几乎从未考虑过日常管理中的突发事件,当遭遇这些情况时,他们才有了新的感悟。他们原以为经理的工作会比业务员更具"组织性和条理性",因为他们将成为"最具权力的人,一切尽在掌控中"。他们以为权力意味着独立自主,因为"你可以拍板做决定"。当想当然的期望没有实现,当工作特性没有预料到时,新经理就体验到了这种意外。一位新经理说他"备感意外",管理工作并非像他先前认为的那么重要,因为他们在与不在无关紧要。

协调与下属的期望

新经理必须使自己的期望(潜意识和意识到的)和现实相一致,他们还必须与共事者的"往往不一致和相互矛盾的期望"相协调,包括下属、客户、上司和同级。在上半年,大多数经理将关注点放在理解并实现下属的期望上,他们主要依靠过去的经验理解新职位。他们花大量的时间与下属在一起,这一自然趋势得到强化。结果,他们认为这是他们最应感激的群体。为了说明这种现象,一位经理说:

> 如果杰克(他的上司)听到我说了些什么,他会杀了我的。说实话,我的角色是什么?那就是保护我的销售代表,让我的客户开心,即使他们不买什么。这是降低我个人损失的一种方式。

在晋升前，新经理觉得他们清楚下属对自己的期望："我只是换了个称谓而已，但我仍是他们中的一员，我知道他们怎么想。"

正如第1章所说，新经理的这一想法真是错上加错。上任第一年中，工作的超负荷和不确定性主要源于下属的期望。这些预期是经理最难逾越的障碍和难题——这意味着放弃业务人员的身份，但这做起来的确很难。他们对管理工作的新发现以及这种无力感不容乐观。但是，第一年新经理确实洞察到下属的观点，通过与下属互动交流以及自身作为业务员的经历，他们逐渐意识到下属期望的复杂性。在这个过程中，他们开始理解通过他人完成工作意味着什么。

发现下属的诉求

在上半年，新经理对下属期望的认知比较片面：帮他们获得奖励，主要是指收入。尽管新经理感觉他们了解下属对自己的期望，但他们并不知道下属希望他们怎样实现这一目标。下属似乎希望经理"不要对他们干涉太多，让他们自己做事"，但下属似乎又"非常需要支持"，好像他们很少从经理那里得到足够重视似的：

> 如果我询问他们我是否在他们身上花了足够的时间，他们100%会说我没有做到这一点。
>
> 销售代表最不满意的是我给他们的时间太少，他们需要我更多的时间。

最初新经理并不知道该怎么处理这种明显的矛盾——下属"既希望保持独立，又需要他们充分参与其中"。在第三个月之前，几乎所有经理都"帮助下属解决了很多技术性问题"，并发现他们深陷冲突之中，包括下属与组织中其他成员的冲突，或与公司政策流程的冲突。从这些遭遇中，经理开始明白下属说的"参与"是什么意思。下属期望他们扮演问题解决者的角色：

> 挑战……你面对很多不同的情况、问题。你得与下属一起坐下来；你必须要分析，提出解决办法，然后执行那些方案。
>
> 你知道下属要向你汇报，他们大多会带着问题，通常他们希望你能参与进来。这些问题往往富有挑战，需要花大量时间才能解决。

经理发现下属的问题五花八门，他们期望得到上司的帮助和指导。下属要的是答案和决断：

> 他们不想让我败坏他们已有的付出。当他们向经理提问时，他们不希望踢皮球。那将是浪费时间，而时间就是金钱。他们希望得到确定的回复。
>
> 做出好的决策，支持并坚守。陷入困境的经理在做决策时麻烦缠身，在做出决策后令老板后悔不已——他们说，那是正确的决策吗？你不能这样干。

经理很快意识到，解决下属问题的关键是充当他们与本部门外的联络员：

> 我是他们的发言人。我现在明白我需要做什么，我需要推动并协调工作，这样就可以帮到他们，他们就可以不必看路，埋头急行军。

过几个月再问做经理意味着什么时，大多数不再回答"是上司"或者"是管控者"，取而代之的是"麻烦终结者""变戏法的人"以及"快速应变艺术家"。所有人都强调解决问题、制定决策以及提供资源是首要职责：

> 当销售代表面对困难，需要帮助或者需要资源达成目标

时，他们将我看作问题解决者。他们希望我帮助他们分析客户，做裁判员，告诉他们正确的选择，并提供资源支持。如果有必要，我需要帮他们挡住来自客户、上级的压力和要求。

我的下属期望我帮助他们实现市场策略，必要时做他们的协调人。

我和产品专家、财务专家、区域总监一起为下属铺平道路。

对新经理而言，做经理必备的能力素质不仅包括时间管理，分清轻重缓急的能力（通过管理工作掌握），而且还包括解决问题的能力（主要是技术和业务问题），决策能力，以及公司资源知识。

从第三个月到第五个月，大多数经理全心全意地扮演问题解决者、协调人和资源提供者的角色，某种程度上，他们放弃了自己的正式职权。正如前面最后一段引用的话一样，大多数经理开始认识到他们身处一张关系网中，但是他们对管理角色的认知更多反映了对下属的关注。他们无意识地忽略他们作为公司代表的角色，只注意作为整合者的单方面责任，即影响下属：

我的工作是保护他们不受公司压力。

我不想给他们太大压力，即使地区办事处希望我这样做。

我必须把所有的官僚主义完全挡住……不让他们受影响。只让他们了解必须知道的，那些就足够了。

我的工作是保护他们不受总部的影响，以便他们有时间去做销售，向组织展现自己的能力，获得认可。

从下属的角度来看，经理开始逐渐理解他们的新角色了。下属认为销售领导力和联络角色是主要的管理职责，他们期望经理能够满足他们的需求。跟新经理一样，下属对人际交往职责的看法也是非常片面的。

管理者作为问题解决者的定义与新经理的最初看法（经理代表权力，经理是销售主管）相一致。作为问题解决者，他们同时扮演业务专家和决策者的角色，又能够"合法地扮演业务人员的角色"（经理上任第一年对于他先前行为的叙述）："我最喜欢他们进来说，'有问题了，我该怎么办？你说呢？'他们重视我的意见。他们想听我的看法，最好的赞美就是他们采纳我的想法。"

新经理关注问题解决的职责，这与短期方向（实现切实可行的目标）相一致。[7]大多数新经理似乎很快接受了管理工作的积极方面——当前的、特定的、明确的一面。[8]他们喜欢积极的方面，是因为他们更有可能实现"难得的成就感"和优势。

当你把他们一直没有解决的问题解决了，你会心情愉悦。凭借你的经验，能够快速帮他们解决问题。他们开心了，你也开心了，那是我最享受的时刻。

这位经理的下属对其上司的行为是这样评价的：

他插手进来，并且接管了……他做了最糟糕的事情——在客户面前他让我颜面无存……这在新经理中很普遍，他们犯了一个基本的错误，我猜是因为那是最让他们得心应手的事了。

打造管理身份

新经理并未意识到下属的不快。经理开始理解下属希望他们参与其中，但他们也需要明白，在下属眼中这种参与不能变为干涉。与下属的身份重叠，使他们看不到自己的兴趣所在，看不清自己的角色应该与下属不同，但他们必须看清执行者与经理之间的区别。

在最初的6个月，对经理而言最大的冲突来源是下属和客户间期望的不符。经理很快就理解了客户的期望。站在客户的角度，他们的管理职责是做公司的代表和谈判者。绝大多数的客户互动需要他们在下属与客户的争端中充当仲裁者。

作为经理，不幸的是你与客户的接触并不多，但这也因个人风格而异。问题在于偶发的接触中：当问题出现了，你需要参与其中，做一些不同于日常事务的工作。此外，客户应该在哪方面做有意义的金融投资，你应当给出更多的建议。

从作为成功销售人员的经历中，新经理"知道客户永远是对的"，客户也期待经理"让他们的需求美梦成真"。经理可能迫不及待想帮下属，这样做意味着重操旧业，"倒退"回做业务员的旧角色——"做他们擅长的事，取悦客户"，与此同时感觉像个上司，因为他们行使了最终决定权：

我喜欢和销售代表一起出去，他需要借助我这个经理的可信度。我喜欢挑战，喜欢拍板的乐趣。我和销售代表一同见客户，给他们打电话，共同讨论客户，这很有意思。

在新职位上，你与客户的接触并不多，我很怀念以前的生活。现在你不能再面对面地与客户建立友好的关系……我期待与销售代表在一起的时间，因为他们有问题需要解决。

客户更多地将经理看作"老板"——一位拥有权力做出重要决定的人，例如，打破公司规定或者获得组织额外资源。据一位新经理描述："经理需要高度敏感地处理与客户的直接接触。他们必须当机立断。他们必须游刃有余地解决冲突。"

每当向客户说起自己的职责，经理就变得活跃起来。他们强调专业地处理与客户的接触，因为"最终目标是客户满意和未来的业务机会"。

但是，新经理很快领教了"取悦客户带来的负面作用"。一位经理说："销售代表并不领情，并不感激你放下手上所有的事，到那里完成交易，即使在他们差点搞砸的时候。"下属并非一直对经理"插手进来扭转局面"反应良好，即使这只意味着"简单的修正而不是否定他们的决定或行为"。此外，下属"似乎厌恶"与客户在一起的时间。一位经理面露愁容：

> 有些日子我回家向妻子抱怨说，我一整天都在给愤怒的客户回电话。她说："哦，那是你工作的一部分，你应该这么做。"但那却让我陷入非常难过的冲突中。我得关上门和客户谈话，因为涉及的话题都比较敏感。你知道下属认为你什么都没有做。我一直在这工作，但我知道他们并不这么认为。

刚开始，经理并不知道下属对他们的"帮助"做何反应。大多数时候，下属（通常是老练和成功的销售人员）帮助经理看到他们行事方式的错误。几乎每位经理都能够回忆起与下属一次或多次有关经理"干涉"倾向的谈话。他们越早、越频繁地得到这种反馈，他们就会越快意识到执行者和经理之间的区别。一位经理讲述了这样一件事：

> 他（部门里最大的业务员之一）进来说，他认为我总是偏袒客户。他让我看他的留言簿，但上面什么信息都没有。我之所以站在客户一边，是因为几周以来客户一直心存不满……他问我是否考虑过客户没有说出实情……我必须承认这个问题合情合理……我给了队伍很大压力。他们有点不满，开始嘲笑我做事一意孤行，说我是公司里报酬最高的销售代表……我知道他们指的是什么……我开始为自己辩解，

我的大部分销售代表都很年轻，他们需要我……我想牺牲一个人也值了。

经理受这种遭遇的打击很大。另一位经理说：

这是什么时候发生的？昨天我还和他一样都是销售代表。我都忘了这个工作是什么样的，我现在是管理层的一分子……我记得我是销售代表的时候也找过经理，也需要过他们。

另一位经理观察到："我的经理成了我7个客户的首席销售代表，这真让人讨厌。他总是毫无选择地参与客户的各种场合。"

下属的反馈以及巨大的工作量，迫使经理直面这一问题——成为经理意味着什么：

我知道我必须在背后默默地支持他们，这是与客户环境相适应的管理角色……我知道，如果事情看起来进展不利，这样做将很困难。

在上任的最初四五个月里，每当销售代表带着问题进来时，我都专心致力于赢得销售代表的信赖，让他们像我一样赢得客户的信任。当他们有问题找我时，我总是抓住问题并着手解决。现在我有了更多的经验，当他们有问题，我先按兵不动，问他们问题，引导他们去找答案。

销售代表希望我提高他们的业务能力，然后放手让他们去干。经理的工作是确保业务顺利运营，是一种资源（如果下属需要介入组织的其他部门）……我应该知道在处理特殊的问题时给谁打电话。

从第一手经验经理获悉，接手下属的客户是多么令人沮丧和适得其反的事。为了满足自身的需要，他们犯下了让下属很不满意的错误。现在他们已经意识到了自己的愚蠢行为，很多人保证尽最大努力抵制诱惑。然而这需要第一年里反复提醒自己，他们会经常变换到执行者的角色。

同时，上任4～6个月后，很多经理开始质疑他们作为部门技术专家的角色。由于工作量的关系，他们已经很难跟上新品开发的节奏，他们没有时间钻研技术细节。他们及时发现自己不再处于业务前沿，因此并不了解哪种产品更适合哪类客户。承认这一点需要勇气，也使人痛苦——这暗含着经理很快不再具备成功业务员的专业知识。一位经理开始怀疑"成为销售主管究竟意味着什么"：

> 我是靠股票和债券吃饭的。现在我们想让老经纪人退下来，让那些年轻经纪人去销售产品。我得想出销售产品的好主意，即便我的业务还是老一套的。
>
> 我们的系列产品在短期内（我成为经理的6个月）发生了巨大改变，而且还在继续变化。从技术角度看，我制定营销策略的能力、拜访客户的能力、对于销售代表的价值都在下降……你需要做的就是紧跟趋势，而不是原地踏步。

很多人说，他们开始强调销售领导力的策略层面而不是操作层面。他们也开始意识到，应该只在必要的困难情况下出手干预：

> 我应该给下属前进的大方向，以便他们可以越过高峰和峡谷。
>
> 我不是全才，我不能干涉太多，我只会在特殊情况下参与。可以退居二线，保持正常距离，这让人松了一口气。
>
> 我只在销售代表真的有困难的时候才出面帮忙。

大多数新经理开始明白他们对于组织或者人员事务的日程设定的责任。

重申正式职权

除了下属和顾客间的冲突，经理还必须调解下属和组织中其他人的冲突。可以理解，在任职的前几个月，经理往往在冲突中更同情下属而不是客户。很多冲突是由于下属没有保护组织的资源的能力（以及与公司内其他人的后续冲突）引起的，还有一些是由于他们不愿遵守公司的规程。经理开始接到公司其他部门的电话，批评并投诉下属的行为。他们很厌恶下属让他们置身"水深火热"之中，他们开始问责下属"制造不必要的工作"和其他问题。

大多数经理很快意识到由于他们对下属的依赖，下属的行为使他们暴露在风险中：

> 我最不喜欢什么……我的任何一个经纪人都可以炒了我。换句话说，如果有一个经纪人做违法的事，我就会被解雇。你看，我自己做业务时，总是遵守职业道德和商业伦理。但作为经理，我和60个经纪人共事。他们中任何一个都可能让我丢了饭碗，因为不知道哪个经纪人会在我不知情的情况下违规，结果出了大问题。最后必须有人为此埋单，那你说还能是谁呢？

经理不可能只承担作为业务员的风险：

> 做业务员不是件容易的事，公司雇用你就是为了完成业务。我并不保守，但我必须确保不犯错误。
>
> 你必须改变你的道德标准（这个词用在这儿可能不妥），但是你必须改变决策制定的指导方针和观点。作为销售代表，有一块白色区域你可以进入，有一块黑色区域你不能进入，还有那么一块灰色区域你也可以使用……当你做经理时，灰色区域就变得很小。

新经理开始理解作为拥有正式职权的部门负责人的职责，意识到他们在大型组织中的地位。他们再一次领会了伴随权力而来的约束：

> 作为经理，我的自由度更小。我必须循规蹈矩，而我以前一直为我的特立独行而自豪……是的，你能相信这就是那个多年来一直与规章制度战斗到底的人吗？我现在就是墨守成规、按章办事。
>
> 我不能一味地"护犊子"，我必须客观公正。

当然，下属往往不能大度地接受我对他们的要求说"不"。很多人承认"在业务上你必须超级自信"。但他们也认识到下属缺乏"大局观"。作为经理，关注组织的长远利益是他们不可推卸的责任。在处理与下属的争议中，经理第一次体会到高瞻远瞩的含义，他们开始意识到他们的决策必须密联组织。

给下属的负面反馈，使经理更好地理解了他们作为权力和公司代表的角色：

> 由于我在绩效评估时切中要害、一针见血，因此我被提拔为经理。他们把我当经理看待，他们想给我留下好印象。
>
> 我让一位下属到办公室聊聊，告诉我他做了什么、怎么做的，以便我能够更好地帮助他。我和你说，这位下属穿着蓝色西装，系着领带，把准备好的一切资料放在公文包里，打算做一个正式的述职。我从不看重形象，我也从没要求他那样做，他的举止真是让我大开眼界、哭笑不得，但我也只能接受。除此之外，你还能做什么呢？
>
> 不久前我们还在一个战壕里……现在阅兵时间到了。他们改变了对我的看法，转眼间我成了威胁他们生存的人……这真是考验人，它迫使我跳出友谊的模式，思考如何看待这

个结果。这迫使我深刻反省，我真怀疑我是否可以做到。可以说，他们的职业生涯就握在你的手中，他们的内心有一种恐惧感。

在评估下属业绩时，经理不得不承认他们的利益不同于下属的利益，而且也承认下属看问题"视角狭隘"。一位经理举例说：

> 昨晚我和两位客户聊天。我刚刚给5000个重要客户发了邮件，介绍我们的新产品，我想如果他们向经纪人咨询的话，这也是值得花时间的。或者他们也可以直接联系我，其中有些客户给我打了电话。昨晚8：30左右，我做完手头工作，回访那些致电的客户，谈论相关的产品。经纪人不会为此打电话，因为他们不了解新品，也不明白这对于公司未来的重要价值。这是让他们了解新产品的方式，以防他们被客户询问时一无所知。

对新经理而言，评估下属业绩是真正的成长阶段，意义重大。如果他们必须严厉训斥甚或解雇下属，那更是难以忘却的一课："我加入了一个新的同盟""我和他们不再是一伙，我还成了他们的敌人。"

经理主要负责对人的管理

从处理与下属的冲突和反馈的经验中，新经理对于他们的角色和身份的印象彻底改观了。他们的身份使他们陷于"真空地带"：他们既不是业务人员，也不是经理。一位经理坦言他对此深感困惑。他们心不甘情不愿地放弃了执行者的角色，开始理解对人负责意味着什么。

大约年中时，大多数经理开始谈到，他们好像是出于"支持者"或"促动者"的位置。一位经理在任职第五个月月末若有所思地说：

> 你问的这个问题很有趣。我究竟应该做什么呢？每天我

的思考都不一样。公司聘用我是为了完成任务,但我的工作是支持和发展下属……对此你作何解释呢?

上任之初,这位经理描述他的工作是作为问题解决者。那时他在研讨中多次提及"支持"这个词。但这一次"支持"含义不同,也更广泛。支持下属不仅仅意味着解决他们的当务之急,还包括培训下属,使他们具备工作必备的知识与技能。因为经理不直接从事一线销售,因此他们必须选拔并培训下属开展这项工作:

> 在你处理错误的用人决策后,你看到了花时间招聘合适人才的重要性……只有下属优秀,你才会优秀。

> 我的成功就是下属的成功,反之亦然……你必须花时间和精力培训你的团队,不能只顾眼前,把你的解决方案强加给他们……一位糟糕的经理从不发展下属,其影响会立即显现。下属只知被动执行,而不会自动自发地工作。

> 我的工作是说服客户购买产品,我通过销售代表实现这一点。我要让客户深信需要我们的服务……我必须指导并培训销售代表,以确保他们始终关注客户满意。

> 经理也有产出吗?是的,的确有。尽管对经理要求众多,但我认为其主要职责是人员开发。不是具体的产出,而是人员开发。我想当你在开发人员时,你同时通过他们产出。

很多新经理首次明确将自己定位为人员管理者——负责培训和发展下属。新经理也开始认识到他们的长期责任和短期责任,培训与开发是一种投资。他们开始投入更多的时间和精力招聘、培训并发展下属(这并不是说在这些事上他们花了足够和合理的时间。即使到了年底,他们的下属和上级还是感觉应该在这些方面进一步改进)。

从下属的要求和抱怨中,经理开始意识到下属希望他们关心"整个人":

我得到这样的反馈——很直白的反馈，下属感觉他们在营销方面已经得到很多指导了，他们希望我更多地关注他们的个人发展（职业生涯方面），并给予日常工作进展的反馈（做得对不对），这样才能进步。

他们希望我促进他们的工作，帮他们实施营销计划和个人发展目标。我必须在这两方面成为参谋，帮他们评估方案和资源，知道如何实现短期目标和长期目标。

下属当然对赚钱很感兴趣，但他们也很在意个人发展、公司的认可以及工作的乐趣。

我认为首先他们期望得到支持。他们希望如果他们按规定工作的话，就能得到我的支持。如果他们犯了错，他们希望我和他们一起弥补错误，尽可能纠正错误，但不要一味指责和惩罚无心之过，我称为"合理的错误"。

换言之，经理开始意识到下属的心理需求：

你得探寻数字背后（目标）的东西，一看究竟。你不能唯数字论。

现在我很清楚他们想从上司那里得到什么：他们希望一切阳光透明，他们需要销售创意；讨论销售仅仅是其中的一小部分。他们需要快乐，需要个人关怀，需要参与感，这些才是工作中最难把握的部分。

他们希望大门永远敞开，不管是在办公室还是家里，不管是在工作日还是周末，以便他们遇到问题（无论是业务问题，抑或个人问题）时，都可以随时给我电话。我想让他们感到放松舒适，可以敞开心扉谈任何事。

研究人员发现，新经理认为处理与人相关的问题是浪费时间和精

力，应该更关注业务问题，因此只有等到他们抛却这一观点，他们才能成为成功的经理人。[9]经理正在迈出关键的另一步。他们不再认为下属的"诉求"不合理。相反，他们接受对下属的心理需求做出回应是工作的一部分，尽管他们对此处理起来还不是那么得心应手："有时候我感觉自己更像一个心理医生而不是经理。上司是不能做朋友的。他们真是大错特错了。"

大多数经理对正式的人员管理技能（如培训和发展）比对非正式的（如咨询和领导力）感觉更惬意。正式的技能与他们做销售主管的看法相一致，他们与他人分享业务知识与技能，而后者则难以掌握，也很难用语言描述清楚。此外，他们"不知道如何去做"。很快新经理纷纷表示各种人员问题是工作中最棘手的部分：

> 人的心理捉摸不透，这部分工作最具挑战。我不清楚我是否喜欢它。我尚未意识到，激励人、发展人，处理人际问题有多难！

经理开始提到激励下属的职责，极少数提到了领导力。他们现在就有这种想法很难能可贵。让他人做应该做的事情居然这么难，所有经理均对此深表诧异：

> 你必须具备倾听的能力，尊重别人，允许个性化，让他们信任你，同时给出你的建议，你应该对业务和个人事务足够敏感。

结束语

我们已经看到，经理开始面对新旧角色差异，这虽非本意，但却别无选择。首先，他们必须处理经理的日常事务。当经理发现初期判断与现实情况"牛头不对马嘴"时，他们开始纠偏以适应现实。在制定并承受决策的后果，尤其是牵涉与下属（下属与客户、下属与组织、下属的绩效考核）的冲突时，经理开始向管理者身份转变。当他们被迫处理与下属的冲突时，经理开始认识到其职责主要是对人负责，而不是任务，从而也发现了作为经理的价值。被迫做出不合下属意愿的决定，使他们开始与下属分裂开来，他们开始看到做经理和做执行者之间的差异，并且开始重申正式职权。

第 3 章
向管理身份转变

从第 6～9 个月，大多数新经理开始更多关注上司的利益。他们处理过与下属间的冲突（因此他们不再过分关注下属），而且上任已经有一段时间了，他们感觉应该为一些事情负责。他们经历了一个业务循环（至少有一个季度的结果），并与上司讨论他们的业绩（一些是正式面谈，大部分是非常识的）。很多人说蜜月期结束了。对于正式职权意味着什么，也得到了一些经验教训。他们开始担当日程设定和关系建立的职责，行为方式、思维模式和价值观上更像一名经理。在第 2 章末尾，我们看到他们轻率地对待他们的新身份，但现在我们看到他们开始"拥抱"新职位了。

承担终极责任

经理从上司那里得到的信息是，他们要对本部门发生的一切负全责。在与上级的谈话中，他们感受到"实现基本目标的巨大压力"，这正如他们所料：

> 他给我完全的灵活性和自由度。他告诉我他不会质疑任何支出，他从不会。他放手让我大胆去做，但年底我需要对结果负责。如果我想花钱在办公室里投资，我可以。我买了

一台9000美元的电脑，那是一笔大数目。他什么也没说，但我最好能说明这能够增效。

如果我做错事给公司带来损失，这将给我的职业生涯带来负面影响……我的每个举动都是职业生涯中的一次冒险，就像我们让客户承担风险一样。

很多经理将有关权力与责任的谈话描述为"既让人兴奋，又让人忐忑不安"。从访谈中，经理在这一阶段看似渴望做决定的自主权和机会，但仍没有感到职位带来的优越感，他们认识到还有很多东西要学。他们变得焦虑，并重新思索对于管理角色的先入之见：他们应该成为各方面的专家。结果，经理往往发现与上司的谈话令人困惑和不安。他们说上司评估他们的标准具有多样性和主观性，对此他们感到惊讶。他们尤其被上司的侧重点深深震撼。根据他们的绩效合约和薪酬政策，新经理是按照"实现目标和顾客满意获得报酬的"。但是，上司花了"不成比例"的时间在事情上而不是在目标上，"他似乎这样定义我的工作：50%的人员开发，30%的销售与产品领导，30%的行政管理与服从。"

从访谈中可以看出，经理认为上司按照四个标准评估他们：在执行公司战略中经理做了什么；经理对于部门的未来规划；他们怎样对待下属；他们与组织中的其他人如何相处。前两个标准涉及日程设定，后两个标准涉及关系建立。

做日程设定者意味着什么

如绪论中所述，研究中的两家公司正在经历重要的组织变革。它们正朝着利润和服务的方向迈进，而不再以收入和产品作为业务聚焦点。因此，削减成本成为第一要务和当务之急，引进系列新产品以满

足顾客对服务和质量的要求。大多数上司明确质询新经理打算如何执行公司新战略：[1]

> 成本！成本！成本！每一项小的支出和借贷！那是他关心的一切……但是如果你不能促进销售，成本就更不要谈了。

> 他不明白我为什么不能销售更多的公司主推产品，但是我的经纪人却抱怨说，我把他们逼得太紧。

> 我知道公司想让我的代表尝试把一系列产品卖给顾客，但是代表只想卖他们熟悉的产品和畅销品……他们知道面包和黄油是靠什么得来的……

> 他注意到我的下属还在做大量的小单交易，手里的小客户太多。公司不鼓励那样的生意，销售政策也做出相应的调整，难道我不了解吗？我应该怎么做？告诉销售代表放弃他们近一半的客户？

经理常常当着上司的面为他们的行为进行辩护：

> 表面上看我忽视了公司的指示。我的预算超支……在我面前，经理持不同观点。他是个一切以数据说话的人。我觉得人们需要被认可，因为他们获得的认可比他们本应获得的少……他听我倾诉，但他一直摇头……不让我找任何借口。

上司的驳斥是经理"心慈手软，没有尽责"。从上司谈话的强硬态度以及降低经理绩效评估等级的威胁中，经理很快总结出：他的工作是公司战略的宣贯与执行。很多新经理都从上司那里得到类似的反馈。因为他们急于取悦下属，大多数经理已经预算透支，而且经常疏忽了公司的指令，即关注下属不愿意销售的产品或服务。一位经理说，现在有一点很明了，他们被期望具备团队合作精神。

做网络构建者意味着什么

很多上级不仅对经理没能履行日程设定的责任深感不满,而且大多数还抱怨他们在网络构建方面表现不佳。事实上,站在新经理的角度,上级与他们大部分谈话讨论的是人员管理与领导力:

> 每次他打电话过来一直询问我在招聘、培训和激励下属方面做了什么……而我想谈的是我的销售思路。
>
> 他承认聘用我是为了实现收入最大化,保持高水准的客户满意度以及培育下属。尽管如此排序,但他总是说我颠倒了次序,工作重心偏移。今天你投资于人,明天就会收获。按照销售定额付薪是一种武断的方式。
>
> 他这一点说得很明确,对我的综合评估不会高于对人员管理的评估。在对我的评估中,第一个因素是人员管理;第二个因素是保持销售一定比例的增长;第三个要素是开拓新领域,比如应用程序或软件。
>
> 他一直强调我们的业务以人为本。

因为此时经理已经部分接受了人员管理职责,所以他们不会像以前那样对这些评论感到意外。事实上,回忆他们与新上司的首次谈话(当他们刚刚上任时),很多人还记得上司谈到人员管理。尽管如此,"我不认为上司会当真。"

但是,很多新经理起初对上司过于看重人员管理很反感,与上司的谈话令他们不安,这种不安来自于他们需要依靠他人完成工作。"难道我只是一个高收入的人员管理者吗?"一位经理问他的上司。他的上司回答说:"不,你应该成为领导者。"

上级更愿意详述领导力的实际含义。当我问他们和上级的谈话时,经理回顾说:

招聘员工；培训员工；工作中的人际关系；激励员工。确定客户与客户代表之间的冲突；让 30 个销售人员和 15 个支持人员实现自我价值；愿意参与到与人交往的挑战中。

在业务中侧重人，职业经理人、领班，关注细节，但要也要创造一种积极上进的工作氛围，这种氛围取决于很多因素。这是我的基本观点。

雇用、发展、远见和团队精神。

确保员工心情愉悦，工作努力，做适合他们自己、适合公司的事情，提供无微不至的关怀，让他们健康发展。

很多经理说他们直观上理解了上级所说的领导力是什么，以及他们为何如此高度重视。很多人说当他们听上级讲话时，他们脑海中浮现出曾经效力的一些优秀经理。那些经理身上的确展现出卓越的领导品质。但是他们觉得这些人是例外，并不常见："领导力属于奢侈品，而非生活必需品。"因此，他们觉得上级要求过高，不合常理。一位经理指出他最近发现，"必须激励员工，因为他们不想做对的事情"。他还得搞清楚"如何真正激发这样的员工"。

在下半年，经理说他们的人际关系，不仅仅是与下属的关系，还有与部门外其他人的关系，在上司眼里更是问题多多。这种麻烦常常产生于处理行政管理职责之时：

我销售目标完成不错，但上司总是接到其他同事对我的投诉……我没及时填写那些无聊的报表。他不明白，如果我把时间尽浪费在这些没用的报告上，那么我的销售数字就不会这么好看。

他花了大把时间询问我与法务部门的一个争端，这涉及与客户的一份合同。我的销售代表没法与这个呆板的家伙合作，因此我不得不打电话严厉责问。

> 他狠狠将我训斥了一顿……问我是否知道别人怎么看我。我是怎样花时间处理同级关系的？人们认为我非常本位，只关心自己的部门、利益和下属。他说我需要学会与人相处。总之，他告诉我，别人觉得我自私自利，以自我为中心，他认为我早晚会吃亏。

在这些实例中，上级跟经理谈到与组织中其他人建立和维持良好关系的价值。大多数上级强调在此方面应当积极主动：

> 他的观点是我应当是协调人，必须确保每个人知道我们正在做什么，我们需要做什么，我们还缺哪些资源。他告诉我作为部门的负责人，必须积极主动，更具企图心。

> 为了向我证明为什么我需要知道行政管理程序，他向我展示了一些技巧……我们一直在身边寻找赚钱的机会。如果你正打算评估绩效——你的利润情况如何，如果你知道你正在做什么，就会发现公司有很多钱。报告收入与支出的内在系统存在缺陷。如果你没有紧密跟踪，你会损失一小部分财富，但你却压根不知道……我必须微笑着表示，因为他向我展示了如何从费用的立场要求一些不属于我的东西，从而获得回款……我认为值得从行政管理角度研究一下。

尽管经理能够理解上司的观点，但大多数人仍然把办公室政治视为浪费时间，行政管理职责枯燥乏味、令人厌倦：

> 一天就这么多时间，我不想用这些时间和总部的人搞好关系。我的上司精于此道，但是他想成为该地区的头面人物；而我，只是一名普通员工。现在我每周花两个小时用于此事，因为我的上司要求我这么做。

> 政治不在我的考虑范围以内。负责人员奖励、提拔，因正当理由而表扬，这是公司的职责。
>
> 我做员工工作，因为我的上司要我这么做。这是每天必做的俗事，这是我工作的一部分，也是讨好上司的一部分。

经理发现在管理与公司内其他人的关系和执行公司战略方面，上司与下属存在诸多分歧。他们认同并欣赏上司的姿态。如前所述，同样地事情，经理与下属也存在分歧。但经理首次感觉自己如同夹心饼干，罗斯里斯伯格（Roethlisberger）称为"既擅长模棱两可、含糊其辞的说话方式，也深受其害"。[2] 一线管理职位引发了一些独特问题：一线经理是最基层的管理者，但又不再是"下属中的一员"。经理只是刚刚认识到协调普通员工和高管之间的要求极具挑战，他们不断朝着理解中间人职责的方向迈进：

> 让我告诉你一线经理的两难。很多人提醒我这是公司里最难的工作。当你在销售现场时，因为你正在应付所有的销售代表和客户，所以你更像一名销售代表。但与此同时，你身兼二线管理职责。员工低你一级。你承担管理者和员工的所有职责，需要对人员进行管理，但你仍要处理涉及客户的具体事项，比如制定营销策略。

负责一个部门是一项繁重的工作职责。

实现管理身份：像日程设定者一样思考

差不多直到年底，很多经理才完全明白他们的上司一直想与他们沟通什么。刚开始，他们对上司评估他们的诸多指标茫然不知所措，他们认为上司的期望杂乱无章、前后不一且模糊不清。其他人抱怨上司不切实际："他想要'梦之队'。"当他们获得绩效反馈，且开始对工作有一定把握时,大多数经理能够理解上司的要求,并将其提炼成条理清晰的信息。上司希望他们成为商人,而不是销售人员:

> 这就像我在经营一个子公司,大概有5000万美元的业务。我的上司在控股公司,他希望我经营子公司。他希望我可以打理一切,然后获得一个相应的收益。
>
> 我在经营着我自己的生意。

一旦经理开始明白他们在经营生意,他们认识到他们的角色是通才。为了应对所有挑战,他们必须开阔视野,知道业务的"整个背景与来龙去脉"。他们需要制定业务的长期规划。他们认识到销售人员的主要目标是实现数字,这属于短期目标。作为经理,尽管仍然需要数字,但他们必须对潜在商机和人员发展做长期打算。他们开始对设定长期日程职责表现出极大的兴趣:

> 这几天我一直在总部汇报工作。我认识到我并不知道我应该知道的。我需要站在更广阔的视角,思考现在以及接下来的几年我的工作如何开展,竞争对手的举措是什么。如果我准备不足,就会被他们活生生吃掉。
>
> 我必须扩大视野,考虑两三年后我们的团队……例如,市场容量会怎样?我们的市场份额占多少?我需要将成本维持在什么水平才富有竞争力?
>
> 明年……我需要下属用长远的眼光制定策略。我需要更充分地理解商业环境和客户,以便我能够平衡环境与人员的潜力。我下次需要设定长期目标。

当经理逐渐吸收上司的观点,并协调周围其他人的各种预期时,他们拓宽了对做经理意味着什么的理解。当他们开始意识并接受日程设定和网络建设的责任时，他们逐渐认识到他们在上任之初该如何表现——时间管理、设定轻重缓急的能力以及果断是关键的管理技能。但现在大多数经理认识到这不是简单的发号施令、管理时间和制定决策，他们面临的挑战很复杂。首先，他们必须制定部门议程，确保聚焦于最重要的事情，避免"只见树木，不见森林"；其次，他们必须权衡诸多职责，因为很多职责同样需要关注：

> 我是主要的协调人，我必须平衡下属和公司的需求。
>
> 我逐渐认识我角色的整体性……这的确充满挑战。挑战具有双重性，需要在公司和业务预期（销售目标和大量业务举措）、人员管理、激励、关爱员工和人员开发之间平衡。哪一项你都不能忽视，但就某一项而言并不难，难在纵览全局、面面俱到。
>
> 我必须同时关注短期和长期，如果任何一个出现问题，我就会陷入麻烦。没有短期，我们不会有长期；如果我不做长远打算，那短期目标实现后，接下来做什么呢？

认识到管理角色需要平衡基本矛盾，是经理做出最困难和最重要的洞察之一。[3] 他们逐渐理解超负荷工作、模糊性和冲突与管理角色存在内在的关联。他们必须忍受不完美的解决方案，认识到他们并非各方面的专家。他们的工作就是权衡和取舍。

此外，在年底我和新经理的谈话中，他们开始谈论希望对部门产生长久影响："我开始考虑两年后当我的继任者接手时，我曾经的决策对部门意味着什么。我不能让别人替我收拾烂摊子，我应当夯实根基。"[4]

他们希望留下什么？他们甚至比上司对前景更有雄心壮志：

> 在我们第一次谈话中，我说假定我是这艘船的船长，而

这艘船触礁了。你还记得吗？……现在，我只有一个目标，使它成为公司最优秀的部门，我想以一种让他人愉快和满意的方式去做：他们感到成功和成就感了吗？我们实现销售目标了吗？我们是以最有效的方式做业务吗？做需要做的事并且做对，不做没必要的事，只是简单地由于我们已经这样做100年了？在同级、其他经理和上司眼中，我们的工作差强人意，只是勉强过关。

实现销售目标是第一要务。第二，按照公司制度要求做事，因为它们与客户息息相关。第三（在顺序上没有重大差别），以一种激发员工100%投入并且促进职业发展的方式管理下属，让他们在工作中获得最大的满足。第四（我认为非常重要），我应该在公司内为质量改进而工作。

很难相信，说这些话的新经理几个月前还把自己形容成"木偶戏中的木偶"。

实现管理身份：像网络建设者一样思考

我与新经理的最后交谈，表明他们的第二天职是"人员管理者"。让我们对比一下经理上任一个月和上任一年后对管理角色的不同定义。

一个月后：

我70%的工作是销售和领导销售。如果你说你进入管理层是因为厌倦销售，那你就错了，我热爱销售。10%是服从，这种说法让人忌讳。这是你工作最重要的部分，如果你做错事了，没有认真检查信件或新客户，别人会让你丢掉工作。50%是解决问题。他们尽力了，但依然没有解决问题，所以他们来找你，因为这是一个大问题。你得先放下其他工作，将这个问题解决掉。5% 是人际关系和咨询工作；5% 是行政管理；5% 是招聘。加起来是 100% 吗？

15 个月后：

人员开发是我的主要任务：50% 人员开发；30% 销售和产品领导力；10% 行政管理；10% 服从——不听话可没好果子吃。

当被问到哪种技能对于管理层是重要的，大多数人认为深厚的专业功底与人际交往技能很有必要。一些经理甚至大胆表示后者更为重要。

到了年底，经理也更好地理解了他们在组织中的位置。更多人逐渐看到"政治"的价值，这些从经验教训中习得，下面这个案例说明了这一点：

这真的是我第一次碰到这种事。我遇到一个难缠的客户，我需要各领域、各方面的支持。我清楚我需要什么资源，我也知道这些资源从哪获取，但是我发现我缺乏足够的公信力或经验获取这些。我打电话说："天哪，这事很难搞定。真该死，我希望都解决了。这是你的责任，我希望明天就能解决掉。"我缺乏公信力或经验来摆平这事，这处境真让人难堪。我对下属说："哦，我们应该利用这些资源到达 B，然后我们再整合 A 和 C，这个问题应该就可以解决了。"我想我应该打电话，着手启动此事。可是即使我知道给谁打电话，我依然解决不了问题。我必须依靠我的一位同级，他做经理很多年了。他替我打了电话，把问题解决了。

这个工作就是学会如何管理资源，你必须快速识别资源在哪。在像我们这样的公司，你犯的最大错误就是没有利用如此丰富的资源，因为你压根不知道它们在哪……你可以通过熟悉公司里的人以及他们做什么发现这些资源……这家区域办事处有150个人可以提供帮助，可我并不知道这些，直到我的上司让我保证起码一星期给他们两次电话。

如果你打算从那里获得资源支持，你就得知道谁能真正帮到你，谁拥有权力……你可以阅览手册和电话簿，找到资源在哪，但真正有用的东西是在磨炼和错误中习得的。

此外，因为所有经理至少都经历了一个业务计划周期，他们被迫"直面现实，而不是关注自身利益"。他们的目标远高于他们能够接受的，或者当分配资源时，他们"处境不利"，"目标和标准自上而下。除非你与他们关系很铁，能够影响他们，否则你的观点没人理会。"

为了成功，很多新经理默许了"政治"职责。他们承认他们应当花时间和精力开发本部门外的关系。他们开始安排时间表，创造与上司和同事在一起交流的机会，这真是迫于无奈。有趣的是，虽然他们开始认识到政治对于组织内部的重要性，但对于组织外的价值却视而不见。除了少数例外，他们对于参与社交活动以建立部门声誉并不积极。在我们研究的两家公司中，更多经验丰富的经理花大把时间参与这些活动，努力成为"××（公司名）先生"或者"社交名人"。一位经验丰富的经理说这种事往往大量消耗了他们的工作时间甚至社交时间。或许其他职责已经令他们疲于应付，以至于他们不能看得更远。然而，自上任伊始，他们已经走过了漫长的道路。他们的管理工作模式得以拓宽和升华。这是一次艰难的跋涉：[5]

突然，我发现自己在说，我无法对我的收入负责。我没有时间。突然间你得从头开始，说现在我是经理，可经理做什么呢？这需要花点时间思考，因为这真把我难住了……经理通过他人完成工作。那真是一个非常非常困难的转型。

未来的课程

经理已经在相当短的时间内改变了他们自身及对周围世界的看法。他们是通过以下方式做到的：从经验中学习、解决问题、社交场合。当他们的一举一动、一言一行像经理时，他们就逐渐变成了经理。

他们从执行者转向经理，从业务员转向商人。他们不再将自己视为寓言中的刺猬，只精通和关注一件事，而是开始视自己为狐狸，见多识广且同时处理很多事。

这种转变绝不是完整的。大多数经理现在明白了管理生活的真相，并且将许多管理难题放在一起，但一些人仍在逃避现实。尽管他们接受了"人员管理者"这一角色，但是大多数经理仍需充分理解领导职责。尽管他们开始认识到在组织中的位置，但是一些经理仍不确信管理与本部门外人员的关系是工作的一部分。他们很清楚，定义管理角色相对容易，而如何做才是真正的挑战（第三部分的主题）。

此外，大多数经理仍然天真地追忆作为个体贡献者的时光，事实上，他们有点将那个阶段理想化了。在遇到危机或者感到疲于应付、力不从心时（时常发生），他们回首过去的舒适从容，是为了积聚力量继续前行。因为大多数人只是刚刚开始转变获得自尊的来源（详见第6章）：

每当我恐慌不安时，我就回忆过去，自我安慰……我说作为一个经理，我依然是销售人员，我的主要工作是与同事一起做销售：发展他们，在我认为对的方面和我相信公司也认为对的方面推销他们。我将与他们一起工作，我将发展他们，我将营销他们。我将会是这里最棒的销售人员。

第二部分

开发人际关系判断力

BECOMING A MANAGER

毫无疑问，与下属建立有效的关系是新经理面临的最艰巨的任务。[1]他们惊讶地发现这件事远比想象的要难，也更容易让人气馁，自己也变得很敏感脆弱：

> 我想产品知识与技能属于基本应知应会，而人际技能与态度是你成功的必备。

> 从个人方面，不，我们不要称为个人，这是管理人员的艺术……这可能是工作中最难掌握的部分。毕竟你是因为营销工作成功才获得晋升的。

在他们的非管理性工作中，经理无疑已经学会了有关管理工作关系的宝贵一课，否则很难想象他们作为销售人员会如此成功。诚然，他们得到提拔主要归功于其业务能力，而非其管理或者人际技能。通过众多人完成工作，与仅管理两三个人需要的技能大相径庭。此外，学会履行正式职权并培养一个高效、满意的团队是新的挑战。

经理被视为新手，他们在没有学徒身份的庇护下，尝试实践复杂的人员管理技巧。正如我们所见，当他们开启新的职业生涯时，他们面对出人意料的陌生而复杂的工作与环境。全新而杂乱的信息狂轰滥炸，他们尚未掌握理解信息及评估其关联性的规律，但他们仍然需要做出决定并采取行动。当他们处理管理下属的难题时，他们依靠"个人判例法"（personal case law）建立判断基础和指导原则。[2]他们发现，很难确切地谈论从人员管理中学到了什么，以及怎样学。他们谈到"预感""应对情境的自动思考过程"以及"由经验获得的直觉"。

他们积极体验并实践应对不同场景的处理方法:"在如何与人交往和相处方面,我不断检验我的想法。"

但是大多数时候经理依靠试错法。他们没有意识到他们正在体验,意外或不良后果迫使他们反省自身行为:"关于怎样管理人员,我每天都会发现一些未知的事物。这是一个从错误中学习的过程。"

下属如何看待经理,有关于此正式与非正式的反馈或许是最好的老师,尽管它们充满杀伤力,因为这些都是出乎预料的负面反馈,往往表明经理的意图被误解了。因为经理处在职业生涯的微妙时期,他们很清楚自己有很多东西需要学习,所以他们对反馈是非常敏感的。最后,经理主要凭借经验,他们刚从下属升为经理,正在摸索如何管理这一特殊情境(我们将看到,有时这种方法产生的问题远多于它所能解决的)。

尽管存在个体差异,经理发现在他们学习人际关系判断力时,这些议题中有两门课程最考验人:如何履行权力以及怎样管理每位下属的绩效。每一议题将在第4章和第5章中依次探讨。

在这些章节中,我们谈到了管理下属的挑战,但并没有提及同级和上级。毋庸置疑,管理同级与上级的关系与管理下属同样有难度。正如我们所见,经理并未将与同级和上级的关系放在优先位置,而是排在下属关系之后。毕竟在经理的世界里,这是全新和独特的事情。这段叙述来自新经理的视角,对他们而言,发展人际关系意味着对下属管理。

第4章
行使权力

> 我花了3个月的时间才意识到我对下属没有影响力,我好像一直在自说自话。

新经理必须学会如何行使他们新获得的职权。然而讽刺的是,行使权力要求他们培养行使权力和有效施加影响的能力,而不仅仅简单依靠他们的正式职权或职位赋予的权力。更重要的是,他们必须学会:

- 建立信任;
- 培养下属的责任感;
- 领导团队。

从依靠正式职权到建立信任感

上任之初,新经理考虑要有一个良好的开端,他们认为"第一印象就是永久的印象"。"新官上任三把火",他们花大把的心思和精力琢磨上任之初应该如何表现:

> 因为我是新官上任,他们对我有所期待,我的一言一行

他们都看在眼里。他们对我没有任何先入之见，这是向他们展示自我的一个好机会。

最初 30 天是关键。我得证明我的能力。我一直在寻找取得重大胜利的机会，选对股票，在竞争中抢尽风头。我必须证明我工作很努力。我加班到深夜，周末也加班加点。我想让他们知道我不仅仅只是个危机管理者。我很难从这种压力中摆脱出来。

经理会惊讶地发现，建立信誉和信任很难。虽然第一印象很重要，但起的作用也很有限。他们踏上的是一条漫长的苦旅：

我是个好人，我也希望他们能马上接受我，但事实上你不得不靠自己争取，人们都是很谨慎的。作为一名新经理，你得赢得他们的尊敬。

当一位有资历的员工对我说："你渴望成为我们的一员，但你太心急了。你以为你把自己当作销售代表就能和我们打成一片，但事实上你不是，你得理解和接受这一点。"这时，我才意识到我得赢得他们的尊敬。然而，其他销售经理已经和他们打成一片，你还在说，等一等，为什么不一样？

经理很快意识到，他们必须证明他们是值得下属尊敬和信任的。事实上，他们感觉自己好像被放在放大镜底下仔细观察一样。[1] 下属把经理放大了，但他们靠的是陈规甚至是高度印象化的东西来判断经理的管理可信度。[2] 有一个经理害怕他的离婚将会成为众矢之的："在中西部离婚是件大事，下属会对你产生怀疑，这是否意味着我不能维持牢固的关系。"

许多经理认为这种仔细观察令人不安，这是由于他们被新职位压得喘不过气，有种不堪重负的感觉。一位经理描述了他无意中听到他的两个重要下属之间的对话时所感受到的侮辱：

> 他们在考察我……说我的表现只是优秀，还算不上出类拔萃。他们不确定我的决定是否是根据经验得来的，尽管他们并没有真的针对我做什么，可他们确实在怀疑我的能力。

最初经理只重视下属评价他们的一个标准：新经理能胜任吗？尽管经理在专业技能上都能胜任，后来他们意识到他们的下属还有第二个同样重要的疑问：经理的动机或目的是什么？在思考了很多下属的评价和反应之后，一位经理最终发现他的下属"并不是很担心我是否能胜任这份工作"，他们只是在"寻找我是否只为自己打算的线索"：

> 我认为关键在于：他关心别人吗？他乐于提供支持吗？他是否打算长时间负责这个部门？他准备长期发展吗？他是自愿的还是被选中来这儿的呢？

其他人的评论：

> 他们知道我是公司最大的销售，他们担心我可能会丧失一些赚钱的机会，所以一味地注重奖金，只会管理数字。人们会容忍你许多错误，只要他们认为你是一个真诚的人。你不会只在这里管理他们两年，然后就拍拍屁股走人了。

> 我最初尝试着做的一件事最后被证明是非常重要的，我在两天内记住了办公室中每一个人的名字。我对他们每一个人都充满兴趣，这给他们留下了深刻的印象，同样我也留下深刻的印象。我还带了红酒和奶酪以示我对他们如此欢迎我的感激之情。

当下属开始认为经理是业务专家，而不是人员管理者的时候，经理应该更加努力地证明他们的能力（特别是专业能力），而不是给下属承诺。许多经理在最需要与下属建立良好关系的时候错失了时机。在工作中，经理不可避免会犯下许多错误。下属是否原谅或者忘记经理的错误，很大程度上取决于他们是否认为经理关心他们并且乐于助人。一个下属对花时间去记住下属名字的经理评论道：

> 她非常慷慨大方，她从一开始就表现出乐于助人的一面。她付出了很多，我怀疑她自掏腰包，这一点非常让人感动。她花钱买来了忠诚，而这种忠诚在今后的日子会发挥作用，有助于实现高预期，她会看到回报的。

经理必须了解下属判断他们管理投入的依据是什么。他们发现大多数下属对两个因素非常看重：经理在下属身上投入了多少时间和资源；经理如何看待和处理下属的错误。经理可以看到，与下属建立有效关系时，与下属随时的、积极的、一对一的交流是十分重要的：

> 我很少关门，门总是敞开着。当我和别人谈话时，如果电话铃响了，我不会接听电话。我尝试着创造这样一种氛围，你可以随时来找我，我并不是站在你对立面的上司，提防你或者监视你，我是和你站在同一边的上司。我在这里是为了帮员工做出贡献，我在这里是帮你实现梦想和成功的。

他们看到，在专项工作中与下属并肩作战，晚上一起加班，请他们吃饭，类似这些小事情或者私下接触会产生不一样的效果：

> 我在市中心为一位在公司干了28年、即将退休的经纪人开了一个盛大的派对，我送给他一份大礼。事情似乎本该如此。当然，人们都非常兴奋。这件事大家谈论了好几个星期，在他们看来我是关心他们的，人们很在意这些事情。

"一个交际广泛的经理才是一个好经理,"一位经理说,"时间是我最有价值最珍贵的一项资产,我会花很多时间坐下来与人交流。"经理逐渐意识到他们必须考虑他人的感受,回应他人的信任:

> 人们往往很难告诉你他们的感受。有时他们有找你倾诉的冲动,你应该坦诚相待。这就意味着当他们诉说挫折时你需要耐心倾听,通过倾诉平息他们的压力和情绪。

> 他每天都来我的办公室,与我谈论他妻子和邻居的外遇。我感觉我就像是他的心理医生,我认为他是太苦恼了以至于不能控制自己。他总是为此道歉,我也为他感到难过。

一开始经理厌烦"安抚"下属,不喜欢谈论私事,这些并不是岗位职责的一部分。事实上,经理在新职位上工作过度、不堪重负,把时间花在下属身上并不能立即产生业绩。但是,在他们静下来的那一刻,他们也会回想起自己作为下属的经历:

> 我讨厌我的经理关着门,虽然我并不想走进去,我只是不喜欢门关着。这有意义吗?他竟然关着门,我进去见他还得敲门,这真让人讨厌。

许多新经理从正式或非正式的渠道也获得类似的反馈,他们花在下属身上的时间不够多。一位新经理的同行也分享了一段经历:"她(新经理)收到了一些不好的评价,我们就她做的不妥之处谈了谈。我说你应该直接走出办公室和别人接触交流,她说她做不到。"

此外,当经理意识到他们必须依赖下属的有效工作时,他们才开始把建立有效关系作为他们职责的一个重要部分。他们发现,花时间和精力在这件事情上是卓有成效的。

下属非常敏感经理对待他们所犯错误的反应方式,这是下属判断经理是否值得信任的依据。下属希望经理能够倾听他们的心声,处事公平公正，尽可能地保护他们不受负面因素的影响。尽管经理理解下属的期望，但他们发现这难以满足。他们难免会认为下属的错误将给他们个人带来不良影响。经理承认，他们的第一冲动就是发火和惩罚下属：

> 销售代表把事情搞得一团糟。他订错了键盘并发了货，这需要部门花几千美元纠正这个错误。这真是玩忽职守，他不应该犯这种低级错误。我真想火冒三丈然后训斥他，如果再发生这种事我就杀了他，让他好自为之。我用尽所有意志力克制自己保持冷静，告诉他不要再发生这种事情，我会用预算来弥补，虽然我知道这会令我的上司不高兴。

> 不同的是，一旦他们信任你，了解你是怎样的人，你就会成为他们中的一员。这需要你经历几个危机，做出几个选择才能建立起来。你也可以因为所发生的一切责备销售代表，做彼拉多（处死耶稣的古代罗马总督），洗脱你的干系。或者你可以参与解决问题，你可以说，"哦，你犯了错误。既然错误已经发生，我们先不问谁应为此负责。现在的问题是，如何解决这件事？"如果你经历这样的几件事且没有进行打击报复，那你就继续保持这样吧。

> 如果他们犯了错，他们会希望我和他们共同补救这个错误，尽可能地改正错误，帮助他们处理错误，而不是批评和惩罚他们的无心之过，我将此称为"合法的错误"。

尤其是一开始经理感觉下属在主动考验他们时：

> 蜜月期已经结束。对新经理来说，很难清楚什么时候、怎样去告诉经纪人不要做某件事。经纪人的地位越高则这种判断就越重要。新经理需要花时间和精力建立信任。你不可

能一夜之间建立互信，这需要漫长的时间，但丧失信任却是一夜之间的事。

你必须面对销售代表。他们不会主动上门找你，他们不愿参加销售会议或迟到很久。你得知道什么时候该说些什么，你有很多机会建立信任。

他们认为经纪人是国王而不是经理。我必须向他们表明我愿意赚我自己那份钱，我也会在必要的时候做一些他们不喜欢的事。

经理把大部分的考验描述为"赤裸裸地、直接地对我们权力的挑战"。更加阴险和更具诱惑的考验是下属努力和你成为朋友："他们或者对你百般刁难或者对你友好至极。"正如这位经理的评论所揭示的那样，经理常常制造"友谊陷阱"，而不是下属制造的：

我想可能是在上任的最初四五个月的时候，也许是3个月的时候，每当销售代表遇到了问题进来时，我总是太急切地想让他们喜欢我，取得他们的信任。每当他们有问题进来找我时，我就马不停蹄，尽心尽力地去解决，使得他们能够喜欢我。

承认这一点非常重要。大部分新经理非常想得到下属的欢迎。对销售人员的研究表明，经理对得到他人的喜爱有超出平均水平的渴望。[3] 本研究中的经理也不例外。一位经理说道，他得"在帮助别人和不做出严苛决定的强烈欲望中做斗争，使得他们能够喜欢我"。

经理无法应对一个基本的管理压力：受人尊敬和受人喜爱之间的差别，除非他们能够意识到和下属之间的关系（经理是他们的朋友）。解决这一冲突的关键在于全盘接受经理职责并培养信任。经理必须学习用信任来建立强大的私人关系，但这并不意味着和下属做朋友："当我想到一些我认识的出色的销售经理时,下属对他们既尊敬又喜欢。但首要的是尊敬。"

麦克利兰(McClelland)和伯纳姆(Burnham)在对管理动机的研究中发现,优秀的经理对权力比对亲和有更高的需求。[4]对亲密关系有高需求的经理试图与每个人搞好关系,不加选择地给某个人破例,这往往使得其他下属感到很不公平。

最后,为了建立信任,经理必须学会对下属的挑战和批评不能自我防卫。在上任之初的几个月,经理很难控制自己。一位新经理说他需要"至少不断地想象他是上司……上司总是对的"。在上任的第一年末,这位经理已经能够有效地应对这些挑战:

> 这是一种持续的挑战,如果你把挑战看作是对个人的威胁,那么你就有麻烦了。也许你把挑战只是看作一场不流血的挑战,他们向你出拳,你只需要快速做出反应进行回击。现在我更多的是把这看作一场比赛,一种自我的比赛……最近我在一对一谈话时告诉他们,如果你进来问我一些事情,答案是"是",那就表明有三件事:第一,你可以进来坐在我的座位上然后说"是",也就是说,站在我的角度上这是合情合理的;第二,站在你的角度上也是合情合理的;第三,如果你以股东身份来看待这件事,这也是合情合理的。如果三者中有两者是对的,你得到的答案是"是"。他们看起来能够接受。

另一位经理在上任的第七个月自豪地表示,当一个下属进来说他不同意她分配已离职的经纪人的客户方案时,她是如何保持冷静的:

> 几个月前我可能会说,这不关你的事,我说了算。但这次我说他有权表达自己的意见,我也有权不按他建议的做。然后我解释了一下为什么我这么做等。

经理如何才能学会更大度地应对对其权力的挑战，而不是心怀敌意呢？一方面，他们越来越意识到，下属持有不同的意见并不意味着挑战他们的权力。随着他们自信心的增强，他们逐渐理解，下属在一个问题上持不同见解且简单地试着去表达这个观点是合情合理的。另一方面，经理有必要变得更加"厚脸皮"。我们在后面的章节可以看到，更令新经理吃惊和懊恼的是，他们被"负能量"所淹没。为了生存，他们必须学会应对负面反馈和负面情绪所带来的压力。一位经理说，为了自我保护，她对负面影响产生了免疫力。但更重要的是，只有放弃经理是业务专家的神话，并且更加充满自信，他们才能容忍下属的负面反馈。事实上，维护自尊在发展新经理的人际关系时非常重要。

从控制到承诺

当经理被任命以后，他们最主要的一个目标就是学会履行和获得对下属的控制权。他们渴望行使正式职权，实施他们关于如何经营一个有效率的组织的想法。

正如我们看到的，大部分经理采用事必躬亲、专制独裁的方式进行管理。这种方式符合他们最初对管理角色的认识：经理就是上司。他们选择这种管理风格并不是因为他们渴望对下属行使权力，而是因为他们希望影响结果。[5]起初，他们没有意识到他们的管理过于指令化。大部分经理描述他们的管理风格是协商式的，而不是命令式的。看看他们上任最初几个月的表现，他们毫不谦逊地这样描述自己：

> 公司不是一个谈民主的地方。公司就像是一个王国，而我是国王，我必须处理所有的问题。
>
> 我并不擅长管理，我更像一个小学一年级老师，我得告

诉大家什么该做，什么不该做。

现在我觉得我像一个军队的教官，我并不灵活，我只是教人"怎么做"，这件事你应该这么做，那件事你应该那样做。

然而，经理很快就会发现正式职权的局限性。他们发出各种指令，但几乎没有下属服从命令。下属在考验他们。经理并没能成功应对对他们权威的挑战，因为他们根本没法"强制"下属完成他们的要求。一位经理恼火地讲述他如何开始对"坐在为地区经理（二级以上经理）设计的巨大豪华的办公室"感到忐忑不安，他感觉自己就像个骗子，"我甚至不能保证我的秘书会按照我的要求做事"。

经理没有意识到他们的境遇恰恰就是管理工作的基本事实：管理既是一个依靠下属的职位，也是一个拥有权力的职位，他们必须学会以说服的方式而不是以命令的方式进行领导。当问起一个上任 8 个月的经理，有什么建议给新经理时，他会心地一笑，说："无论你做什么都不要被经理这个头衔蒙蔽和影响，记住你和做经理前的你没什么区别。"

另一位经理评论说：

忘记你的权威。你不能以自我为中心，你必须开始去说服别人，而不是简单地发号施令。我意识到我必须让下属信服我，否则他们不会改变想法。你的任务是激励和引导他们销售我们的产品，而不是命令他们。你的销售技巧将会显得至关重要。此外，有一半的时间你都不知道怎么做才是对的，更不必说指导他们怎么做了。

你并没有停止销售，你只是改变了你的客户基础。你需要将你的想法和热情传递给下属，以建立互信。我很快发现成功推销你的想法远比产生一个正确的想法难得多。

这位经理说他已经迈出了一大步，他开始逐渐理解他所扮演的角色。他认识到，他的角色既不是和他的下属成为亲密的朋友，也不是同他们竞争或是控制他们。更确切地说，经理必须激励和开发员工，使其朝着组织的目标前进。"我开始把他们（他的下属）当作客户，我更多的是鼓励他们而不是威逼他们。"

激励下属

对经理而言，对于提高员工的敬业度和主动性有两点重要启示：一是利用参与式管理的优势；二是依靠正面强化而不是负面强化。

参与式管理的优势。当经理发现下属不服从他的命令时，他们开始尝试各种途径以争取下属服从他们的命令。一位经理讲述说，一个偶然的机会，他意识到当他告诉下属他的决定的同时说明一下理由，下属就更加容易接受和执行他的决定。"我都快绝望了"，他开始解释一些细节，为什么他认为实施一项新的管理程序很重要：

> 这是一个不受欢迎的管理程序，也非常耗费时间。但是，一旦我解释为什么这么做以后，他们似乎也能够接受这样去做。我认为，我向他们传达母公司观点的行为拓宽了他们的视野，也使大家对公司的愿景有了广泛的认识。

当经理有了类似的经历以后，他们开始热爱交流了。上任6个月以后，很多经理认为，人员管理就是一种交流，交流技巧非常重要。有意思的是，他们还在强调说话技巧而不是倾听的技巧。然而，在上任一年以后，他们认为倾听也同样重要。在那以后，大部分经理能够很好地接受下属的不同意见，而不认为这是对他们权威的挑战。于是，他们也能更好地倾听下属的想法：

> 在第一次开会的时候我就说，这是我对你们的要求，你

们也可以告诉我你们对我的要求。我以为我采用的是参与式的管理，但这并不是双向参与式管理。我总是一言堂，很少倾听下属的想法。现在，我花更多时间倾听，这样我也可以立刻从下属那里得到对我决定的反馈。

经理发现当允许下属对公司的决定表达自己的看法和意见时，他们就会更加乐意完成交给他们的任务。

一开始，经理没有真正理解为什么让员工表达自己的想法有助于更好地完成工作。许多经理认为这是一种"发泄效应"："如果你让他们发泄自己的情绪，然后他们就可以继续好好工作了。"

不久，他们开始意识到原因并非那么简单。如果在做决定时征询下属的意见，那他们会认为这个决定也是他们自己做的。当他们有机会参与决策时，那他们就认为有义务和责任去执行这个决定。经理开始意识到倾听下属看法和观点的另一个好处。他们会从下属的感受和看法中得到许多有价值的信息："当我不再认为倾听下属问题是一件浪费时间的事情时，我从他们那里学到了很多，从而让我可以制订出更好的、更可行的计划。"

虽然很多经理采用了参与式管理，但他们并没有深入理解什么是参与式管理。事实上，他们只是不再简单地自己做决定然后公布于众。他们会提出想法，倾听下属的看法，有时会根据下属的反馈做出一些修订。但总的来说，经理不会让下属来做决定。

正面强化的优势。当被问及他们指挥下属的权力来源的看法时，经理第一个想到的就是这种权力来源于职位（正式职权）和他们扣留或者发放奖金的权力。但是，很快他们就发现第一种权力来源的局限性，他们开始更多地依赖第二条权力来源。他们认为钱能够激励他们的下属。

但是，经理发现他们正面临一个有意思的两难境地。他们的某些核心下属的薪酬已经够高了，钱对他们来说不再是一种激励措施：

> 如果一个人想要知道怎么才能赚大钱，拥有豪华奢侈的办公室，享有威望，成为一个富豪，我可以告诉他怎么做。
>
> 他们能赚很多钱（10万美元以上），他们不再为物质生活忧虑了。
>
> 我不能通过提供给业绩很高的业务员更多的钱来促使他提高业绩。他在中等规模的中西部城市已经是个大人物了。他已经拥有附近最大的房子，周游过全世界，天热时在家避暑。他还需要什么呢？

新经理对此非常迷惑。他们应该给这样的下属提供什么呢？他们逐渐意识到金钱并不能代表下属的全部世界。令人欣慰的是，他们意识到还有许多其他的有形的、无形的激励政策。他们可以提供资源（如行政支持）和机会（参与某个培训项目）。他们开始真正掌握赞赏和肯定的力量：

> 下属希望被关注，哪怕仅仅是写一封信或是打一个电话。这很微妙，但却很管用。如果某位员工有一天干得非常出色，我会给他打个电话，这很重要。今天我刚用自己的钱举办了一个派对，表达我对员工工作的赞赏。我送给他一个名片盒，因为他每天能完成3000美元的销售额。这个小礼物表明他在我心中多么重要。尽管现在业务不好做，他也许并不会因此变得更为努力，但这会令他感到快乐。
>
> 现在，我把董事会会议室作为表彰员工的地方。昨晚5点，我在董事会会议室表彰了一位员工。这是他职业生涯中第一次做到10万美元的单子，我送给他一件精美的水

晶艺术品，然后说，我听到一个谣言，说公司里有人的业绩达到了 10 万美元。我向他道贺，然后握了一下手就走开了。我把大家集中起来并不是为了做宣传。我清楚，他也很清楚。我有我自己的管理哲学——"扬善于公庭，规过于私室"。

这个案例揭示了重要的一课：在约束下属行为的时候，采用奖励的方式往往比采用惩罚的方式更有效。经理费了一番周折才认识到，下属会因为害怕失败或感到羞辱而努力工作。许多经理承认在上任的最初几个月里，他们采用"大棒政策"激励下属，这种方式与他们的专制管理风格一脉相承。许多经理没有意识到，他们是在用威胁的方式对下属施加影响。他们认为他们只是"帮助下属看到自己行为可能导致的后果"和"促使他们看到自己的错误"。

经理很快意识到，采用惩罚措施会导致诸多不良结果。他们发现，惩罚下属经常会使他们感到自己被羞辱或是被孤立，有些甚至"出乎意料"地突然辞职不干了。受过惩罚的下属也变得不友好，故意找茬与经理作对，或是通过报复同事的方式发泄心中的不快。大部分经理开始明白，"你永远不能羞辱你的下属，你必须采取积极的方式解决问题"：

> 你周围都是些自视甚高的家伙，他们年薪都有 10 万～30 万美元。在他们面前，你必须足够强势才能不让他们把办公室搞得一团糟。但是你做这些事的时候不能摆出经理的架子，你也不能采用大棒政策，你不可能狠狠地惩罚他们。实际上，他们承受着巨大的压力，内心深处缺乏安全感，他们必须承担经理想要他们完成的任务。所以，最好的办法是用榜样和支持来鼓励他们。

要相信你的下属。你要学会叫他们相信自己甚至是高估自己，那样他们就能表现得更好。每天都表扬一下他们，尽量少指责他们。让你的公司一直处于一种积极向上的氛围，这样他们就能看到你对他们非常尊重。

虽然经理有时还得继续使用惩罚措施，但他们也更加意识到了这么做的风险：[6]

> 我只是个普通人。我狠狠的惩罚了她，因为她是所有员工中最差的那个。我也很沮丧。我告诉她如果不能达成一笔交易，就别回来。我并不想提高我的嗓门，但我实在怒不可遏。她已经花了三周做这笔生意，但毫无进展，我简直无语了。也许我做得有点过，给予他们的反馈或应该在他们可以承受的范围内。

从管理个人到领导团队

大多数人提到行使权力的时候，他立马会想到领导。经理也像普通人一样，也承认需要承担领导责任。从上任伊始，他们就需要在言谈中展现领导力，例如，宣布他们将要领导这个组织。"领导"似乎可以囊括一切。经理也不能非常自信地解释清楚"领导"的具体内涵是什么，他们只知道这很重要，作为经理，他们必须扮演好领导的角色。

毋庸置疑，"领导"是世界上研究最多却知之甚少的一个概念。然而，在所有定义中有两条原则是很明确的：第一，领导不是简单的发号施令，而是采取说服、激励和授权的方式进行管理，他们通过鼓舞人心且富有挑战的愿景赢得下属的认同和承诺；第二，领导不仅仅是管理个人绩效，还要管理团队绩效；作为行使权力的一种方式，他们创立合适的组织环境。有两位著名的专家给领导下了定义。本尼斯把"领导"描述为：一个领导"知道自己想要什么，并成功地将自己的目的传达出去，授权给别人，知道什么时候沿着既定的道路前进，什么时候又需要做出改变"。科特区分了"领导"和"管理"：管理是指推动人们在正确的方向下前进，并控制他们；领导是指通过满足人们的基本需求来激励他们。科特认为，领导是设定方向，促使员工合作，激励员工；管理则是计划和预算、组织与人事、控制和解决问题。在这两位专家的研究中，他们都着重强调领导者对建立组织环境和企业文化的关注和技巧，正是这种组织环境和企业文化激发员工在工作中有更出色的表现。

在经理开始真正理解什么是领导之前，他们必须掌握上述基本观点。我们已经知道他们是如何学习到第一条原则的了。现在需要考虑的是他们如何来理解第二条原则，即领导团队和创立组织文化。

新经理在第一年往往无法分清楚管理个人和领导团队之间的区别。上任第一年的大部分时间里，他们认为，管理员工就是尽量与每一个下属建立良好的关系。一位经理说，"正是私人关系影响了员工是努力工作还是消极怠工"。难怪经理会忽视管理他的团队，他们没有意识到这也是他们职责的一部分。那他们又是怎么意识到团队领导的重要性的呢？与其他事情一样，这种领悟来源于经验，特别是所犯的错误。经理迷惑地发现，针对某个下属的行为往往会对另一个下属产生意料之外的影响。下面是经理经常提及的案例，经理对其下属的一次破例行为：

> 这是目前为止我犯的最大错误，我真的搞砸了。由于公司的地区攻略之一是从竞争对手那里挖一些人过来，这与我的奖金挂钩，所以我从竞争对手那里挖来了一位员工。他来自于一家很小的公司，一直希望能够在一家大公司工作，因此我把他挖过来支付的薪酬很低。在此之前，办公室没有员

工是从竞争对手那里挖过来的。更糟糕的是，我给了他一间私人办公室以弥补低工资。这是我犯的大错误。因为在办公室里有一条不成文的规定，只有资深员工才能拥有私人办公室。他们对此议论纷纷，感到不安和沮丧，我也花了很多时间与他们交流，解释我做这个决定的合理理由。4个月以后，这场风波还是没有平息。

几乎所有的经理都有过类似的经历，他们认为他们只是灵活处理问题，但结果让人大跌眼镜，最后证明开先例是件很危险的事：

> 我是一个很不错的人，我不想太过教条，不想被人认为我是一个只知道墨守成规的人。但是，当我破了一次例以后才发现后患无穷。私下里，大家对此议论纷纷，很多人也想要知道他们是否也能得到这种破例待遇。

在这样的情况下经理发现，他们处理一个紧急问题所采取的行动会产生连锁反应。不过，他们不久会发现这种现象也可以加以利用，某个经理称为"神秘的新力量"："哪怕是我做的最无关紧要的决定，也会对办公室的气氛起到作用。"

很快，经理开始讨论主动创造这种连锁反应。在这个过程中，他们会感到他们是经理，而不仅仅是干活的人。他们开始把自己当作是组织者或是指挥家。甚至他们尝试着指挥团队创造出良好的氛围："最后我发现我的职责是将有才能的人聚集起来，为他们创造良好的氛围，然后我就完成任务了。"他们发现组织文化是一个很有成效的管理工具。

大部分经理上任满一年的时候，就会致力于为下属创造良好的工作氛围。为了创造一个健康的组织环境，他们有四个工作目标：确定组织的长期目标或愿景；设定高标准；创造开放互助的氛围；（对一些经理来说）建立一支团结的队伍。

新经理由衷地赞同需要确立组织长期目标，并把这作为首要管理工作，他们中一些人一开始就是被这一点吸引到管理位置上的。领导的定义就变成了"制定愿景"。这时候他们已经知道交流和主导权的重要性，他们开始把精力投入到赢得下属对长期战略的认同上。一位经理做出了"经理的承诺"，他给公司提出了一个目标，但首要是保证"办公室里都是高素质的人才，大家都有积极进取的态度"。

然而，经理最终发现，确立长期目标并不是仅仅向全公司宣布一下就可以了，在许多方面，事实胜于雄辩：

> 我就是标杆，必须以身作则。我设定目标和实现目标的步骤，然后根据需要雇用员工（你和你的员工是一样的），告诉他们决定生产什么产品。对于他们，我给予奖惩和支持。从这些行为中他们就会明白我想要他们做什么了，这种默契逐渐扩散扩大。

经理看到了建立员工认同感的必要性，他们更多的是采用间接的控制手段来影响整个团队。他们依靠组织文化中的"适度压力"和"象征性提示"，而不是明确的要求来激发员工的无限潜能：

> 我避免泛泛而谈，例如，"我相信大家能够全力以赴，大家也能够很好地完成本职工作。"但是，如果我直接对某个下属说，"我相信你能够尽全力做好本职工作"，他可能会认为这是一种批评。
>
> 如果我一直乐观向上，并展现出我的动力和决心，那他们就会明白我看重什么。
>
> 通过管理整个团队的行为，你可以达到管理个人行为的目的。没有人喜欢被排除在圈子之外，他们都想成为圈子中

的一员。

你不能一直催促他们工作,但你可以创造一种他们想要工作的氛围,利用潜意识来激励他们。管理是一门艺术,你让他们在不知不觉中完成你想要让他们完成的任务。

经理努力营造一种高标准、互助和开放式的组织文化。其中首要的是建立一种雄心勃勃、乐观向上的氛围:

我通过给员工施加适度的压力来激励他们更好地工作,告诉他们必须追求卓越,不能容忍平庸。我们提供的是高水准的服务,我们要充分发挥潜能。

他们应该感觉身处比赛或是在战场,他们必须打破纪录,赢得胜利。

我喜欢追求员工人数和公司业绩的不断增长。我们不会满足于成为50万产能的公司,我们想要成为100万产能的公司,不断扩大生产。

许多经理意识到,如果期望下属有110分的努力,那么他们就必须创造一个互助、公开的氛围,认识到销售领域的特殊压力:

在销售领域,你可能一天不顺,一周不顺甚至一个月不顺,这会让人觉得非常沮丧。你得使他们回到正轨,一旦他们感到沮丧,他们就会不停地发牢骚,甚至是辞职。

挫败感会累加。如果他们没完成销售任务,他们就会茶饭不思。这时候需要保持一个轻松的工作氛围,你要打开你办公室的门,走出去跟每一个人聊上几句。员工就会认为你了解他们,并对他们的需求做出了回应。

我需要创造这样的一个氛围,员工不需要提心吊胆,这样他们才能尽可能发挥创造性并努力工作。这也必须是一个互相信任的环境，大家努力解决问题的环境。在这样的环境中，每个人重视的是成长和发展，能坦诚自由地表达自己的心声。

上任满一年的时候，经理们都认识到建立企业文化的重要性，因为设定基调有助于提高员工满意度和绩效。

但是，只有一小部分经理理解了鼓励团队精神的重要意义。从事计算机行业的经理，比从事经纪人行业的经理更加重视团队合作，这是因为，团队合作是销售复杂的计算机系统的基础。但这对金融行业来说又是一个陌生的概念。不过这些公司的高管已经开始倡导团队合作，他们通过多面手、公关经理和产品专家合作来满足客户的需求。但中层经理和某些经纪人还没有认同团队合作的重要意义。上述两种公司中经验丰富的经理（这些经理能够受邀访问是因为高级经理认为他们的工作卓有成效）都非常强调团队建设的重要性。[8]一些新经理在讨论团队建设时，说这就如同组建一个快乐的家庭和高素质的团队：

> 我的名字叫大卫，所以他们把我们团队叫作 D 团队，而我被称为 D 先生。我们都使用电子邮件，我发邮件有个标准，我在给 D 团队发送邮件时，都会署名 D 先生。后来，我们进行了一次小小的比赛，谁能够想出更好的队名就奖励谁。我并不希望用我名字的首字母来作为队名，我希望所有人明白团队是属于我们大家的，需要大家共同守护。

这位经理偶然间发现了最好的战略。他喜欢在工作中来点小幽默，以和他的员工保持融洽的、畅通的关系。他发现当人们认为自己是团队的一员时，他们会尽全力投入其中：

> 他们就像是我的士兵，他们会为了团队利益愿意付出

一切代价。现在公司中的其他销售代表也很羡慕我们，羡慕我们的团队合作，你可以看到他们都很想加入我们的团队，我们对此很自豪。成为团队中的一员能够帮助他们从容面对生活中的起起伏伏，因为他们知道背后有人在支持他们。

这位经理和其他经理有所不同，他认识到，人们想要加入某个团体的吸引力比他们经理自身的吸引力还要大。当问及他对公司的影响时，他说了很多他的团队的特色和他对团队的贡献。在某些方面，他还没有完全理解如何建立一个团队。他的大部分精力都用在怎样发挥下属才干和怎样建立团结的团队上，但他却没有制定有效的措施来激励他的下属互相协调、有效工作，或是以互相协作的方式来完成共同的任务。[9]

一个难以捉摸的角色：领导团队

总而言之，新经理上任一年以后才开始认识到"领导"的一个重要宗旨是：管理环境。只有认识到管理公司不仅仅是管理每个人的绩效，更是要重视管理团队绩效时，他们才真正理解管理环境的概念。尽管营造组织文化看上去神秘且难以控制，但许多经理都认为为此做出努力是值得的。经理早已学习了一些基础课程，掌握了个人表现和团队表现之间的微妙关系。他们也明白重要的管理角色是创造这样一种氛围，团队成员知道组织前进的方向和工作的具体内容。然而，如何主动实现这个目标却令许多经理困惑不已。此外，几乎没有经理能够步入下一阶段，看到建立团队的价值。总之，他们已经充分理解他们作为经理的责任，但要实现这些目标还有很长的路要走。

结束语

经理上任的第一年里,他们开始意识到行使权力的一些原则:建立威信,赢得员工的承诺和领导团队。但是,他们能否真正吸纳这些原则取决于以下两点:一是他们对于经理这个角色的理解;二是他们不断增强的自信心。如果他们希望对员工有一定影响,他们必须接受作为人员管理者的角色,并且正视他们面临的不确定因素:"我不能以自我为中心,但我又要保持足够的自信。"

对于如何行使权力和施加影响力,他们还有很多东西要学。他们已经掌握了理论上的原则,现在重要的是付诸实践。即使是对于最有经验的经理来说,不依靠正式赋予的权力而自由地行使权力、施加影响力也是一种挑战。

但这一切还需要坚实的基础。经理现在认识到加强与员工之间的沟通联系是十分必要的。他们对人性有了足够的了解,对他人的感受也变得更加敏感。他们获取权力的途径和施加影响力的策略也变得更加多样化。[10]他们不再依靠经理的职位和过往的成就作为权力来源,他们意识到在他们对下属施加影响力之前需要建立威信,赢得他们的信任,他们发现对下属采用激励或压力的措施都只是施加影响力的众多手段之一。他们认识到,获取员工的认同感比简单的控制下属更具价值。经理开始实施"推"和"拉"两种施加影响力的策略。"推"指的是推动他们在某些方面进行改变;"拉"指的是引导他们在某些方面进行改变。他们开始尝试花时间利用有限的手段与下属建立良好关系或激励他们为共同目标而努力。

最后,经理开始意识到他们必须授权或分享部分权力给下属,分享权力这个想法对刚上任的经理是不可想象的,他们认为作为上司,他们应该拥有全部的权力。而在上任一年后,经理会重新定义他们对于管理的理解(第5章会有更详细的解释)。一位经理这样解释:"你在控制和管理你的员工时不能让他们觉得你是在控制和管理他们。"

重要的是你激励别人的能力，但这种能力很难界定。我所说的激励并不是说不停地鞭策他们疯狂地工作。我认为激励能否成功取决于你的诚意，你需要与员工建立互信和理解，员工才会真正感受到你尽心尽力为他们争取最大利益，真心诚意地为他们考虑。当他们感受到你的信任，你真心为他们付出，他们也会乐意为你效劳。如果你用别的方式进行激励，销售经理可以决定员工的去留，但你在依靠这种权力并实施这种权力的那一刻起，这场较量你就输了。

新经理还是需要学习如何管理，他们还没有真正摆脱"上司中心论"，接受塔嫩鲍姆（Tannebaum）和施密特（Schmidt）提出的"员工中心论"。[11] 塔嫩鲍姆和施密特将管理行为分为不同的梯次，分类依据是上司使用权力的程度和员工对公司决策的自由参与度：一种情况是经理做决定，然后宣布下去；另一种情况是经理允许下属在一定范围内参与决策。大多数经理还是认为他们应该决定下属的工作。只有在经理乐意的时候，下属才有机会参与决定。换句话说，经理并没有意识到他们所做的选择其实是在行使权力并实施控制。

他们可以利用的手段还有很多，包括对员工进行领导。经理往往会无意识地忽视领导的概念。正如我们所看到的那样，在上任一年以后，经理才会意识到领导的根本概念是管理团队和营造氛围。尽管大部分经理开始理解领导的重要性，但没有人知道实现这些工作的具体做法。科特在持续研究中发现，有些公司管理过度，另一些则缺乏管理。[12] 不断有证据表明，领导是使公司在当今充满变化和竞争的世界中立于不败之地的关键。

到现在为止，我们也只了解到一部分关于新经理如何提高人际关系判断力的描述。第5章，我们将会了解经理如何管理员工绩效。

第 5 章
管理下属的绩效

新经理要学的有关人际判断力的第二课,是关于如何管理下属的业绩。在管理学著作中,这总是占据最大篇幅,包括评估绩效、诊断绩效问题、制定工作目标、分派工作、辅导和开发、绩效反馈以及根据员工绩效进行奖惩等。新经理需要学习以上每一个部分,在学习过程中,他们会发现某些管理绩效的部分要比其他部分更具挑战。个人绩效管理的基本原则往往使他们困惑不已。在本章中,我们会了解到新经理如何在以下四个方面提高和加强他们的人际关系判断力:接受下属的多样性;[1] 合理对待下属的多样性;管理问题下属;授权与控制。

为了把经理的经验放在环境中分析,我们简要看一下他们的下属。从某些方面来说,经理面临的管理工作非常困难。他们一开始对他们作为上司、专家的角色有了先入为主的认知,他们事必躬亲、发号施令的管理风格与员工的工作动力相矛盾。众所周知,销售人员更需要自主权和独立性,[2] 他们常常被认为是对权威最具反抗精神的人。经纪人被形容为"极具野心的孤狼"。销售人员则被认为直言不讳、缺乏耐心、不屈不挠、永不放弃和不停地"提各种稀奇古怪的问题"。与其他岗位上的下属相比,他们很少会因挑战上司、向上司提出不满而感到愧疚。

销售人员要求销售目标清晰明了，渴望他们的工作业绩能够得到相应的肯定。他们的动力主要来源于直接的回报（金钱），也习惯了奖金和绩效挂钩。最后，销售人员更忠诚于账户上的金钱而不是他们的公司。事实上，在本书的学习中，销售人员的流动性很高，他们会因为高额的工资而转投竞争对手。因此，新经理不得不与这些人建立有效的关系。

接受下属的多样性

新经理的第一个任务就是对下属进行评估：

> 我花了3个月的时间和每一位经纪人聊天，或是在午餐时间，或是在早餐时间。综合算下来，我和每个人都交谈了两三个小时，这是普通问答类的谈话。我希望他们能比我讲得多。每次聊天都会确定一个主题或是具体问题。我告诉自己不能以不友好的态度进行交谈，我会给提出疑问的每个人帮助。
>
> 你必须根据每个人的情况来决定公司的战略。谁是胜利者，谁是失败者？你必须弄清楚谁表现突出，你又需要对公司的哪些方面做出调整。

跟其他事情一样，经理发现评价下属比他们想象的更困难、更费时。一位经理说，他们并不确定"哪些因素可以忽略不计，哪些因素必须严肃对待"。他们叹息道，需要花数月而不是几周的时间，才有可能了解每个员工的优势和短板。

经理发现每个下属都有其独特的个性。事实上，下属在才能、动机以及性格上，都个性鲜明，这一点令经理深感诧异：

你的下属就像光谱一样形形色色。你之所以成为经理，是因为你是个不错的销售代表。如果你的组员中有一两个和你各方面都很相似的人，你该为自己感到庆幸。你管理的一组人中，有的表现很差，根本不能独立开展工作，自始至终需要依靠别人来帮他们解决问题。

他们失望地发现，一些下属根本不具备足够的工作能力，对待工作也很不负责：

一开始，你认为每个人都有一个简单的心理模式——他们就是传动器，新的点子会给他们动力，他们积极进取，对于周围发生的事情洞若观火，而且能够知道如何得到别人对他们行为的反馈。理想很丰满，现实很骨感。每个人的情况大不相同。

我认为最大的惊奇在于当你踏上管理生涯时，你倾向于认为其他人也以管理作为其职业生涯。你原以为员工都抱负远大，追求更高的职位。而你真正管理的是一群没有理想抱负的员工。这说不上好，也说不上不好，但这的确会让人惊奇。他们和你不同，并没有什么动力可以驱动他们。理论上来说，你可以理解这一点，所有的书本上都告诉你每个人都是不同的。但只有你真正发现这一点时，书上的内容才让你信服，你仍然感到诧异，这怎么可能呢！

我认识几个人，他们非常享受销售代表的工作，他们乐在其中。他们中的大部分只是普通人，他们不准备也不想去打破常规，做一些惊天动地的大事。但我认识一些人和我很相似，所以说这世界上什么人都有。

经理常被下属的多样性弄得措手不及。他们原以为能够以自我为

参照来理解如何管理下属。他们总是把"像对待自己那样对待别人"作为管理信条。然而，他们发现并不是每个人都和你想法一样，他们并不希望你这样对待他们。更麻烦的是，他们发现，一个下属喜欢的恰是另一个下属讨厌的，同一件事，大家看法截然不同。当经理阅读完下属的意见反馈时，他对下面的问题产生了迷惑：

> 30%的下属认为工作量合理，30%保持中立，30%则认为需要更多的工作量。这样的反馈令我十分困惑，我不知道应该怎么做了。

这位经理继续问我，这样的调查结果可信度有多高。他坚持认为，"这里面一定是弄错了"。但当我4个月后再次见到他时，他这样说：

> 我一开始认为这其中一定存在问题。我尝试用同一个标准来衡量每一个人，把他们当作是我的替身来对待，并没有针对每个人制定适合他的标准。你不可能让你的下属跟你一样工作，他们做不到也不想这么做。你应该让他们按照他们自己的方式工作，只要他们的大方向是正确的。这是我学到的最重要的一课。

从调查结果的惊讶中恢复过来以后，他开始花时间找员工讨论他们的反馈。员工的很多评论相当直率（"他们毫无保留"），经理也从中看到每个人对他抱有不同的期望。另一位经理从她上司那里获得了类似的反馈，她的很多下属暗暗表示出对她的不满，认为她试图"将他们变成她那样"：

> 他们对我试图把他们变得像我一样的做法表示不满，而我确实在这么做。我会说"穿衣服是这样子的，说话是这样

子的"。做这件事应该是这样子的，做那件事应该是那样子的。我不应该让他们成为我的替身，于是我开始转变视角来看待每一个人。

换言之，经理意识到他们必须用不同的方式来对待每一位下属：

对每一个特定的下属来说，我并不是最好的标准范例。我要做的是尽量了解每一个人，了解他们的性格、他们的动机，什么令他们消沉，什么又令他们积极。这样，我就不会说错话并且能够发挥他们最大的潜能。谁比较聪明，谁比较理性，谁又比较感性，谁需要我在适当的时候提醒一下或小施惩戒？有些人下班很晚，有些人则上班很早；有些人息事宁人，不愿和别人起冲突，有些人则动不动就大吵大闹。

这些都需要仔细分析。首要的原则是每个人都是独立的个体，需要因人而异区别对待，特别是当你需要他们去做一件专业性工作时，他们就是专业人员。他们认同的工作方式、行为方式、取得报酬的方式就是正确的处理方式，这一点尤为重要。你真正需要做的是花时间了解怎样才能给他们动力，你要学会观察你的下属，分析他们的需求，分析工作的要求，最后确定如何去激励你的下属并让他们达到你所期望的结果。这听起来很流程化、很机械化，但事实上并不是这样，毕竟人不是机器。

你要意识到每个人都是不同的，而你的工作并不是盯住那些最优秀的下属。因为对他们来说，你只需在他们需要你的时候激励他们，促使他们不断前进并到达终点就好了，他们也不希望你干涉太多。你应该舍弃底层最差的下属，而将精力集中在中间下属身上，驱动他们前进。

一开始，经理发现用不同的方法对待每一个人有违公平原则。但是，他们慢慢发现，"要公平地对待每一个人就必须对每一个人采用不同的方法，因人而异"。在当经理6个月后，几乎每个经理都对我说了以上的结论，甚至连用词都几乎一样。这消除了他们对管理原则理解上的困惑：

> 我多么希望我以前能够因人而异区别对待下属！我一直想公平对待每一个人，花相同的时间，给予相同的帮助……但他们并不需要也不希望得到相同的东西……之后，我就尝试着把自己力所能及的工作都做了。现在，我有一套不同的理念，那就是公平并不意味着以相同的方式对待每个人。

合理对待下属的多样性

经理意识到他们需要调整他们的管理风格以适应每一个下属。他们开始看到，在和不同类型的人打交道时，你需要采用不同的方法和技巧。但说起来容易做起来难："对于人员管理来说没有标准答案。"在出任经理半年以后，新经理开始把重点放在灵活性上，但一个经理说，这说起来容易做起来难：

> 经理需要做的另一件事是和各种类型的下属相处，并理解他们。了解不同类型的下属各自工作的动力是什么？如果经理和下属之间存在分歧，经理需要知道在双方相处不融洽的时候，如何改变自己以适应下属的需求。他们也需要知道如何在分歧下进行有效沟通。

经理明白，要使下属的工作更有效率，就必须为下属制定合适的工作目标："如果你真的对员工负责，那么你应该明确你对他们的要求以及他们可以从你这儿得到什么。"

事实上,经理面对的最重要的任务之一,就是要和下属在工作角色、工作目标和发展重点等预期上达成一致。这些预期随着时间应当进一步明确和具体。但是,经理遇到了一个两难的困境,他们不知道什么样的要求对下属来说是合理的,更加不知道如何与下属协商社会契约问题。从经验中,经理知道他们必须给每一位员工制定不同的要求,他们也再次发现以自己为模板来要求员工是很危险的:

> 当你刚成为经理时,你容易给下属制定过高的要求,我认为这对于每个初涉管理工作的人来说都是正常的。你刚成为经理时,你总是显得很谦卑,像一条夹着尾巴的狗……制定过高的要求可能有其积极的一面,但你必须制定出适合每个下属的具有弹性的要求。

同样地,经理也不知道如何根据下属的多样性来分配他们的时间和精力。他们对于不同方法的优势和劣势是这样看的:

> 我是应该给最优秀的下属更多的机会晋升呢,还是公平对待每一位下属,给予他们相同的机会?
>
> 这就像管理一支篮球队,同一时间上场的只有5名队员。你肯定有你的明星球员:2名球员水平最高,3名水平稍微差点,还剩下9名球员是替补。你看一下你是怎么划分时间的,你并没有花很多时间在最优秀的那名球员身上。你应该花时间在替补队员身上,能够上场的队员肯定具有良好的技巧,否则他们就会成为替补。但是,如果你连续比赛六七场的话,那你就需要几个好的替补队员了。

然而,即使已经上任一年了,经理还是无法决定哪种方法更加有效,他们往往花很多时间在缺乏经验并存在各种问题的员工身上。为了更具体地说明新经理如何学会合理对待下属的多样性，我们下面从经理与缺乏经验的下属、富有经验的下属和存在问题的下属的关系上分别进行分析。

管理缺乏经验的下属

刚上任的时候，大多数经理认为管理那些缺乏经验的下属更加容易。经理认为他们了解这类下属的需求，而且自信可以在重要的能力和技巧方面对他们加以指导。显然，在管理缺乏经验的下属时，他们觉得自己更像个真正的上司。许多经理认为缺乏经验的下属能够更快地做出反应。一位经理一针见血地指出，他发现缺乏经验的下属更容易管理，这是因为经理在给下属制定各种要求的同时，下属也需要经理的帮助。他不好意思地承认，在领导缺乏经验的下属时感觉好极了。他说："那种感觉棒极了。"他又轻声笑道："他们跟我一样对很多事情不了解，甚至比我还糟糕。"

当被问及缺乏经验的销售代表的要求是什么时，经理这样回答：

> 站在一个新员工的立场，销售经理是员工在公司里遇到的第一位经理，所以销售经理需要向员工展示公司的整体形象。他们需要了解公司，了解他们的工作。他们需要从每天纷繁复杂的事务中分辨出哪些是重要的，哪些是不重要的。他们需要很多指导，作为指导者，你有责任向他们提供关于公司各个方面的信息。
>
> 那他具体需要得到经理的哪些帮助呢？支持、指导、培训，如何赢得新客户，如何界定销售周期，这些都是他们想要知道的具体问题。我需要告诉他们目标在哪儿，如何界定不同的目标客户，并且帮助他们确立适合他们的工作方式。如果他们觉得面对面交流比打电话更好，我还需要教会他们

如何与人面对面地交流。还有一点很重要的是，你需要尽快熟悉员工，并展示出你的平易近人，让他们知道你非常乐意帮助他们。

年轻的员工总是希望得到你对他们工作的建议和想法。从长期的目标到如何与行政助理打交道等，他们几乎每样事情都需要你的帮助。

正如上面这段话所揭示的那样，新经理一开始就明白，缺乏经验的下属非常需要他们的支持、指导和开发，他们往往把重点放在传授这些下属的专业知识和技能上。他们花费很多时间与这些员工面对面交流，或是为他们开设小组训练课程（每周的课程包括如何发现目标，如何拨打销售电话等）。一般在3个月后，大部分经理就会发现，下属需要的帮助不仅限于具体的工作方法，也需要经理指导他们形成工作计划和预期：

他们需要市场营销方面的指导，职业发展上面的指导以及商业交易方面的指导。

他们希望我能够帮助他们干好现在这份工作，并能为他们下一份工作提供机会。

尽管很少有缺乏经验的下属会提出心理上的辅导，但是新经理还是会花很多的时间重视对他们的心理帮助：

当我和一位销售代表一起去见（小公司的）CEO时，我发现他非常紧张。一路上他不停地问我怎么办，我知道他一定是很紧张……我们对他要汇报的内容反复练习，他已经背得滚瓜烂熟，但在CEO面前却怎么也开不了口。于是我帮他开了个头，接下去他就做得很好了。

很多情况下，他们知道怎么做是正确的，但他们往往下不了决心，他们不希望自己被迫做某种决定。例如，他们会紧盯着一些客户，即使他们知道客户不会再购买东西，这只是在浪费时间，但他们不愿意自己做决定放弃这些客户。

经理再次表示，对于新员工表现出来的紧张，他们一点也不觉得惊讶。因为当他们回想到他们第一次做销售代表的经历时，他们茫然不知所措的样子还历历在目。但其中一位经理说："这好像是很遥远的事情了。"

当我们与新经理的下属交谈时发现，缺乏经验的下属对新经理的满意度要高于经验丰富的下属。但是，新员工对经理也存在一些共同的抱怨："他们总是不能让我们准时下班。"

经理非常关注自己是否给予每个下属足够的重视，这种现象在刚上任的经理身上更加明显。在出任经理的前 6 个月里，我问，他们在与年轻的销售代表相处的时候他们遇到的最大困难是什么？他们这样回答，"管理指导不够"：

> 也许你会认为我采用的是"要么淹死，要么学会游泳"的处世哲学。新员工通常精力更旺盛——拼搏，拼搏，再拼搏。在这种情况下，你就必须确保他们朝着正确的方向拼搏。如果他们的努力方向出现了偏差，你就应该及时把他们拉回来，帮助他们修正方向。
>
> 我担心我还没教会他们游泳，就把他们扔进水里了。这可能会让他们溺水，因为我实在太忙了，没有时间辅导他们。

但是，时隔 6 个月，经理发现在管理缺乏经验的下属时，他们犯的最大的错误是管理过度：

> 在培训新员工时，我发现最大的问题是培训（培训他们

关于工作机制的相关内容）的时间太长了，我没有及时结束培训。结果，所有的新员工都抱怨说："快点结束吧！"

　　她问我为什么她还要参加如何给客户打电话这样的培训，难道我不相信她的能力？她让我停下来认真思考一下我的问题，这是因为我以前在打电话给中年人推销时感到非常困难。现在我应该停止这个培训了，然后想想：我到底应该怎么做？

　　现在该是他们自己做决定的时候了，而我则应该退居幕后为他们提供一些支持就行了。他们表现得非常积极主动，想要有专属于自己的一片经销地区，靠自己的两条腿闯出一片天地。他们已经准备承担责任了。

经理是怎样认识到这一点的呢？ 他们发现随着时间的推移，缺乏经验的下属开始慢慢刻意躲避他们了："我开始觉得我是在强迫他们做事情。"当这种间接的反馈起不到什么作用时，下属就会变得更加直接，他们会利用正式的或是非正式的渠道来表达他们的不满：

　　如果我发现有什么事情不对，我会直接提出来而不是等到第二天早晨。我觉得这样会让我心里很舒坦，也会让我周围的人舒服。对我来说，看到问题而不指出来实在是太困难了。我这样就像是妈妈对待孩子的态度。我有许多新销售人员，我希望他们都能够成功。这是他们的第一块经销地区，我希望我能帮到他们，但我的做法让他们喘不过气来。有一天他们具备足够的能力，就会进来对我说："您的手伸得太长了，对我们的管理有点过度了。"对此，我无言以对。

　　在过去的 9 个月中，我的上司一直暗示我不能让下属解决他们自己的问题，直到我看到下属意见表上的数字，我才真正明白这一点。当他们带着问题进来，我马上介入把问题解决掉，但他们对这样的做法表示不满。

经理在替那些经验不足的下属处理完问题和失误之后，也会产生一些意想不到的结果。看看下面经理对他们自己形象的讨论：

> 你成了经理，突然之间你就变成了神。我的意思是，你之所以成为经理是因为你在做销售代表的时候干得不错，而现在你的手下拥有了一些销售代表，他们向你汇报工作。这时，你会觉得你应该告诉他们如何工作，而不是说，"嘿，他们都在干自己的工作"。你如果真的这么做，不久他们就会把所有的工作全抛给你了。

> 我对他们提出的任何问题都迅速做出反应，我会去解决任何问题，就像无论什么时候，只要你弄伤自己，爸爸妈妈总是会来帮你。只有父母放手让他们自己学习，孩子才能学会如何生存。对他们的问题做出如此迅速的反应，在帮助他们的同时也伤害了他们。"妈妈，帮我处理一下。""好的，我马上帮你处理，亲爱的。"于是把这个问题解决了，结果孩子永远学不会如何独立解决问题。

经理开始重视他们的行为对下属产生的长期效应，但在这种情况下，他们沮丧地发现他们只是为自己徒增负担：

> 我认为我对如何运营我的经销地区十分清楚，我能够找到解决每一个问题的方法。你的下属也会让你帮他们做每件事，但慢慢地我就陷入了他们的问题之中，我的做法让他们把问题都丢到我这里，让我解决。在意识到这一点之前，我感觉好像有10份工作等着我去完成。

> 我以前并没有给他们独立完成工作的机会。现在他们仍然没有准备好承担本该是他们承担的责任。我想我教他们的方法是一步一步把事情都做了，而不是在旁边进行指导，所

以他们到现在还不能独立思考。而现在我又有新的员工需要指导，但我却抽不出时间了。

尽管经理都意识到他们处理方式的不妥之处，但在上任的第一年中，他们中的很多人还是无法改掉代替下属解决问题的坏习惯。他们始终处于思想斗争中，他们"内心深处"相信只有他们亲自动手，问题才能真正解决。[3]另外，他们发现回到销售代表的位置会让他们感到非常舒服，因为他们对这些工作非常熟悉（这是一种最不容易察觉的潜意识动力），而且他们想借此来提高自己的威望。

然而，上任一年以后，很多经理意识到他们的做法不得人心，带着无比纠结的心情，他们开始努力消除下属对他们的冷淡，避免过度干预下属的工作。他们逐渐发现，为了帮助下属尽快成长起来，就得允许员工犯一些错误，并让他们自己去解决。经理的工作是管理公司的运营风险，避免员工犯重大的错误：

> 下属只有通过严峻的考验才能学到东西，而经理的工作是保证下属能足够自由地去接受风险，也就是说允许下属犯一些错误。经理的职责在于确保员工不要犯一些危害到公司利益或他们职业生涯的大错误。正如我告诉下属的那样："上一次你们得到优秀评价以后还继续学习是什么时候？"
>
> 我需要学习什么时候最好不要介入下属的工作，什么时候让销售代表自己处理客户问题，什么时候让下属自己解决问题。现在当他们带给我问题时，我会先问："那么你尝试去解决了吗？"如果他们根本没有考虑过这个问题，那我会让他们回去好好想想，有了想法以后再来找我。也许犯点小错未必是件坏事。这至少说明你做了一些事，而不是整天碌碌无为，因为害怕犯错误而什么都不敢做。

新经理开始明白自己的工作并不是为缺乏经验的下属解决问题，而是给他们一些指导，让他们自己去解决：

> 如果他们碰到了问题，我会帮助他们思考，让他们自己找出解决问题的方法。我们会开一个策略会议。

管理富有经验的下属

新经理碰到的最棘手的问题之一是如何管理富有经验的下属，这也是他们和我讨论最多的问题之一。[4] 一位经理甚至为此写了一首诗，他想要弄清楚为什么这个问题让他如此困惑。他们普遍觉得他们与资深下属的关系棘手而微妙，尤其是在早期。

导致这种结果的原因有很多。经理往往感觉无法驾驭那些富有经验的下属，特别是业绩突出者。讽刺的是，经理感觉最难驾驭的下属恰恰是公司的中坚力量，公司业绩的最大贡献者。新经理普遍都很年轻，资历与具体的业务环节甚至不如一些经验丰富的下属，他们不确定自己比资深的下属具有更多的专业知识。他们不知道自己能教给下属什么。更糟糕的是，他们发现管理的主要工具"奖金"对资深下属来说并不起作用。同时，他们发现高级销售代表经常会挑战他们的权威，这些销售代表常常会提出一些新的建议，反对或是质疑经理的决定。

在上任的第一年中，新经理不断定位自己与这些重要下属之间的角色。资深的下属对新经理的抱怨主要集中在以下两个方面：一是经理不尊重下属，给予下属的自由度不够；二是经理对下属的关注度不够或是关注的方式不对。

刚上任的时候，经理经常会无奈地抱怨资深的下属总是会挑战他们的权威。正如第4章一开始叙述的那样，经理把所有员工的建议和反对都当作对他们权威的挑战。由于经理刚刚转换了身份，他们会对新角色感到不安，加上公司的文化是崇尚明星员工，所以经理不知道他们是否能够"打赢这场战役"。他们担心那些资深的下属会越过自己直接向上级寻求支持和帮助。有时候这种担心并不是杞人忧天，特别是在证券公司。事实上，资深的下属会做出这些举动一定程度上是出于对新经理的不满。新经理的想法令他们吃惊，新经理"总是想要寻求改变，想要把他们自己的工作方式强加给别人，但他们对公司一无所知，也听不进别人的意见"：

> 我就见过这样的年轻经理，他们就是带着改变一切的想法来上任的，他们认为这就是他们成为经理的原因，希望他们能够成为改革的主要推动力，成为改革的代言人。我和某些客户做生意已经长达7年或10年了，我做这一行已经25年了，谁都会觉得新经理应该过来听听我的看法。可他们上来就改革，立刻就改变工作方式。还有一件事情是，经理可能会调走，但我们还是在这里继续工作。他们出现问题可能就拍拍屁股走人了，但我们还得收拾他留下的烂摊子。

另外，即使是对于最谦虚的资深员工来说，也需要一定的时间来适应年轻新经理"告诉你做什么，怎么做"。[5]但是，新经理偏偏喜欢发号施令。[6]这一矛盾在一开始就很难调和。更糟糕的是，经理在一开始就受到资深下属的威胁，于是他们开始奋力反击。他们也会采取一些极端的态度，"看看到底谁是上司"，这样矛盾就会扩大化，陷入无休无止的纠缠之中。也有一些经理采取忍让的态度，他们对下属过分的行为视而不见。

那些富有经验的资深下属总是抱怨新经理对他们管理过度，他们对于经理干涉他们的工作很愤慨：

> 我做这份工作有两方面的考虑：一是我能得到丰厚的报

酬；二是我拥有足够的自由度。我不希望别人对我横加干涉，我希望经理能够接受我的想法，听听我的策略，给我一点建议，然后让我自己解决事情就好了。告诉我这就是我的工作，然后让我自己去做就可以了。不要每天都给我很多压力，你们只要看我最后的结果就知道我是否完成工作了。

我的业绩已经超过 100 万美元了，那是因为我热爱这份工作。我试图说服他让我来处理自己的事情。在过去的 6 年里我一直是公司业绩最好的 5 名员工之一，每年的销售额超过 20 万美元。但他还是把我当成一个新手，告诉我，"我觉得你应该……"

现在，我是公司业绩最好的员工之一，但我还是需要去应付办公室里那些乱七八糟的事情。我还需要像新人一样去提交申请，对此我表示很无语。经理应该相信我，而不是把我叫到办公室，然后问我为什么要卖给客户共同基金。他应该假设他已经同意了我的做法，告诉那些工作人员给我提供方便。但他就是不知道怎么去做判断，这不仅浪费了我的时间，也浪费了他的时间。

上述这种抱怨与不满在现实中确实存在。经理还是不知道如何调整自己的管理风格来适用下属的能力和经验（当然，不是所有的资深下属都具有与其工作匹配的能力）。正如之前所说的那样，即使经理意识到这么做的重要性，但他们还是不乐意，或是说不知道怎么付诸实践。一个资深的下属这么说：

最近，公司新来了一位经理。每次我们打电话给客户，他总是要让我们一字一句事先排练一遍，恨不得每个词语都告诉我们应该怎么说，"你应该这么说"。这样做对新人来说会起作用，但这对资深下属来说，真是多此一举，他们都有自己的工作任务,知道应该怎么说、怎么做,除非他们提出需要你的帮助。经理对我提出的上述问题表示赞同,该死的,第二天他还是老样子!

正如第 4 章中所讲的那样,当新经理开始明白如何更好地行使权力时,他们就不会再采用命令式的管理方法,转而询问下属的意见。如果经理和资深下属的关系还没恶化到不可收拾的地步,那这样的做法就会使双方的关系很快得到极大的改善。上任半年以后,大部分经理就能够学会满足资深下属自由工作的需求了:

> 我现在平等地看待他们,我会让他们进来,坐在我的办公室里和我谈他们的想法。我把他们的策略放在桌上,然后开始讨论。"告诉我你想要做什么,让我看看你现在在做什么,把你的想法解释给我听",这往往是谈话的开始。

> 我花了 7 个月才发现我有一个非常棒的下属,他能解决问题,他也很有经验。我不需要花很长时间去给他培训,我可以给他充分的自由。当我让他做什么事情的时候,我只需要告诉他我想要的结果是什么样子的就可以了,我不需要告诉他处理这个事情的每个细节。对于那些年轻的新员工来说,我不仅需要告诉他们我想要的结果,我还必须教会他们获得那样结果的每个步骤。

经验丰富的下属对新经理的第二类抱怨是经理给予他们的关注度不够。这是一位经验丰富的下属说的:

> 经理把他们的注意力和大把的时间放在资历较浅的新人身上,但这些员工其实对公司的贡献非常有限。他们把大部分时间花在两年或两年以下的员工身上,这真是一种浪费!而那些在公司工作了很多年的员工却得不到关注,这才是他

们工作的重点！他们应该给我们配备秘书和电脑，让我们能够更好地工作。他们把大把的时间花在新人身上，可是新人很容易流失。他们对我们的要求置之不理，他们甚至不知道老员工已经怨声载道了。我们才是公司的中坚力量啊！

经理一方面对经验丰富的下属管理过度，另一方面又忽视他们，这两种说法似乎自相矛盾。事实上，经理并没有忽视资深下属，只是他们的方式方法不当，经理总是把主要的时间花在指导资深下属销售何种商品、如何销售等问题上。其实，他们只需要告诉资深下属公司的总体战略和目标，适时地肯定他们的业绩，给他们的工作提供必要的资源，最后帮助他们在未来有更好的发展就可以了：

> 我明白我从事的是管理工作，而不是直接的销售工作。经理不可能去管理每天发生的每一件事，尤其是在你手下有许多高级销售人员的时候。你应该放手让他们自己做，不要过多地妨碍他们的工作。如果可以的话，你应该在工作中帮助他们、协助他们，只有在他们工作中走错方向，与你所希望的结果背道而驰的时候才纠正他们的错误。他们每一个人都很好学也很优秀，他们会努力完成工作。如果真的碰上什么大麻烦了，他们需要我的话就自然会来找我帮忙。
>
> 坐在那儿的员工平均工作业绩超过 42.5 万美元，他们干得非常出色，所以不能像管理新手那样管理他们。我早应该意识到这一点。他们只需要宏观指导，他们需要时刻了解公司的发展动向和未来需要拓展的业务。当他们遇到问题了，他们自然会来找我，然后我们一起解决。
>
> 资深的经纪人也需要我的支持，他们需要我对他们工作的认可和为他们的工作提供必要的资源。他们希望我能帮他们解决一切工作中的琐碎小事，然后他们就可以专心于自

己的工作了。他们不希望我每件小事都去告诉他们应该怎么做，他们需要的是合作，比如告诉他们如何与区域办事处相处，了解资源在哪里等。

在刚上任的前几个月，新经理往往会忽略一种责任，那就是帮助资深员工与时俱进并且为将来发展做好准备：

> 在公司的销售人员中，有很大一部分员工把他们自己定位为传统投资管理人员。他们对于保险、不动产、税负最小化策略、银行等行业的最新投资策略并不了解。当我和年轻员工讨论时，他们非常乐意倾听我的讲述。我与他们谈论的时候，从直接的眼神交流中我发现他们认为这些新东西是前所未有的良好契机。但当我和资深经纪人谈论时发现他们已经固化了自己的销售模式，只是试图想要在萎缩的市场环境下尽可能地扩大自己的收入，除非他们遇到了大麻烦，否则他们是不会轻易改变的。对这些人来说与他们谈论简直就是浪费时间。一个或两个极端的资深员工会固执地坚持自己的销售模式，直至我们将他辞退。

计算机行业和金融服务业都经历着巨大的变动，本书中涉及的公司都推行了新的发展战略并且进行了一些重要的重组。经理总是认为资深下属肯定会抵制改革，无法按照新方式开展工作。他们认为资深下属已经形成了思维定式，不断地重复那些陈词滥调，"人越老就越难改变"。他们对我说，他们必须要做出选择。在他们的观念中，继续帮助资深下属并不是最好的选择，他们更需要解决其他一些更切实、更紧迫的问题。

大多数资深下属总是抱怨经理不能积极帮助他们与时俱进，了解公司最新的发展动向："其实像我这样经验丰富的下属也需要不断成长。

他们应该不断鼓励我们学习新的东西，以保证我们保持现有优势，不断发展自我。否则我在工作中会变得自满，而且也会觉得无聊。"

必须承认的是，那些下属必须主动积极地提升工作技能。很少有经理会给经验丰富的下属安排培训或其他的发展机会。当然，能够那么做的经理都获得了一致好评：

> 他问我是否同意领导一个团队，当我同意的时候他显得十分吃惊。因为在此之前没有人这么问过我，领导团队让我觉得很有意思。每一个高级经纪人都会分配带领指导一些新人，这有利于公司的发展。

上任一年以后，经理开始想出一些创新的点子来帮助资深下属保持与时俱进，下面的例子就能够说明这一点。他们意识到必须小心顾及那些资深下属的面子。一位新经理这么说：

> 我意识到那些资深下属不会来找我帮忙，即使这对他们来说很重要。我必须自己想办法去向他们灌输新的营销战略，同时又要照顾到他们的面子……星期三的例会要求"两年及两年以下"员工必须参加。每次都会有很多人参加，他们都很喜欢这个形式。我做这件事无意间把那些资深的下属排除在外了，他们也许想要参加，但又害怕被别人认为他们的工作能力还不如新员工。我对此并没有说什么。在后面一个星期，我就取消了星期三的例会，把会议改在了星期四，而且把会议改名为星期四销售会议。参加会议的人多了一倍，一些业绩突出的员工也参加了这个会议。他们知道我会告诉两年及两年以下的员工一些关于公司重要决策的内容。我给他们看了一些统计数据，以证明改革的必要性。一些员工甚至还记了笔记。

管理存在问题的下属

当问及新经理工作上最有压力的事情时,他们毫不犹豫地说是管理存在问题的下属:

> 我现在对人力资源管理了如指掌(任期10个月),而且我也知道我的不足之处。对我来说,如何处理那些绩效不佳的员工很棘手。我对他们真是恨铁不成钢,难道我应该反省吗?

有些经理将之简单而又形象地描述为"和傻瓜打交道"。正如我们看到的,新经理普遍对他们下属的能力低下、缺乏上进心感到惊讶。尤其是对一些经验丰富的下属沦落到这一类时,经理感到非常不安。一方面,经理会过于天真和理想化,有人曾评价说经理对下属的期望过高,也有人说是经理的自我主义导致他们错误地认为每个下属都会像他们一样对公司忠心耿耿;另一方面,在公司管理层中,下层经理比上层经理更容易遇到问题员工,因为那些不称职的、没有上进心的,或是不符合公司文化的员工通常在他们爬上公司管理层之前就已经被炒鱿鱼了:

> 人们曾经警告我,我这份工作在公司里面是声名狼藉的。这是公司的最前线,在这里你会发现许多绩效挑战,比其他任何工作挑战都要大,因为这里有许多绩效问题没有得到解决。

与问题员工共事令人沮丧并备感压力。新经理通常对处理问题员工的能力上、情感上花费的时间和精力严重估计不足:

> 我真想拎一根大棒打他一顿,但我不能那么做。我必须具有相当的创造性,确保我能够统揽大局,防止他们四分五

裂。但我从来不知道应该怎么做。我必须要监督他，确保他做事情前必须让我签署同意，随时让我了解。这个时候我想做的是暴跳如雷、歇斯底里，我真是受够了。

新经理必须学会诊断绩效问题，并反馈给存在问题的下属，决定或是直接付诸行动，或是提高他们的业绩还是干脆将他们撤职。另外，他们对于管理存在问题的下属投入了很多感情，所以他们工作的一个重要方面是学习管理自己的情绪。

经理发现，分析下属的绩效问题并不是件容易的事。经理必须区分下属表现不佳是由于能力不足还是缺乏进取心。做出这个区分并非易事：

> 上任6个月以后，我才真正清楚应该谁去谁留。赫林不能再留了，珀金斯是个问题。赫林对什么都不在乎，他每天9点才来上班，下午4点就开溜，也不参加公司的培训会议。很明显，他必须被炒鱿鱼了。例外的是他一旦投入工作，总是能取得不错的结果，也许他的确才华横溢。珀金斯对工作尽心尽力，他总是第一个来公司，最后一个离开公司。在公司的培训项目考核中，他总能取得高分，但是他总是进入不了角色，可能这份工作不适合他。我不知道如何处理这件事，我还应该留他多久？

下属犯错误或是业绩糟糕，这究竟是谁之过？是下属本身的过错还是这工作性质的原因？新经理也明白下属的能力差距很大，有些下属更容易管理。另外，在销售行业，运气也是十分重要的。最后，经理不得不面对这样的可能性，从某方面说，他们自己也许就是问题的根源。也许新经理由于他在给下属制定工作指标上缺乏经验，他可能会给下属制定一些不切实际的工作指标。更糟糕的是，某些经理不经意间对下属的不恰当的行为举止给予奖励，而在其需要帮助时却视而不见：

> 有一个员工，他的业绩占到公司全部业务的20%，但同时他犯的错误也占到公司总失误的40%。我正在给他发送一条复杂的信息，因为如果员工有多大的贡献，那公司就应该提供相应的支持——同样大小的办公室、同样数量的秘书支持等。事实上，他正由于办事不力而受到奖赏。而我害怕和他正面对质。我长期承受这种压力，对此事闭口不谈，因为我承受不起他离开的后果。

> 我不是很有耐心，也许我应该再给他一次机会。形象地说，就像我狠命抓住他，大声吼道："你为什么不按我说的去做？"我应该给他设定一定的限度和时间表，与他一起解决问题。虽然他们改变的速度很慢，但确实是在改变，不要期望突然一下子改变。

新经理对于问题下属心里想什么，怎么想的这些问题一头雾水。他们不能够深切地体会到问题员工的感受，不能与他们感同身受。因为新经理之前都是业务能手，工作对他们而言熟门熟路：

> 我实在体会不到他们的感受。工作业绩出了问题会是怎样的感觉呢？为什么他们不努力工作？为什么他们喜欢说谎话欺骗公司？为何他们总想着投机取巧？

令经理苦恼的是，他们发现不称职的下属时，通常自己也不清楚他们需要什么样的帮助："不知道他需要什么，只知道他喜欢什么。"因为新经理也不善于倾听别人，他们开始意识到自己经常会不能完全理解下属所提供的细小信息的全部内涵。

学习如何给下属做绩效反馈，对于管理所有下属，尤其是一些问题下属，是一项技巧性很强的工作。"我应该如何向下属提供既具体又有所帮助的反馈呢？我应该以什么样的方式提出反馈意见才能既有成效又不会让下属产生抵触情绪呢？"

新经理逐渐认识到，他们缺乏倾听技能，这使得绩效反馈很有难度。反馈是一个互动的过程，而不仅仅是经理在"说，说，说"：

> 头几次的会议毫无效果。我现在看清楚了，他们一言堂，试图说服别人，我把这称为"自我现象"。

一位经理是这样描述他同一位问题下属之间的谈话所带来的长期影响的：

> 那是在我职业生涯的早期。我对这份工作的敏感性一无所知，对过去发生了什么也一无所知。所以我的处理方式十分拙劣。和我谈话的这名下属，在我就任前被认为是问题下属，而我不理解这一点。回首往事，我认为我那时很不明智，我并不是真正地去理解这件事，而是轻率地假设这名员工对公司管理的反应会和我一贯的反应相同。但是，他身上的那些经历从来没有发生在我身上，如果那些经历能够在我身上发生，也许我会再试着重新把他的问题给解决。当时，我向他提议说我想一对一地和他的客户交谈一下，而他立刻暴跳如雷。我的意思是他的客户群曾被许多人管理过，而我想通过交谈让客户明白现在的业务是由他来负责的。但我从来没有明确说出这一点，因此我不断地在补救我们的关系，我们之间的信任关系也不稳固。

提供反馈意味着准备好迎接冲突并解决冲突。因为大多数经理希望避免冲突，他们迟迟不给员工反馈，剥夺了那些下属得以提高他们绩效的机会：

> 我曾经与一位经理共事,他是位老好人。但现在我认为我从他身上什么也没学到,他从来不鼓励我们提高自身能力。当员工犯错时,他们承担全部的压力,他们会想:"有人注意到我犯错了吗?这是好还是不好?如果我把事情弄砸了,下次升职评定的时候我还能拿到优秀吗?"他们这样消极,是因为你把所有压力都从他们身上解除了。你知道他做错了事,但你一开始就听之任之。你因此失望,你开始乱发脾气。其实这并没有你想象的那么糟糕,这是可以解决的。但是,如果你从来不提供负面的反馈,从来不对员工犯的错误提出忠告,那就失去了学习的空间。
>
> 如果他们被留下来了,那我必须提早对他们的表现进行评价,及早告知他们我的评价,这样才能制定他们的发展战略。我得让他们尽快进入角色,各司其职。

那位被称为老好人的新经理承认,在他最初上任的几个月中,他也尽量避免冲突,"除非迫不得已"。他希望下属能够喜欢他。最后,这位经理还是勉为其难地惩罚了一名下属,因为这名下属违反了公司的一项主要规定。

在上任一年后,所有的经理都惩罚过他们的下属,大多数经理都降职或开除过员工。他们发现比起做业务上的决定,人事管理的决断要难得多。他们总是怀疑之前的决定。当他们做出开除某位下属的决定时,他们常常感到紧张、心力交瘁。这是他们最不情愿做的事。他们不愿掌握这种"决定某人工作和命运的权力",他们也痛恨炒别人鱿鱼的感觉:

> 我曾经有一位下属,他之前没有做过销售代理。他可能是世界上最可爱、最友善的人,每个人都喜欢他。客户也喜欢他,但他就是卖不掉东西。他的工作理念是,你想客户所

想，急客户所急，处处以客户的利益为重，当客户决定了需要什么东西时，客户会写信给你向你订购。你根本不能说服他，让他明白，如果你向客户推销商品是正当的，客户们也明白在下一年他因购买该商品获得回报，那为什么他不在今年就这么做，从今年就开始享受这种回报呢？对他来说，这是强迫客户购买东西。这位员工每天都会超时工作。但是他显然更适合其他工作岗位，而不是市场营销。作为经理，你就会觉得压力很大。噢，天哪！我必须和这个人谈谈。然后你开始不断重复练习如何开始谈话，问自己"我该什么时候去找他谈话呢"。最后，你勉为其难，找到他，坐下来，说："(销售代理的名字)，你看，我认为市场营销这个职位并不适合你。"我说了该说的以后，从办公桌后面走出来……在谈话结束的时候，他真诚地感谢我告诉他实情。这一下让我脑袋清醒，他其实一直在等待有人能够把他从现在的工作岗位上解放出来……之后我感觉很难受，我一整天都吃不下饭。我很少会感到那样失望，但我真的觉得自己辜负了他。

最后，从上面的叙述中，经理得出结论，开除下属也需要技巧。你的工作必须尽可能地具有建设性，你只要指出他们问题症结所在即可（"他们不愿意你指出他们所犯的每一个错误"）；你要尽一切力量让开除的下属带着尊严离开。否则，其他方式都会让他们产生不必要的痛苦。

经理认识到，开除下属教会他们在招聘时更加谨慎。如果经理不得不开除他招聘进来的员工，这对他来说是一种伤害。由于我与他们相处的时间并不多，这样的事情很少发生，但是在上任一年后，经理逐渐把招聘员工作为一种重要的管理技巧：

认识到招聘员工的重要性是需要时间的。现在，我会花费相当多的时间和精力在招聘和面试工作上。我正试图开创出一套相对公平的招聘体系，但这永远不可能是科学的。最后，你不得不做摊牌，到底谁该留，谁该走。

授权和控制：新经理的劲敌

对于新经理来说，学习如何授权也许是他们管理下属绩效时面临的最大挑战。[7]在经理与下属（有经验的或是没经验的）的互动交流中有一个永恒的主题：如何在适当授权和有效控制之间取得平衡。经理必须把握好"度"，给予下属一定的自由发挥空间：如果自由发挥空间太小，下属会认为经理干预太多、管控过严，他们很难施展；如果自由发挥的空间太大，下属会认为经理关注不够、忽视下属，他们孤立无援。

尽管授权是公司管理中最基本的一项程序，但大多数经理很快认识到，他们在授权技巧上还有很大的提升空间。然而，他们没有完全意识到，症结在于他们对一些下属的依赖。事实上，在上任三四个月以后，让经理描述一下自己的管理风格，他们说自己授权的尺度中等或是有点过度。他们都认为自己的管理风格是这样的：经过广泛征询意见才做决定，授权后的跟进力度不够，对各方的建议持开放态度。一些经理甚至担心他们授权过多："如果我有个缺点，那就是我向下属的授权过多。我让下属全权负责某个项目并期望他们能够出色完成。"但这位经理的下属所描述的却截然不同。他们认为经理缺乏大方向，目标不清，却纠缠于诸如怎么做等细枝末节，"就这样做，不管是什么都这么做"。

在反思做经理的一年工作时，经理意识到他们在授权方面表现欠佳，他们认为授权是"角色过渡时期最难转换的部分"。一般有三种主要因素制约了经理做出有效的授权。第一个制约因素，正如我们看到的，经理应该学会管理人，而不是管理工作。但很多经理在就任时还没有意识到这种区别。我们目睹了经理经过漫长而又痛苦的学习过程，才逐渐认识到经理的工作就是通过别人来完成工作："你知道我们经常拿我们的培训开玩笑，培训就是要让经理从原来的技术层面的工作逐渐转移到真正的管理层面的工作，这样他们才不会再事无巨细地告诉你应该怎么工作。"

第二个制约因素是新经理的个人偏好。有人说，授权不符合他的个性。另一位经理做出如下的敏锐观察：

> 我不得不把我 15 年的经验抛之脑后。至少有 3 个月的时间，我仍沿袭业务员的行为方式。我认为几乎所有的新经理一开始都会这样，他们是否会这样做取决于多久才能意识到这个问题并做出让步。

尽管为了留住技术专家已经把经理搞得筋疲力尽，他们还是觉得依靠习惯和固有经验做起事来更得心应手。他们的专业知识总能在必要的时刻体现价值：那么为何在我们缺乏安全感的时候，要将它们抛之脑后呢？此外，技术工作总是令人兴奋且回报颇丰：

> 我争强好胜，成功总是令人陶醉。你必须亲力亲为，坐在驾驶员的位置上，真正感受它。这与你指导驾驶员，给他提供各种工具，帮助他驾驶汽车的感觉是不一样的。你无法品味成功的诱人气息。

事实上，第三个制约因素是个人的不安全感。对此的共识是，经理不情愿授权，因为他们不希望分享或削弱他们的权力。对新经理来说，这种不情愿主要来自于不安全感：授权是对自我身份认同和自尊的一种威胁。因为他们认为做经理意味着把自己的命运系于他人之手，许多人对此惶恐不安。一位经理说，他在最初上任第一个月，每

当想到别人"如何将他搞垮",他就紧张得直冒冷汗。在我和他的最后一次谈话中,他发表了自己的看法:

> 大多数新经理都能力很强。但问题是:最令经理提心吊胆的是,这份工作需要依赖他人完成。你永远也不能主宰自己的命运。这是一个基本事实,因为除了你自己之外,你不能责备任何人;除了你自己之外,也没有人能将你的功劳占为己有。但现在,你对自己被评定的等级、薪酬以及其他这样的数字都没有控制力……你知道某个人应该做什么事情,但你没有听到任何反馈。到了这份工作该完成的时候,你还是没有从别人那儿听到任何消息,于是你假定他们根本就没有做这件事,此时你立刻会感到郁闷。你的第一反应就是下次再见到这个人,你一定会揪住他说,"看,这件事今天应该完成的!天哪,它在哪儿呢?"但我敢说,95%的可能性是他们已经搞定了这件事。你应该相信他们,他们也希望把工作做好,一旦你把某事授权给他们,他们就能够完成。

经理感到不安全是有充分理由的。他们还没有学会如何管理下属,他们觉得自己不具备管理下属所必需的、能够激励下属努力工作的专业知识和技能。授权的确涉及人际判断,你得冒谁值得信任的风险。而经理往往不知道应该相信谁。做出授权决策需要从三个标准考察下属:能力、正直的品行、担当更大责任的进取心。[8] 经理不知道如何决定谁更值得信赖。除非证明下属是无辜的,否则他们宁愿持谨慎质疑的态度。经理认为把重要任务授权给下属是一件危险的事,除非他们拥有足够的自信来判断下属的能力和积极性:[9]

> 当你很自信,认为自己能够对下属的品行做出准确判断

时，你才愿意承受信任下属的后果。在你还没有足够的信息和经验时，授权还是存在很多难以判断的灰色区域。在这之前，你都会有一种与生俱来的渴望去审查并剖析每一件事。这都是不安全感的表现。

最终经理是如何越来越多地授权呢？这主要是情势所迫。随着时间的流逝，他们意识到他们的工作量非常大，根本不能独自完成。[10] 几个月后他们发现自己的专业技能已经无法满足工作的需要了。他们根本没时间阅读所有的新品说明，更不用说制定最好的策略销售这些产品了。他们感到恐慌不已，在如此短的时间里，他们对工作已经变得生疏了。雪上加霜的是，正如之前所述，经理在上任之初的几个月里给自己揽了额外的活，这真是屋漏偏逢连夜雨。因为缺乏适当的授权，那些经验匮乏的下属还不能独立工作，他们仍占用经理大量的时间。同时，经理并没有借助那些经验丰富的熟手，他们自欺欺人，将潜在的同盟和资源拒之门外。在巨大的压力之下，经理开始反思自己的管理。当他们充分认识到他们目前岗位的窘境时，他们就会愿意主动接受授权带来的风险。一位经理这样说道，这就是"一个简单的成本－收益分析，我不可能事事亲力亲为"。这位经理花了8～10个月的时间，"真正地与过去销售代表的角色决裂"。

对于其他经理来说，转向授权更为突然。休长假（三个星期或是更长）的经理，或是被委派负责（专案组的）特殊任务的经理，很快就能控制授权给下属所带来的不安全感。当然，这样做是伴随着阵痛的。一个度假的经理回忆说，他和妻子都没能尽情享受他们计划了多年的假期。另一些经理则是被迫做出改变，因为他们的下属要求更多的权力和责任。许多经理这样形容他们和下属之间不愉快的冲突：

下属对我说，他一直努力做得更好，想要更大的发挥空间……但我真是弱智……他朝我喊:"如果你真的想做这笔业务的销售代表,那你自己打电话联系好了。你没必要告诉我具体该怎么做。"我说:"你没必要搞得这么不愉快吧?"但我内心认为他是对的。

当经理思考这些问题时,他们对这些冲突并不感到诧异,也不会为此而生气。如果经理换位思考一下,他们也会这么做。在上任满一年的时候,经理重新认识并思考授权问题时,不再纠结于该不该授权,而是如何授权:

> 我应该大胆放手,让我的下属充分发挥他们的聪明才智。下属负责自己的客户,对业务可能出现的问题也了如指掌。当发生问题时,我会立刻确认谁该负责这个问题。我会让销售代表自己负责业务问题,我现在再也不会把销售这样的事情揽在自己身上。我的工作是尽我最大努力去培训和发展销售代表。

纵然经理理解到授权的重要意义和优点(特别是他们的下属能够获得与其能力相称的工作量,并能发展他们的行业经验),他们还需要学习如何授权。最初经理很容易走极端,在授权过度和授权不足之间徘徊:"要么一毛不拔,要么倾囊相送。"由于他们的飘忽不定,抱怨之声随之而来,他们开始改善他们的授权行为。他们主要面对两个问题:给谁什么样的授权,以及在恰当的时间追究或干涉。第一个问题在上文中已经讨论过:经理逐渐认识到他们的下属在能力和主动性上存在很大的差异。他们认识到要区别对待不同的下属,一些下属可以委派一些责任重大的任务,另一些下属就不行了。最后经理会意识到,随着时间的流逝,下属会成长会改变:"下属逐渐成熟。曾经有一个下属,我与他相处的时间虽然短暂,但我给他很多授权，因为我可以看到他进步很快，不断改善、完善自我。"经过试验、犯错，经理在给下属分配合适的工作量和工作类型上的判断力有了提高。

什么样的任务是可以授权的，这是一个基础问题，这与经理对于管理角色的理解有关。当然，他们并没有这方面的经验。对他们来说，更具体的事务是解决问题，确定给下属授权什么。通过聆听经理关于授权的想法，可以清楚地发现，他们在管控、特权和下属权限之间寻求平衡。资深员工期望，而且他们本该被赋予基本的运营自主权，但显然经理一开始很难区分运营自主权和管理自主权。[11] 经理忙于干涉属于下属的运营自主权，而忽视了制定战略和管理责任的分内职责。

然而，经理开始懂得运营自主权和管理自主权之间的区别，他们开始理解授权的两个基本原则：在下属的经营范围内制定战略和管理限制的需要；根据上述的标准对下属的绩效进行监督和追踪的需要。

> 你不能让下属随心所欲。你必须设计出一套控制体系，否则公司的正常运作可能会一下子坍塌；你必须用一种有效的方法去检查、再检查员工的工作进度，确保他们的工作计划符合公司总体的发展目标，并且是在正确方向的带领下执行的。

尽管经理对于什么时候应该干预下属的工作没有严格的规定，但他们确实有判断的标准：下属的行动是否和公司的总体目标保持一致。但是，正如我们所看到的，直到上任第一年的年末，经理才准备去面对他们的管理职责，不仅包括个人表现也包括团队表现。只有当他们开始把注意力转移到管理团队整体表现时，他们才真正为下属的工作权限限定了标准。

结束语

我们经历了一个漫长的过程，目睹了新经理在管理下属方面遇到的挑战并与之斗争的过程：从评估下属的绩效，到把绩效和奖惩联系起来。回过头来看，新经理上的最重要的一课是学会接受下属的多样性，合理对待这些多样性，管理问题下属，以及授权与控制。最终，随着一天天和下属打交道，经理对于诊断遇到的人事问题有了自己的图谱，并且形成自己处理这些问题的经验规则。经理需要在分析和实施两个层面上发展他的知识和技能。他们往往分析比实施做得更好。当他们意识到下属的多样性以后，他们会发现面临的分析任务是多么的复杂。处理这种多样性的第一步就是辨别他们之间的主要差别。

具体到如何处理这种多样性，实施带来的挑战是一个两难的抉择。经理再一次面对解决这一矛盾的需要。看起来，经理在三种张力之间寻求平衡：第一种，公平对待下属，但同时把他们作为每个独立个体来看待；第二种，让下属自己承担责任，但要包容他们的错误和缺点；第三种，保持对下属的控制，但同时要给予足够的自主权。平衡这三种张力要求广博的知识和精妙的技巧，而这些新经理才刚开始获得。也许他们学习授权这件基础管理技巧，很好地说明了他们还有多少知识需要去学习。

新经理开始新一年的工作时建立在这样的假设上：一个出色的经理应该表现得始终如一。但是他们的经历表明，这也是管理研究者反复发现的：一个出色的经理应该是多才多艺的，他的工作方法能够适应特殊情形下的要求。[12] 尽管经理已经开始懂得这一管理原则，但他们还是不知道如何实践这一原则。

第三部分

应对自身管理问题

BECOMING A MANAGER

从普通员工到经理,这种显著的角色转换通常会令新经理猝不及防。起初他们并没有意识到自身的职业选择意义深远。因为接受经理的任命,新经理并不知道他们所要承担的远比新工作职责更多。他们最初承诺塑造新的职业和个人身份——管理人员而不是技术人员。不久新经理发现任务学习(获取能力和建立主要关系)只是他们众多事情中的一小部分而已。[1] 个人学习,也就是说,采纳切合新角色的态度和心理视角,甚至会要求更高。他们上任第一年会伴随很多个人学习和变化。这一部分,我们将观察新经理的自我提升,也就是成为一名经理的核心过程。

经理通常对庞大的学习量感到吃惊。很多人说他们从未如此自省,或者聚焦自身的内在发展,青睐(正如一位经理所言)"先思而后行"。起初很多人相信成年人实际上已经定型,很难再发生改变。但是出于工作需要,他们开始提升自我,使自己适应管理工作和全新的人际关系。他们需要适应的事情很多,因为向管理层迈进需要大量的转变:自我展现方式的转变,他人对待自己方式的改变,以及一批他们即将要去接触的新人。巴利(Barley),一位知名的职业理论专家写道,管理角色不应该"被视为一些预定的权力和特权,就像是精细裁剪的衣服一样可以随时穿脱"。[2] 相反,正如我们在第一部分看到的,对于每个新经理而言,其角色是在和他们的新伙伴——下属、上司、同级、顾客的协商过程中形成和确定的。通过协商,经理不仅了解了管理工作到底是什么,而且他们也改变了自己。他们发展了新的行为模式和态度以适应支持者的期望和管理工作的现实。

在第 6 章，我们描绘了新经理自我挖掘的旅程。他们曾经被管理工作带给他们的承诺所吸引，结果却发现他们对于工作和自身抱有很多错误的观念。我们认为经理最初的管理动机和后来的发展表明，他们在逐渐发展一种全新的职业认同和职业品质。在第 7 章，我们不仅关注新经理身上发生了什么，而且更关注他们对于这种变化的感受。这种区别对于理解经理的经历是至关重要的。正如我们所见，他们的感受影响他们工作的想法和行为，他们必须学会如何应对自身正经历的痛苦的精神变化以及管理角色固有的内在压力。越来越多的证据表明，经理在面对公司要求和逆境时保持积极乐观的态度，与他们在某项任务中取得的成就，对他们的职业成功来说同等重要。[3] 我们不能忽视成为一名经理的情感影响，因为那些会影响管理发展。[4]

第6章
认知自我

尽管新经理最初并未完全意识到成为一名经理这一决定的衍生问题，但是他们明白这无疑是个重大决定。所有人都坦承晋升让人陷入一种矛盾的情绪中：既兴奋又焦虑。他们会深入思考两个问题："我会喜欢管理工作吗？""我擅长管理工作吗？"唯有经历，才能得到答案。[1] 随着时间的推移，他们会看到一种全新的职业自我认知逐步形成，但一些更悬而未决的问题随之而来："我将成为什么样的人？"他们正在认知自我，正如其中一位所说，不仅仅作为"一个经理，而且是一个人"。因此，我们将会重点探讨管理品格的发展。

我为什么要做经理

"为什么选择从事管理工作"是我们在早期访谈中思考的几个问题之一。事实上，在我提问之前他们就有答案了，因为这是他们反复思考的事。他们看起来对于能否胜任这个工作并不担心，倒是更担心他们会不会喜欢管理工作。

几乎所有人一开始都会列举成为一名经理的错误理由："你不能因为厌倦销售工作，觉得现在工作辛苦又无聊，而选择成为管理者。"

很多人勉为其难地承认，他们对管理工作充满兴趣是因为厌倦了具体的技术性工作：

> 坦白讲，我在现在这个岗位上时间太久了，我打算调整一下。我很担心我会因为职业倦怠而失去锐气和锋芒，当然，我没有告诉人事部，否则他们不会同意我做经理的。

尽管倦怠和失意是很多经理考虑开启管理生涯的原因之一，但是最终让他们做出选择的原因还有很多。主要原因是能够承担更多的权力和责任，而且从长远来看，收入也会更多。[2] 总之，他们希望成为经理，能够行使权力和施加影响。他们希望有机会"教会他人正确的工作开展方式，废除低效的做法"：

> 我厌倦了别人进来告诉我做什么。我对于如何成功有自己的看法，而不是让别人天天管着我，我想说，"为什么不自己做呢？为什么不自己控制局面呢？"

> 我一直在想，做经理是什么样子，让别人按照自己的想法做又是什么样子。

他们想致力于公司的成功，并且希望得到肯定。在他们眼中，晋升以及随之而来的加薪、声誉和地位是衡量成功的标志。大概 2/3 的人渴望在行政管理层面得到提升，剩下的人更愿意做一线经理，以获得更好的业绩：[3]

> 这是个人职业生涯的里程碑，我希望某天可以进入公司高层。但是你必须要完成任务，这很重要。

> 晋升销售经理为后续发展打下了良好的基础，你先行一步，就会有更多的机会等着你。

> 如果可能的话，我希望毕生从事这份工作。我喜欢加州，

> 定居在这里真棒。这里的发展机会很多,很多人在这里投资。这未来还可以辐射并支持一两个办公室。
>
> 如果有合适的机会,我希望有更大的发展空间,但我不会强求。你的职位越高,承担的责任也越大。我对现在的职位非常满意,我拥有充分的决定权,这种感觉很棒!

经理的动机看似与人们传统设想的升职理由相吻合。有人发现,卓有成效的经理往往是那些被强大的社会化力量驱动的人。[4]也就是说,他们的影响动机并非根源于自我膨胀,而是谋求实现组织目标。

一些经理就是出于这样的诉求而走上管理岗位的:

> 我很快使销售步入正轨,但我内心深处并不认为自己是销售人员,我一直感觉两者之间存在区别。有人真的热爱销售工作。我认识的一位销售代表就是这样的人,如果你给他一幅挂图和一支笔,就像为他开启了上帝之门,他会沉浸在属于自己的世界中。他热爱他的听众,喜欢和客户打交道,他精于此道,对工作充满热情。我历来很尊敬他们。我也可以做到,但内心却没有这种感觉……另一方面,我喜欢与人打交道。与别人沟通令人愉悦,我也能为别人提供支持(客户、销售代表、后勤人员)。看到一切运行良好,我感到很欣慰。当一切运转不良时,我又感到焦虑。我猜我一直希望从事管理工作。我爸爸和哥哥都在世界500强任职经理,他们鼓励我从销售一线做起,以便我能够更好地理解客户,为未来发展打下坚实的基础。

然而,这位经理属于个案。大多数人是在工作几年后才准备从事管理工作的。很多人先进入后备人才库,成为候选人,之后才寻求晋升的机会:

我从来没想过要当经理，但是上司找我谈话，让我好好考虑一下。他说这能够为我提供更多的机会，起码我应该尝试一下。公司非常缺乏管理人才，如果你可以胜任，就能够拥有你期望的一切。

尽管这位新经理毫无心理准备，但上司的提议给他多了一个职业选择的机会。和这位经理一样，大多数经理对销售工作很着迷，因此他们往往对于当经理犹豫不决。尽管他们喜欢在自己擅长的领域自由驰骋，但管理工作仍然充满诱惑。在他们眼中，他们虽然牺牲了从技术性工作中获得的满足感，但换来了更大的权力、更高的地位和更多的收入。或许他们正处于事业上升期，所以他们乐于追求新的职业道路。根据成人发展理论，这些经理正处在创立和发展事业的关键阶段。利维森（Levinson）或许是这一领域最有影响力的作家，他认为32～40岁的男性（本书中大多数是男性）希望成家立业，并在他们的圈子里受人尊敬。在这个阶段，他们开始确立今后奋斗的方向。[5]

上任几个月后，当经理开始理解管理工作时，他们怀念并留恋放弃了的销售工作。他们以销售经验为衡量标准，评价新角色，寻找工作中喜欢的一面以及不符合标准的一面。他们发现还是销售工作让人享受，其中的挑战和魅力令人着迷。他们更喜欢明确的目标（可以对比和衡量），以及从快速和可预测的反馈中获得的快乐：

无论何时，我可以计算出我赚了多少。我赚多少由我自己控制，如果我努力一点，聪明一点，我可以赚到更多钱。这种关联显而易见。

以前都是客观的，你赚到了钱，你拿提成。现在它是主观的，他们（高级经理）甚至不会和你谈论他们的想法，所以你连自己在哪都不知道。

你只能在某些时候说，"我有一些积极的影响。"你从未觉得你做了什么实实在在的事情。以前我可以把我的工作分成若干部分，有头有尾、有始有终。在一天结束的时候，我就能看到我做了什么。现在，我根本不晓得我的工作何时可以结束。

富有戏剧性的是，几乎和丢失个人成就感的认同一样，公众对他们成就的认同也丢失了。作为业务明星，他们已经习惯了接受公众的赞赏和对成就的肯定。公司里大部分奖励机制（表彰大会、布告和旅行）都是为普通员工设计的，而不是经理：

> 与做销售代表时期相比，你当然不会得到同样地认同和肯定。作为销售代表，上司常常走到你的身边，拍拍你的肩膀以示鼓励和肯定；你总能在部门会议中获得奖励。但作为经理，你放弃了所有的认同，甚至很少获得上司的赞赏。我花了很长时间才意识到这一点——认同的缺失。

> 在管理工作上，你努力为下属创造良好的环境，使他们能够充分发挥所长。如果你总是期待获得上司的认同，那么你很可能陷入麻烦之中，你可能会损害下属的利益。大部分赞赏和鼓励是留给销售代表的。

在我们研究的两家公司中，那些"销售大拿"总能获得最高的礼遇，他们被视作"公司的支柱"或是"公司与重要客户联络的神经中枢"。他们的工作既风光，又能得到别人的重视。正如第1章所述，经理通常被视为"以自我为中心的官僚"，总是妨碍销售人员为公司和自己赢得更丰厚的利润。经理的动机总是令人质疑，他们需要经常反思和否定自己的"不良动机"。他们并不想让自己成为古老誓言的例证："那些能做事的人在做事，而那些不能做事的人却在教能做事的人。"事实上，他们的一些老同级总是质疑他们当经理的决定。某些程度上，他们失去了声誉，也失去了基本认同的源泉。[6]

最后，如果还有其他损失的话，那就是失去了作为销售代表所享有的自主权和控制权。当我们问道："做销售代表最让你开心的是什么？"一个新经理回答说：

> 我认为是成就感。你可以及时获得"做得如何"的反馈。大部分时间，你掌控自己的命运和成功。你知道利润很重要，但是当把你的业绩和别人比较时，那就是一个挑战了。
>
> 我不再是独立个体了。当我放下客户名单，我就失去了我的安全保障。但是想想，我是心甘情愿去做的！

他们错误地认为管理职位可以满足他们的需求。因此，这也解释了在上任之前，他们总是无法意识到经理与销售代表是截然不同的两个职位，做销售代表可以获得很大的成就感，而做经理则很难。在上任一段时间后，经理对这种不平衡终于恍然大悟：现实总会给你点意外的惊喜。

我能够做好经理吗

当新经理在工作中花费了很多时间，终于意识到他们对新工作是多么准备不足时，他们的怀疑从"我会喜欢管理工作吗"转移到"我能胜任管理工作吗"。尽管他们必须知道自己是否适合管理工作，是否对管理工作感兴趣，是否具备这方面的禀赋，但他们面临一个更为基础的挑战：如何评估自己对于组织的影响力？

评估个人影响力

新经理很快明白他们必须从不完整，甚至错误的信息中做出重要决定，他们必须接受并不完美的解决方案。作为个人贡献者，他们已经习惯于明确的、可行的解决措施，习惯于以个人业绩评估优劣。作为经理，评价维度很多样化，他们必须为公司的长期和短期目标负责。每项管理决定都需要权衡各方利弊得失。经理往往无法确定应该用哪项标准评估自己的业绩：

> 除了销售指标，我还需要考虑一大堆烦人的事情。很多人认为这和销售任务相互冲突。即便你达成销售目标，你也不知道那能代表什么，或许你只是在一个商业循环中。

> 我从未给过自己"优秀"。有人一直不满意，或者有事一直没做。你不可能什么都做，你必须确保尽自己最大的努力做到极致，而你的最好未必符合公司的标准。对我来说，我不得不接受这样一个现实，我无法满足每个人的需要。你不可能让所有人都满意。

> 没有最优解决方案。你必须寻找可行的办法。你无从知道自己是否可以做得更好。如果我做了，结果会不会不一样呢？哪些方面还需要改进？哪些做错了？我意识到我只能做到这个地步。

> （这位经理花了几天时间做计划）或许只能到明年我才知道这周努力的结果。在这么长的周期中，我怎么才能准确知道计划对于结果的贡献呢？

经理很快遇到另一个大难题，如何解决公司的人际关系问题，同时因为工作都是在合作中完成的，那么如何评价每个人对于公司的价值贡献呢？此外，经理发现解决人际关系问题不可能立竿见影："你需要足够的耐心！"经理必须学会如何评价自己工作的有效性：哪项标准合适？什么样的事实可以作为证据？如何看到付出和结果之间的因果关系？上任第一年的大部分时间，经理忙于他们对于个体的影响，尤其是下属：

你根本找不到有力的证据证明你做的一切富有成效，你不能证明因果。很多因素你无法控制，或许你只能祈祷走好运，然后努力就行了。

公司并不会提供很多指导。他们没法衡量你在处理人际关系、指导下属及给予他们支持方面所做的努力。这很模糊，无法清晰地展现对销售任务的影响。你无私地帮助销售代表，使他出色地与客户洽谈，但就在准备合同的前一天，因为一个竞争对手的出现，他们给客户提供了更好的产品或是更优惠的价格，结果可想而知，煮熟的鸭子飞了，你的一切努力付之东流。

到了年底，当经理花时间和精力管理团队的时候，他们开始评估自己对公司、对环境或者对企业文化的影响了。但是，明确这种影响力远比明白他们如何影响个人复杂得多。

最终，经理学会了衡量他们业绩模糊性的方法。他们就开始看到从不同渠道获取不同信息来处理模糊性的优势了，包括正式的和非正式的信息渠道（详见第8章）。他们依靠别人的反馈——下属、同级、上司和顾客。他们会综合所有的看法，竭力寻找共识，这些共识往往值得信赖。最后，他们关注自己的行为，分析一些他们处理问题的方法。因为员工对经理的一言一行都看在眼里，他们通常会对别人的反馈感到惊讶，所以大多数人会自我反省：

对于最细小的细节，我也会加以关注。我觉得自己经常反省，你必须管理自己，你必须对自己的一言一行负责，不管是穿戴、举止或是个人习惯都需要仔细考虑是否合适。你要明白，每一天，你做的每件事，所有人都盯着你。如果你在路上碰到一个人，但是你忘记打招呼了，他们会记住的。

经理逐渐对自我评价越来越有经验了，他们也相信自己的判断，尽管这还有些零散和模糊：

> 我能用什么证据来证明我是否很好地管理下属呢？一个证据就是收益；另一个证据是士气低迷和客户抱怨。这些信息通常来自于办公室之外。如果经纪人工作不开心，那么操作员也不开心，于是公司员工就会听到客户的抱怨。这些消息就会不胫而走，首先是传言：那不是人工作的地方。这样最终的结果可能是很多经纪人离职，包括一些优秀的经纪人。管理不当往往是人员流失的主因，但这不是100%的原因。尽管这个标准存在缺陷，但我还是得按此实施。

> 我经常不能解释为何某些做法行之有效，但的确奏效了。而如果不能解释，你就不能确保下次它还可以奏效。例如，处理一位问题员工，我第一次成功了，他确实做出了行为改变，但我并不确定是不是我的方法见效了。只有连续三四次我取得成功，我才能意识到哪些细节发挥了哪些作用。有时候，我觉得如同参加一场考试——如果我这么做，他们就那么做。

在第11个月时，一位经理说道：

> 我想我可以看到我对他们的影响。我很幽默，现在他们也幽默了。去观察你如何影响别人，这会饶有兴趣。你可以将一些小细节和证据像拼图一样拼在一起，当我听到我对他们产生影响的时候，我非常感兴趣……作为经理，你逐步取得成果，或许几个月，或许几年。也许这些成果不是那么明显和具体，但它们的确存在。

经理逐渐意识到看待自己的成就需要信心和能力，而不是即刻的满足，这比后者要复杂困难得多。

发现管理弱点

正如第 2 章所述，经理很快发现要管理好下属，他们还有很多东西要学习。管理不仅仅意味着工作量的增加。从业务员到经理的转身，是质变而非量变，他们缺乏经理必备的知识与技能。更糟糕的是，以前的优势转为劣势，之前的正确行为和态度（例如，销售工作亲力亲为，依靠即时反馈和奖励）现在反而成为一种负担。慢慢地他们开始令人不安地思索，他们扪心自问："我怎样才能取得成功？"管理工作已经不像他们想象的那样充满乐趣了！一切看似他们做出了错误的选择，他们不应该做经理。他们不具备做经理的能力。此外，当他们完全意识到经理的主要职责就是管理人员时，他们开始忧心忡忡，因为很多人认为人际关系的能力是"天生"的，后天无法掌握：

> 有就是有，没有就是没有。当你成年后，你的个性和待人接物的方式就确定了，不会再有什么起色。
>
> 领导是天生的，不是后天可以培养的。你不可能掌握人际关系的能力，那是先天的，在教室里根本学不到。
>
> 管理是艺术，不是科学。如果我不是艺术家怎么办呢？

新经理处在十字路口了。

我将成为什么样的人

幸运的是，大部分经理承认自己可以改变，虽然这有点勉强，而且他们觉得这是一种"退化"。[7]一位经理说他这一年是"不断确认、苦心经营、心灵启示"的过程，的确如此，经理成熟了、改变了，在这一年他们获得了很多启示，并重新构建了完整的身份认同。事实上，很多人不仅掌握了管理知识和管理技能，而且培养了管理兴趣和管理品质。接下来，我们看看新经理重新回顾走上管理职业生涯的动机，以及他们如何发现自己管理特长和管理风格新的一面。

回顾管理动机

正如我们所见，当经理的第一个月让人出乎意料，大多时候是消极的，偶尔有点快乐。在工作上手后，他们掌握了一些管理技能并重拾自信，经理发现管理工作也是有乐趣的。到下半年年底，大多数经理感到工作所带来的成就和满足，因为他们看到自己对公司和下属产生了很大的影响：

> 当我走进下属办公区，询问大家在做什么的时候，我开始感到大家更有效率了。大家脸上洋溢着笑容，工作看起来进展顺利。我想为此我付出了很多，至少我的下属也这么认为。上一位上司很少在办公室走动，他钱赚够了，总是去打高尔夫——貌似提早退休了。当看到自己确实给大家带来积极影响时，这种感觉棒极了！

> 这段时间，我找到了自己喜欢什么、厌恶什么。我讨厌工作中的钩心斗角；我喜欢对我的下属产生积极影响，我帮助他们获得更高的薪水，赢得更大的职业发展空间。

他们很高兴地发现，针对不同下属应当采取不同的管理和激励方式。当看到对下属的指导和发展产生效果时，很多经理既惊喜又欣慰：

> 我喜欢培训下属，帮助他们提升工作的有效性。当看到一些下属因为我的帮助而取得进步，我会自鸣得意。如果我

辅导一个年轻人，刚开始他不知道如何开展工作，那我可以帮他树立自信，教他如何为客户提供服务，我喜欢这样做。我不知道原来帮助别人取得成就可以那么快乐，这比自己做更有意思。

由于我的指导，销售代表的想法完全改变了。我喜欢辅导她如何开展工作，而不是直接面向客户。我之前经常走访客户，告诉他们如何理财，但现在我不用了。我教会了她，能从她身上看到我的影子，她甚至模仿我的说话语气和做事方式，就像自家孩子刚学走路一样，模仿你的姿势。

我助力新人实现梦想。多亏我的支持，他业绩完成很棒，今年可以去欧洲玩一圈了。

当新经理开始重新认知新角色时，大多数发现其实这与当销售代表有很多相似之处，例如一些工作总能带给人成就和满足。然而，即使上任一年后，许多人还持有一种强烈的技能性和功能性职业定位。[8]尽管没有人提到要重回原来的岗位，但是仍旧对牺牲了专业感到惋惜："我切断线了，再也不可能走回头路了。我现在是一名经理，我必须重新设定目标，但这并不容易，我依然怀念曾经做销售的日子。"

但是到年底时，大多数经理开始明白作为经理的自尊感来源不同。事实上，当我访谈时，一位经理不经意地流露出他已经喜欢上了这份工作，当我说："看起来你喜欢做经理了。"他对此还有点不大相信：

或许吧，我没想过这问题（他停下来笑了）。当然，军队的成功是指挥官的成功，也是我的成功——我指的不仅是赚钱。我的成功——我知道我不是最好的经理，来自于我的下属和公司提供的平台，但是我尽力去满足他们的需求。我现在觉得当一名部门经理是件让人兴奋的事，尽管有时也挺烦，但它充满挑战，让人兴奋和激动。

另一位经理说道：

> 是什么让我最满意？应该是你得到的反馈吧。每个月你看到你的团队做了什么，你也看到哪些人进步了，哪些人升职了。你知道你所做的对公司很重要，一些必须要做的事情，包括赚钱和帮他人成长，这些都是员工想得到的。

发现自己的另一面

晋升管理层促使经理重新面对自己，并进一步了解自己的局限和不足。他们必须面对令人不爽的现实，接受"别人眼中的自己"的真实反馈：

> 我认为自己积极进取，严格律己，全情投入，而下属认为我更像一个独裁者，是一个不断压榨他们的暴君。
>
> 我一直按照自己的方式做事，但三周后有同事认为我太苛刻了，有点不近人情，我应该对员工温和一些。
>
> 这真让我出乎意料。同事说我做事犹豫不决，缺乏底气和自信，这让他们感到不安。可我以前从没得到过这样的反馈。

尽管经理的出发点是好的，但他们发现并没有达到他人的预期。在我们的访谈中，很多经理觉得这太"出乎意料"。他们的当务之急是协调"别人眼中的自己"和"自我认知"之间的差距。他们有时自我保护意识很强，对他人的反馈大打折扣。然而，因为他们想急切地成为一名合格的经理，知道还有很多东西需要学习，因此大多数人都能够虚心接受意见，甚至一些很刺耳的反馈。

有些反馈直指经理内心最"敏感柔弱"的地方，而这些他们一直都刻意隐藏，不愿直视，这往往令人沮丧。经理发现了自己的另一面，而这一面之前并未显现出来。很多人在面对管理压力时显得焦虑不安，而他们一直认为自己充满自信，甚至有点"自恋"。很多人指出销售是有压力的职业：

> 股票和债券行业属于高风险行业。面对快速变化的市场，你可能瞬间一无所有，而这往往不是你可以掌握的。作为经理人，必须要有高情商。我做决定时考虑三个因素：贪婪、恐惧和冒险。有些人为了钱不择手段，甚至杀害自己的母亲，或者牺牲自己的健康。面对风险，你的内心必须足够强大。

然而，当新经理面对升职后的压力时，似乎并不像他们所说的那么强。一位经理不禁问道："到底发生了什么？我的自信哪去了？"还有一位经理发现他很惧怕和下属产生冲突：

> 面对冲突时，我不知道如何是好！我常常选择退让和妥协。我甚至不敢面对员工的眼神，那样我会紧张得浑身冒汗。我以前总以为做销售出身的人信心十足，脸皮也厚。现在我发现自己就像个"软柿子"，下属反倒成了我的上司。我外表高大魁梧，但其实一点自信都没有。

另一位经理在他三十而立的时候说道："有时候我一走进办公室，就觉得心里没底，直打鼓。"

事实上，经理常常在处理和下属冲突的时候发现自己的另一面。一位40多岁的经理描述了他与下属大吵一架的场景，他说的时候还气得发抖：

> 我让她先说。我怒不可遏，对着她大吵起来，连我自己

都不知道过了多久。我知道其他人都听到了我的咆哮。但我似乎已经不能控制自己，我太生气了……但我之前从来没有这样过，无论是在公司还是家里。我一向沉着冷静，说话也很柔和。但是天知道我今天怎么了，我从来没有生过这么大的气，也没有如此失控过。

还有一位经理讲述了相似的经历：

从我记事起，我从来没有发过这么大的火，即使有也是在家里。但我上任头一个月，就和别人大吵了一架。我当时反应太过激了，我无法控制住自己。但是我走出办公室的时候说："见鬼，这对我来说太新鲜了，不像以前的我。"这实在让人意外。

当经理工作逐渐进入状态，并学会如何处理压力时，他们终于可以走出双重性格造成的困扰，并稍稍松口气了。

很多经理决定给自己找个学习榜样，看看那些自己钦佩的上司以及公司的明星经理是怎么做的，这的确是个不错的主意。但这真是知易行难：

他（一位钦佩的上司）是我的榜样，对我来说就像父亲一样。我在想："如果他处在我的位置，他会怎么做呢？"我连穿着打扮都向他靠拢，这样看起来更有威严。我能想到他会做什么，但实际上我还是做不来，毕竟我不是他。我没有像他那样的人格魅力，也没法像他那样可以和人友好相处，我如果真要亦步亦趋，那别人会觉得我很假。

他（一位钦佩的上司）总是能够激励下属。你喜欢去他的办公室，因为他总是能够创造轻松愉快的氛围。我也希望能够如此，但是你猜猜结果是什么？我真的缺乏幽默感，而这确实学不来。如果你非得刻意这么做，那会显得更加无聊。我得找到一种适合我自己的方法，我可以学习他的理念，但其他一切都得靠自己。

对于新经理来说，他们无法做到像榜样那样成功，因为他们并不具备那样的个人素质或技能，这听起来让人沮丧。但正如最后那个案例所讲，他们发现要获得成功，就必须找到并运用切合自己的管理风格。

发现管理优势

当然，新经理能够学会。他们放弃了根深蒂固的工作习惯和工作态度，经常进一步退两步，但无论如何他们在不断进步。对他们来说，希望在某个具体的时间段看到自己的进步几乎不大可能。这是一个不知不觉、渐进式的过程，只有在某个时间它才会显现出来。但在第九个月的时候，大多数经理开始感到工作慢慢步入正轨。他们意识到还有更多的东西要学，但他们感到是在正确的轨道上行驶。

几乎同时，经理开始察觉到自己的管理优势和管理风格。他们开始发挥个人的潜力。一位经理发现他特别"善于和喜怒无常的人打交道"。他的同级开始向他寻求帮助和建议，因为他的确能够理解问题员工并与他们共事。他们也发现了自己其他方面的优势：

> 我的一大优势在于我充满热情。我关心他人，善于倾听，我对下属的感受很敏感。我以身作则，我付出时间和精力起到表率作用。他们知道我要求他们做到的，我自己首先会做到。他们乐于帮我，因为他们知道我总是尽最大努力在帮助他们。
>
> 我很擅长给下属反馈。我会让他们知道自己究竟做得怎么样，哪做得好，哪做得不好。很多人不习惯赞扬他人，他

们总是忽略别人的优点。我不一样，我花时间和下属沟通，告诉他们哪些干得好，他们也能听出来哪方面存在不足。他们一直觉得我处事公平。

我的优势在于我对事不对人。他们知道我一心只想把工作做好，我不会为保护自我而耍一些小伎俩，所以我会直接反馈我的意见和要求。他们喜欢我的预见性。

我一直担心我太年轻了，不像其他经理那样老练。但是结果却证明年轻是我的优势。至少在我们这里，大家都喜欢我。我不是那些已经在这个圈子里干了几十年的人，我不固执己见，我能够开放地听取他人的想法和意见。他们说我非常敏感，但干劲十足。他们知道我面对问题迎头而上，一旦问题解决了，至少几个月内不会再有类似的问题发生。

很多人观察到，与他们的优势相比，错误总能让人学到更多的东西：

我觉得我在错误中学到更多。如果事情进展顺利，我们一般不会花太多心思——我们容易陷入"如果没坏，就先不用管它"的思维定式，你甚至不想考虑太多。此外，你工作很忙，也没有那么多时间坐下来总结。

然而，经理发现，学会发挥所长是最具力量的经验，他们可以借助优势去弥补一些短板。

发现管理风格

一般在上任半年的时候，经理从新职位的震荡中走出来，他们开始关注自己的行为模式，了解自己的管理风格和喜欢的交流方式。在描述管理风格时，他们经常提到三种特征：任务导向还是员工导向；

指令性还是参与性；正式还是非正式。这三个特征也是我们常常在管理风格艺术中讨论的。正如我们所见，上任第一个月，大多数经理都是以任务为导向，更多采用指令性管理风格，一些人甚至贴上"新经理特有风格"的标签。随着时间推移，经理对自身的角色了解越来越深入，工作也越来越顺手，于是他们"真正属于自己"的风格开始显现。事实上，他们在这两个方面产生了诸多变化：

> 我想这就是工作的本质，当你真正融入工作中时，你的个性也就随之改变了。一些经理更倾向以人为本，其他一些则更倾向销售和客户导向，很少有人可以完美地平衡一切。我现在变得更加重视员工，这让我感到惊讶。我之前是做经纪人，我一直更喜欢和客户交流。

> 事实证明我比想象的更加民主，我喜欢给下属更多的自主权，让他们放手去做，我只是定期地进行检查。

> 我真的管理太细了。我总是喜欢自己动手去做，这是个大问题，我必须加以克制。比起前任，我更多地参与到具体的事务性工作中。他（前任）更像一位乐队指挥，从没想过再次扮演鼓手的角色。而我喜欢当鼓手，希望更多地展示自我。

> 经理的风格千差万别。我一直试图模仿我的上司，我对他很钦佩，但是我们风格完全不同。我更希望成为参与者，亲自感受、触摸、理解正在进行的一切，我希望和员工成为"好哥们"。其他经理则对此持不同看法，他们更内敛，凭借直接和经验理解事物。他们觉得应该坐在办公桌前处理事情，而我连桌子都不想要。我倒是希望有一张圆桌，可以更好地和员工交流，我喜欢在办公室走来走去，了解发生的一切。

经理感到他们有适合自己的管理风格：

> 刚开始，我给自己限定了一种管理风格，但那并不适合我。我对此感到困惑，因为这让我感到很别扭。我需要寻找适合我自己的风格，以便做到表里如一，而不是戴着面具工作。

> 结果仍然需要验证。但起码我对自己有了更清楚的认知。一切看起来很自然。我知道问题出在哪，我做错了很多事情，但是我又重新做回了自己。这种感觉很舒服，现在我又可以满怀信心地投入到工作之中。

年终时，经理还不能很自信地谈论他们的管理风格，因为这还在形成的过程中。目前，还没有人想到要重塑自己所处的环境，以更好地适合自己，而这种策略行之有效，卓有成效的经理人往往会运用这种策略。上任第一年，新经理更多的是在了解自己，掌握一些基本的管理技能和态度。

获得管理品格

一路走来，当新经理学习做经理意味着什么以及人际判断力的经验教训时，他们也在发展自己的管理品格——有效管理人员必备的品质和态度。很多管理专家著书立说阐释做经理所需的情感素质。[9] 从访谈中我们可以总结出他们认为最核心的管理品格：自信、勇于承担责任心、耐心、同理心以及接受不完美解决方案的能力。[10] 大多数人认为这些品质对于成功转型非常关键，一些人甚至定期按照这些标准评估自我，以防止自己故步自封。一位经理说："目前为止，我就是我。"的确如此，一个人的性格是由他或她早年的经历决定的，包括基因、社会经济背景、人际关系，尤其是父母的影响。[11]

对于新经理而言，自信构成了管理品格的核心。缺乏自信，其他管理品格无从谈起。回顾过去一年，他们很惊奇地发现，他们的行为更多是由他们对自身的感受决定的："很多事情我都是靠主观完成的。尽管我知道这样会犯错，但你必须坚信你所做的一切。"

随着时间推移和经理人际判断力的提升，我们看到了他们是如何树立自信的。随着自信的增强，他们在人际交往中更加开放，也不像以前那么自我防御了。这让他们更加从容地把工作委托给下属：

> 我必须相信自己的直觉，更愿意去面对下属。我需要勇气才敢于面对矛盾，工作中有太多的不确定性和冲突，很多次我都因为惧怕风险而想逃避。

如果他们不够自信，当面对新职位所需承担的巨大责任时，他们会选择退缩：

> 我一直忙个不停。我必须准备分享功劳和承担过错。刚开始的时候，当我必须给下属分配任务时，如果他们不乐意去做，我会把球踢给我的上司。这真够愚蠢和懦弱的，我还能说什么呢？我不想做坏人。

对下属负责是经理的职责，而不是公司的职责，新经理一下子感觉到压力：

> （讨论是否要解雇下属）当你考虑解雇这名员工时，或许公司会因此损失上百万美元，这真是一个两难的决定。但真正的困难在于你很了解这名下属，你知道他是家庭的顶梁柱，有妻子和两个孩子，还有房贷需要偿还。你会说："你瞧，你没做错事。"但你仍感内心不安，你觉得你可能破坏了他们的自我形象，甚至威胁他们的生活。

> 我必须履行这样的职责，为下属的生活和未来发展前景考虑。看到自己手中掌握着这么多人的命运，这总是让我诚惶诚恐。

当经理不得不参与紧张而要求颇高的人际关系时，他们逐渐形成了必要的应对策略。毕竟解雇员工教会他们采取一种坚强而不感情用事的态度。但与此同时，他们担心这会让他们脸皮变厚，这种行为使他们变得冷漠、冷血。如果他们想成为卓有成效的经理，他们就必须保持"人文关怀"。

经理从一开始就知道自己缺乏耐心，因为之前作为销售人员，他们更喜欢迅速行动和短期利益。这种倾向性对于业务人员是优势，但对于经理则是一种负担。他们意识到"做事风风火火"并不总是最佳选择。他们也看到为什么下属不愿意立刻执行新政策、新办法。在任职一年后，当询问他们想给新经理什么建议时，一位经理说：

> 我想我会告诉他们，不要操之过急，先坐下来听听员工的想法。在你上任之前，员工本身就有动力，如果这种动力被破坏了，你也不能在一个月内重新建立；如果这种动力还在，你也不可能在短短一个月内就破坏掉它。花点时间，耐心倾听，然后再制订行动计划，这个过程越慢越好。我想很多人在上任之初的心情和我一样。"这真让人兴奋，我浑身充满了能量，我希望立刻将我的想法付诸实践。"这种态度值得肯定，但显然并不适合这个时刻。

另一位得出了相似的结论：

> 先花3个月时间摸底。看看数字背后的东西，赢家是真正的赢家吗？失败者是真正的失败者吗？（他们可能处在一个糟糕的区域）前3个月不要急于和员工开会，因为你还不了

解情况，无法给他们具体有效的指导。提醒自己，我必须花 3 个月时间摸底，你也给自己预留了制定策略的空间。在了解清楚之后，你就可以行动了，因为这时候你已经拿到了融入这个部门的入场券。

与此类似，经理明白做事太过冲动是不对的，因为很多双眼睛都盯着他。因为他必须对行为导致的结果负全责，所以他们很少"鲁莽行事"：

谨慎做事，多倾听。当别人问及你的观点时，不要立即回答，至少要装出你再思考的样子。因为如果你很快给出答案，他们认为你缺乏深思熟虑。另外一位经理教会我这一点。在回答问题之前，他会拿出一根香烟，点烟，再把香烟放到烟灰缸上，这会让对方觉得你在思考。

耐心倾听，成为一个好的聆听者是一种非常关键的管理工具：

你听的很多不见得就是事实，你必须仔细倾听，辨别真伪。

我之前不认真倾听，结果付出了代价。一方面，我太天真，认为每个人说的都是真话。我应该多问几个问题，窥探究竟他们想表达什么。在我刚上任的 3 个月里，人们希望得到提升，每个人都把自己说得完美无缺，似乎他们从来都没做错过事情。

我吃惊地发现我的最大弱点就是不善倾听。一般在别人发表意见之前我就已经做出决定，所以我就不让他们再说了……尽管我现在仍然不擅此道，但我告诉下属，你们可以大胆说出自己的想法。

另外一个和耐心、倾听有关的能力就是同理心。一年后，新经理都认识到以己之心推测别人如何理解情况或者如何反应都是很局限的。他们大大高估了自己理解别人想法的能力。同理心对于管理多样化的员工队伍非常重要。如果经理希望找到适合下属的方法，他们就必须换位思考："你必须能够为他人着想，你不能站在自己的立场思考问题。你应当具备这样的能力，即从他们的视角出发，找出激发他们前进的动力。"

人们普遍认为销售人员最具同理心，因为他们能够"读懂"别人，他们能够制定符合客户需要的销售策略。但是一位经理说理解客户和理解下属是有区别的：

> 针对客户，你必须快速决定，你必须在一两次会议或者20分钟内对他们有所了解，你需要做出果断的决定。你一直需要这样"阅读"你的客户，但对你的下属你不能这样武断。你必须花时间了解他们，因为你必须依赖他们，而表层和、肤浅的了解远远不够。

在上任一年后，经理开始接受模糊性，因为管理人员意味着采纳不完美的解决方案。组织中的人员管理问题不同于技术问题，他们发现管理员工没有绝对的对与错。从任何一个视角看，每个决定和行动都不是最优的选择。管理就是平衡或者综合诸多相互冲突的目标（例如下属的管控和发展）。针对这个问题，一位经理说：

> 大多数经理要么用脑思考，要么用心思考，但如果打算做一个好经理，你必须两者兼有。如果你仅仅用脑思考，你会变得专断、激进，你天天想着"业绩、业绩、业绩"。如果你仅仅用心思考，你可能变成老好人，什么都是"好的、好的、好的"。仅仅用脑思考的人喜欢面对挑战，而用心思

考的则厌恶挑战。做生意、做业务要用脑思考，但要明白你是和人打交道，这就要用心思考。这是一种平衡的行为和艺术，你不能滑向任何一端。

这位经理的认知与著名管理和领导力专家塞尔斯（Sayles）的观点不谋而合，塞尔斯称为"管理中的创造性综合法"，即管理工作并不是非黑即白，而是由很多"灰度"组合而成的。

当被问及一年的个人成长时，新经理高兴地表示他们进步很大，这连他们自己都感到吃惊。他们为取得的成就感到骄傲："我不能保证我的员工都认为我有一个好的结果，但我知道我已经取得了巨大进步。"

成为经理给了大多数新经理一个机会去发现内在优势和管理品格的品质。正如卡普兰（Kaplan）和其他专家的评论，当成年人面对新挑战和新角色时，一些个性和性格的改变不仅是可能的，而且通常也是为生存所必需的。[13]

结束语

很多研究表明，要成为卓有成效的经理，他们必须对自己的动机、能力、局限性有客观的认识。经理历经挑战和磨砺，他们对自我的洞悉无法用价值衡量，他们更加了解自我，也知道了自己能做什么，他们对于自身动机和能力的认识更全面、更均衡。很多经理体验到管理工作所带来的内在成就与满足（比如促进员工发展和解决复杂问题后的满足感），而刚刚上任之时，他们主要关注外在的收获（比如收入和地位）。随后他们获悉管理的不足和优势。起初，不足总是多于优势，但是当他们具备了管理能力，天平就开始移动。正如我们本章和前几章所见，经理在短时间内获得了长足的进步。

所有经理均指出，他们开始更深入地了解自己，开始从青涩到成熟的成长之路。大多数经理开始转型，他们像经理一样地感知、评价和思考。他们自我认知的根本转变进展顺利。一些人将成为经理比作结婚生子，是人生中的关键时刻。人类学家将这种经历称为"身份变迁"(status passages)，当从文化视角审视个人转型时，这就演化为仪式化的活动。

新经理还有很多事情要做，路还很长。今后几年，他们要不断深化自我认知，他们的管理身份也仅仅是刚刚生根。他们仍然对放弃原有身份不无遗憾，他们需要更长时间验证自己是否真正适合新的身份，是否具备管理的品格。每个人还必须找到最切合自己的管理风格，塑造符合自己才能和需要的环境。当然，即使经验丰富的经理也未必能够达到专业身份和角色的融合。如果我们能够更进一步理解职业转型的复杂性，那么更多的经理将从中获益（我们将在第9章继续讨论这一问题）。

第 7 章
应对压力和情绪

> 我从没想到职位的晋升会让人如此阵痛。

我们通过讨论压力和情绪来结束对新经理角色转换任务的叙述，因为本书引言中提及情绪是他们面临的一大主题。他们到底对新工作的喜爱程度有多少？他们能够胜任新职位吗？对此他们感到焦虑。大多数情况下，他们怀着激动和乐观的心情期待晋升。同那些强烈渴望取得成就和追求进步的人一样，经理视挑战为个人发展的机会，欣然接受变化所带来的压力。然而，他们很快发现，压力远远超出他们的预期，压得人喘不过气来。

大多数经理都列举了角色转型所造成的精神上和生理上的症状。正如一系列不适症状所揭示的，这显然是一个心理的阵痛期。许多经理说他们不愿提及自己焦虑烦躁的程度，即使对自己的妻子也不愿说。一些人说自己出现了失眠、轻度头疼、背痛、易怒易躁等症状：

> 最初的6个月压力很大，就像高压锅！我现在都能感觉到它（说到这，经理用手摸着脖子后面）。有时候我感觉脑袋发胀，快要爆炸了！下班后我必须立刻逃离这栋建筑，逃得越远越好。

上任一周后，我开始失眠了。虽然很累，但我每两个小时就自动醒来了。我正在经历一场严峻的考验。

我瘦了很多，某种程度上这是好事。我一直想摆脱这个沉重的包袱（指着他的肚子）。我不想吃饭，我妻子对此忧心忡忡。

我妻子抱怨这段时间我很少陪他们。她和孩子努力适应美国中西部的生活，这好像移民国外（这名经理和家人刚刚定居在纽约郊区）。我一直精力充沛、专心致志，但我现在担心我是否可以适应新工作，如果不能，我们还得卷铺盖走人。

一个重要的原则，就是要学会如何应对做经理后的压力冲击和情绪波动。压力源于两大因素：角色转换的压力，以及经理职位本身固有的内在压力。前者会随着工作进展而逐渐消退，而后者则会一直伴随左右。在本章末，我们将会简要探讨这些压力会对经理的日常业余生活产生哪些影响。

角色转换的压力

有关职业转换压力的书籍汗牛充栋。这项调查的一个目标就是确认角色转型中的关键阶段，并找出应对之策。事实上，很多人坦言变换工作极具压力。他们感到焦虑和挫败感，也就是说，他们并没有为新职位做好准备。当个人准备接手新职位时，压力和焦虑通常被视为暂时的、可容忍的，是获得高回报的先决条件。大多数人承认，适度的压力反而能激发人的潜力。然而，大量证据表明，过度的焦虑和挫败感会妨碍角色调整，导致人们的才能发挥失常。[1]

尽管他们被选拔为经理，最初很多人发现转型的压力不堪重负，令人手足无措。有趣的是,尼科尔森(Nicholson)和韦斯特(West)的研究表明,"最具压力的工作变换,是那些只有职位晋升而没有更换雇主的转变。"[2] 我们调研的对象认为,个人贡献者和经理的差别远超他们的期望和想象:"工作变换就像硬着陆。"[3] 正如我们所见,他们体味了太多焦虑。他们可能面临自己人生中的第一次职业挫败。业绩压力巨大,经理的职业生涯处在危险期:

> 他们对我充满期待,希望我能带动部门健康运转。我很想做好工作,但我害怕失败,我对此深感恐惧,我知道如果我失败了,我会死得很惨。
>
> 对我来说发挥所长很重要,我必须感到与众不同。但这些天我有时觉得对不起我拿的薪水。
>
> 公司失去了一位活力四射的营销代表,换来了一位差劲的管理者。

新经理想知道怎样才能在新职位上干得出色。他们谦卑地发现自己的准备是多么不充分。阿吉里斯(Argyris)描述了越是成就高的人,在应对失败的恐惧时越是困难重重。[4] 他发现,这些人对失败的羞愧感和罪恶感难以容忍,也缺乏应对的技能。

经理不仅要战胜焦虑感,而且还要克服身份转换带来的复杂情感。他们说感到被边缘化了,进退维谷。他们发现"从哪转变"和"转变到哪"一样令人无所适从。正如第6章所说,晋升为经理让人喜忧参半,因为它驱动经理走出业已熟悉的专业领域,他们失去了掌控感,并且不知道自己究竟是谁。

自相矛盾的是,当经理洞悉新角色,重新认知自我后,工作转型反而变得更有压力了。人们通常的期待是,学习可以更好地预测未来,从而大大地减轻压力。但是一位经理说:"无知是最大的幸福。一旦知道我身在何处,我就明白自己陷入了巨大的麻烦。"经理逐渐意识到，获得管理能力意味着牺牲一部分专业能力。随着他们学会授权，他们的专业知识和技能逐渐过时了。正如第6章所述，向经理转型不仅仅意味着失去掌控感，而且还失去了具体的反馈、持续的满足、认同和自主权。只有当他们掌握了一些关键的管理技能和态度，因而相信自己可以控制那些"可预见的混乱"时，职位转型中的压力才会逐渐消退。然而，管理角色的内在压力仍将伴随左右。

管理工作的内在压力

经理最终意识到很多压力不是短期存在的，而是长期伴随左右。这些压力内置于管理工作中，如果不能面对它们，你可能陷于被动或精疲力竭。要成为卓有成效的管理者，他们必须学会如何处理这些压力以及由此而衍生的各种情绪。[6] 这种适应性要求经理发展第6章所论述的管理品格。经理必须掌握沙因（Schein）提出的"情绪能力"。他解释了为何学会处理管理压力是经理转型的核心：

> 总经理工作的最难之处在于日复一日地保持正常运转，不放弃，不生病，不会精神崩溃。管理工作的本质就是理解不确定性、人际冲突和责任中的情感因素。正是工作中的这一方面令专注技术和职能的个体望而却步，但却激发了那些管理型的人才。这就是为何管理工作富有意义、精彩刺激。[7]

经理必须学会应对四种压力：角色紧张、消极性、孤独感和领导职责的重负。我们将会一一阐述。

角色紧张

许多角色紧张的根源内生于管理角色：负担过重、模糊性以及冲突。在第2章我们看到新经理如何发现并对其做出反应，我们也列举了很多反面效果的案例。当经理同时应对时，他们不久就开始感到快接近极限了。新经理发现新职位要求太多。他们要在短时间内做很多事情，而信息不完整，资源有限。他们负责"太多的事情"，而一些相互之间有冲突（例如，既要增加产出又要降低成本）。他们必须对很多人做出应答——下属、客户、上级和同级：

> 一线经理的两难处境是，销售代表向你汇报工作，但将你推到错综复杂的路口，让你无所适从，而你的上司却拿你是问。你负责所有的人事管理并监督员工各司其职，同时你还要处理与客户的业务往来，制定市场策略等事情。

经理开始认同自己在管理工作中投入的巨大时间和精力："难怪总经理都是工作狂。"大多数经理声称他们每周至少工作60小时，他们通常利用晚上和周末弥补未完成的工作任务：

> 我200%地高速运转，忙得不能再忙了。我每天靠举重和吃维生素保持身材。为了保持精力旺盛，我必须确保身体不倒下。我父亲（一个大公司的高管）有心脏病，现在，我终于知道这是为什么了。我想我得逃离，否则事情会毁在我的手里。我已经变得思维迟钝、反应迟缓了。
>
> 我6：00起床，7：30到公司。每天工作到晚上8：00或者8：30，我没有一点自己的时间享受外面的生活。

起初，经理认为适应管理角色需要是一件掌握管理技能的事宜，是"一桩时间管理的命题"，是"掌握和应对一项重大工作"。事实上，时间管理很重要，但却不能解决问题。新经理必须学会快节奏、简洁明了和不受干扰的工作作风。

> 很多天，我一直早出晚归。但是，我该做的事情一件也

没做成。我收到来自各方面的干扰，我必须调整我的工作重心。一天下来，我筋疲力尽，但却一事无成。

他们必须学会接受不完美。他们的时间不能精确地计划和控制。正如第 2 章所述，他们必须意识到所有的管理决定都是不完美的，需要在不同的利益中谋求妥协。他们也必须学会应对自己的盲区，他们不可能是每一方面的专家。他们必须权衡利弊，在有限的甚至不足的证据下做出交易："渴求正确的欲望可能成为前进道路上的绊脚石。你必须及时做出决定，因此你只能确保在大多数情况下是次优的选择。"这就是管理工作的现实和压力。

消极性

经理吃惊地发现，他们心照不宣地把"负能量"和经理角色相挂钩：

> 我想最大的惊讶就是那些问题。或许我之前从未发现它们；或许当我是销售代表时，我处在经理的保护伞下；或许我夸大妄想。我确实不清楚，我只知道每天面对问题和冲突，又不能有效解决它们，这是多么令人迷惑和受挫。
>
> 看起来好像就是这样，每个人经过你的办公桌，都会指出你的某处错误。"我给你说，你的一些做法让人生气。""我做不了这个，我也做不了那个。"这些已经成为潮流。"我的打字机坏了。""我认为他（一位经纪人）在做假账，你应该开掉他。"当有人走进你的办公室并关上门，你会说："伙计，来吧，这次有什么事？"
>
> 接触这么多负能量，你可能罹患"弹震症"（战场上，部分士兵会出现情绪激动、精神崩溃、注意力无法集中、失眠、愤怒、哭泣等症状）。人们带着问题来找你。你对工作中

的负能量感到震惊，80% 的时间员工都带着消极的问题进来，他们想把球踢给你，或者希望你帮他们解决问题。对新经理而言，我们只能拭目以待。

起初，当新经理经历工作中的负能量时，他们认为这是"反对他们的阴谋"，或是"极端自我主义的营销类员工试图考验他们"。最后，他们认识到罪魁祸首其实就是管理工作本身。

正如我们前面讨论的，经理必须清楚，下属并不都像他们从前做销售代表那样积极主动或称职能干。因此，经理的一项主要管理职责就是处理问题员工。管理问题员工让经理和下属都经历了消极负面的情绪——恐惧、焦虑、沮丧和愤怒：

> 我热情洋溢，是个理想主义者。我有很强的职业道德，我坦诚正直。我最大的缺点是缺乏同理心，对员工不称职缺乏耐心和宽容。我不能对员工的消极面做出正确的反应，我常常认为他们发牢骚，愚蠢透顶。

> 这个季度业绩下滑了，因此销售代表很郁闷。这个问题是由于他们缺乏现金流。他们工作时间很长，但却赚不到钱。他们对此抱怨不停，并寻找替罪羊，向公司要更多的支持。他们需要你花时间安慰他们，因为他们很想做好，但却常常陷入尴尬。但你不能给他们认可或金钱，因为他们没能完成销售任务。然而，你必须搞清楚如何安慰他们，与此同时告诉他们："该死，这不奏效，试过其他办法吗？"有时，你必须做好最坏的打算。

经理也必须学会不要把所有带着问题的下属都视作问题员工："他们（下属）看起来不是足智多谋的。"如果经理和下属都能正确做事，那么下属应该只是带着不能解决的问题去经理那里。当问题到了经理那边，那应该是定义为微妙的，或者难对付的：

> 他们（下属）应该带着特殊的问题来找我，而不是常规的东西，那是他们的工作。那也意味着我只会处理重要的事情。
>
> 这个工作的5%就是救火式的，解决各种突发问题，这就是我的工作。他们（下属）试着解决问题，但是失败了。一旦问题到我这，那就是大问题了，你必须放下手头的事情，专心去处理这些大问题。

孤独感

> 我不再是以前的孩子了。没有人邀我一起出去吃饭，没有人找我谈天说地，我很孤独。

尽管大多数经理将自己描述成渴望独立和自立的人，但他们也说自己渴望成为"圈子"中的一员，喜欢与人互动交流。对他们来说，与客户互动交往、与同事建立和谐的人际关系是获得成就感的重要来源。自当经理后，他们觉得自己被孤立了。他们面对的一大挑战就是如何应对孤独感。

孤独感通常与角色转型相伴而生。巴恩斯（Barnes）指出孤独感的根源很深。[8] 在角色转型期间，人们发现自己不属于任何一个明确的群体，以便确立与之吻合的价值观和行为准则，因此他们迷失了。巴恩斯对从员工向管理层转型的描述相当准确。有关一线经理逆反和孤独等情绪的描写很多：

> 他们（经理）以前是业务专家，一直处于镁光灯下，但成为经理后这种感觉没了，这是焦虑的根源所在。他们不再是明星级的业务专家，而成为管理层的新手，新圈子的人都

在他之上。这种两难和尴尬的处境被称为"逆转理论"。它导致疏远、失落、孤独、缺乏安全感等情绪,这让新经理思考当初的选择是否明智。[9]

新经理也都察觉到了"逆转理论":

> 现在我觉得自己就像一个陌生人,我知道我是管理层的一分子,但我不像一位经理,我心里还是认为我是他们中的一分子(手指向员工的办公区)。我缺乏归属感。

> 甚至办公室都让我心烦不已,我很不习惯坐在桌子的另一端,我宁愿坐在外面,那让人觉得温馨舒适。可是眨眼间我就完全置身于另一个陌生的地方了。

证券公司的部门经理对这种感受尤其深刻。作为部门中唯一的经理,他们远离其他新上任的同级,这真如同"大海里孤独航行的一叶小舟"。

当经理做出不受下属欢迎的决定时,他们觉得更孤独了。因为手握权力,他们不再是以前的老朋友:

> 我察觉到敌意和威胁。我应当预料到,毕竟我成了他们的上司,过去我也曾有这种感觉。但是人们不信任你同样让你受伤,他们甚至不想和你聊天。他们不想和你敞开心扉,说出他们的真心话。他们一直对你躲躲闪闪,你看到大家并没有团结在你的周围,第一次你感受到了人们对你的不信任。

这两位曾经是销售部的普通一员,他们现在被公司提升为部门经理,他们觉得自己被排斥在团队之外,孤独感油然而生。其他同事似乎对他们躲躲闪闪。

尽管他们对孤独感深恶痛绝，但某种程度上，正是新经理的行为加剧了这一问题。很多人都曾经"怀着强烈的冲动为自己建立栅栏"，创造一个属于自己的小"空间"，将自己与工作的消极面隔离开来：

> 出于自我保护——我只是不想再听到坏消息了，我让秘书挂上电话，自己走进办公室，关上门，做深呼吸，以暂时摆脱紧张。

> 某种程度上我不想与员工距离太近、关系太密切。也许这种排斥对我伤害更深。

事实上，正如第4章所述，经理必须学会和下属保持一定的距离，因为他们需要做出不受下属欢迎但正确的决定。经理人为地让这种两难更为复杂。他们在更大的组织里人脉丰富，可以从朋友和同伴圈里获得支持和陪伴。但很多人并不想这么做，尤其是在上任的第一个月。他们担心这会"泄露"新职位所带来的焦虑感：

> 我对于同过去的老朋友们谈话并不感兴趣。他们一直认为我过得很好，如果他们知道了真相，他们会认为我能力不强，甚至是个骗子。这或许是由于我升职太快，也可能是其他原因，但目前，我只能自己的问题自己解决。

这种不安全感往往让他们在最需要的时间错失了很多宝贵的支持。但是，他们并不像他们所想的那样孤独，我们将在第8章讨论友好互助的人际关系。

领导职责的重负

经理正在了解领导职责的重负，以及拥有部门最终决策权的压力。紧张、消极和孤独都是需要限定在一定的范围内。无论你多么努力，管理工作都要求你"全情投入、不逃避责任"。在访谈中，有三个很突出的主题：管理风险、成为楷模以及掌控他人命运的权力。

管理风险。经理逐渐明白管理就是一项管理风险的工作——业务风险和人员风险。在不完美的情况下做决定需要自信、坚强的意志力，并能够娴熟地运用权力和影响：[10]

> 如果你希望通过员工完成工作，你必须心甘情愿地把你的自尊放在一边。

> 你必须身先士卒。员工可能在言语上对你有所冲撞，在情感上对你有所诋毁，但你必须积极主动地处理这些事情，学会运用机智和人格魅力妥善处置。

> 每天都会存在风险，你需要谨慎稳妥地处理。或许你努力培养某位销售代表，认为投资于人是对时间的合理利用，但她却转身离你而去。或者她只是不开窍，或者她不愿顺从你的安排？其他一些人把事做砸了，但你却被炒鱿鱼了。这就好像有一群小孩子在你家嬉戏，有个小孩在游泳池里撒尿了，但你却不知道是谁。然而公司却希望你揪出那个人，把事情处理掉，尽管这几乎不可能做到。那是最让人尴尬和受挫的事情，但我必须学会容忍。

一位女经理描述了她面临的挑战：

> 我必须建立自信心，尽管这确实困难重重。有些人觉得我应该在家相夫教子，做个全职太太，但我认为我应该有自己的事业和生活。突然之间，我要做很多有关人事的决定。我站在一群男人面前，告诉他们什么要做，什么不要做。这些都必须学习。这是一个发展的过程，我会越做越好，我正不断向着经理角色迈进。

大多数新经理确实成长成熟了。他们开始接受自己的不足、无知

和错误。几乎所有人降低了自己不切实际的期望。他们开始娴熟运用手中的权力和影响。任职满一年时,一位经理这样评价自己:

> 现在,我对自己的决定非常坚定,表现也越来越好。我不允许自己在做分析时粗心大意。我发现自己可以安心学习,不会三心二意。改变运动中的球比改变静止的球更容易。如果你已经做了决定,之后说:"我们犯了错,我们需要修订它回到正轨。"在运动中调整修订远比一切从头开始更有效。我现在勇于承认自己的错误。
>
> 一种是做事积极进取但可能会出错,另一种是什么都不做但很安全,显然前者比后者要好多了。我已经学会了适应工作中的可预见风险。
>
> 我并不像过去那样对产品了然于胸,我的销售代表也不希望我直接答复客户有关产品的电话,我知道这无损于我的形象。我并非不愿意询问那些我不懂的问题,只是我还有更重要、更有价值的事情需要处理。我知道下属希望我做一个"真实的人"。
>
> 我的座右铭:做人坦率,敢于承认错误和不当决策。如果你处理得当,这不会影响你在办公室的权力。记住,这样做很少让你陷入绝境。他们只会激励你,告诉你这绝非世界末日。

经理对他们的能力越来越有信心,他们能够沉着应对各种风险并能够巧妙处理伴随这些风险的各种情绪。

成为楷模。经理不久就发现其管理职责要求成为楷模。他们的行为对人们影响深远。他们不能再像之前做业务员那样,违反规则或者"在灰色区域工作"。然而,对谨慎的要求并非他们最重的负担。他们发现最难之处在于管理情绪。在办公室,他们必须展现出热情乐观的

一面。下属希望从上司那里获得自信,尤其是在困难时刻:

> 你不能消极悲观,你的热情直接反映在下属的感受和工作投入度上面。我每天带着微笑走进办公室,心情愉悦地开始一天的工作,下属对此也有看法。但是如果我看上去郁郁寡欢,他们就会感到心里没底。他们开始问我,是不是我们的业绩下滑了。他们不希望我夜郎自大,但也不希望我意志消沉。

经理在表达愤怒、焦虑、沮丧,描绘成熟、专业主义、内心平静时,必须谨慎小心:

> 当我还是经纪人的时候,如果某一天很郁闷,我会让每一个人都知道。我是个非常情绪化的人,我不太会隐藏我的失意和沮丧。人们会因此同情我,说:"是的,真够糟糕的,市场真是太疯狂了。"发泄后我感觉好多了。现在(做经理之后),我看到了他们脸上的表情不同于过去。你会看到他们流露出不安和忧虑:"我们还能信任你吗?"
>
> 就像一只鸭子——水面上风平浪静,水面下不停扑腾着它的两个鸭蹼。

下属也指望经理能够给他们一些提示,教会他们如何在压力下开展工作:

> 如果他们看到你大喊大叫,那么他们会认为受挫时可以这样发泄,但这样下去会导致局面难以控制。你必须言传身教,以实际行动告诉他们什么叫专业主义。你不能一意孤行,任由自己的性子。你必须以身作则,成为他们学习的榜样,教会他们如何像专业人士一样地处理问题——把事情放

在桌面上，客观地看待它们，千万不要让愤怒冲昏了你的头脑。

经理开始明白他们的行为影响深远：

当我在办公室四处走动时，我的一个微笑、一个蹙眉都会影响办公室的每个人，进而影响他们的妻子和孩子。

掌控他人命运的权力。由于经理知道了他们对于下属的工作和生活有很大的权力和影响，他们对此深感责任重大：

你得对他人及他们的生活做出判断。晚上我睡不着觉。做出一个影响别人一生职业生涯的决定相当困难。

我看着自己一年前和早些年的照片，发现自己白头发多了很多。

经理发现有两种人事决定非常困难。第一种是违纪行为。在第5章中，我们看到当经理解雇下属时是多么的内心不安："当你为员工考虑时，决定就变得难上加难。你知道他女儿还小，他有自己的人生规划。但你已提醒和警告过他多次，他仍然听不进去。"

经理往往耗费大量的时间和精力做解雇下属的工作，并且和下属走得很近："从某种程度而言，我已经成为他的心理医生，他的个人问题和工作问题纠缠不清。"经理将下属的失败归因于己。他们将下属的离开视为一种情感经历：

困难往往不期而至。当一些你喜欢和器重的员工决定离开时，你会觉得自己受到了伤害，似乎你做错了什么事。

这会令你内心产生一种莫名的失落，即使你知道对他们而言这是个好机会，他们不会错过这种机会。你忍不住自问："为什么我不能提供给他们那样一个机会呢？"

第二种经理认为最有压力的决定就是如何平衡个人利益和团队利益：

> 我不能给他他想要的（一个很成功却只有两年经验的经纪人要求额外的助理支持）。这个要求不算过分，他的助理工作量的确太大，但我必须考虑对团队的影响。其他人也从其他方面为公司做出贡献，也应该有所奖赏。但是如果你只给一个人，就不能给别人了，你必须以大局为重。

经理可能从未考虑过个人利益和群体利益会发生直接冲突。然而，经理需要平衡好两者之间的关系，毕竟我们面对的是"有血有肉"的人。

正如第1章所阐述的，经理对管理权力和特权的关注开启了他们新的职业旅程，但在这一过程中，他们也懂得了权力越大责任越大。

新经理的个人生活

晋升如何影响新经理的个人生活呢？尽管我努力让话题谈到公司外的生活，但他们还是很少谈及。他们认为"毫无个人生活"。

事实上，在上任的头半年时间，经理希望熟悉新角色。很多人说忽视了家庭生活："我们的企业文化就是业绩第一，没有任何借口。你必须始终保持高水准的工作，不管你的家庭压力多大。"

他们常常感到内疚："我在家里最需要的时候不能照顾他们。"在我们的所有调研对象中，除了两位，其他人都在晋升后搬家了。尽管他们的妻子同意搬家，但其实大多数人内心并不情愿。

新经理不仅感到他们忽视了家庭生活，他们也觉得自己忽略了对休闲和放松的需求。一位经理形容自己是"被工作吞噬的一个点"，还画了"自己、家庭、工作"的一个图（见图7-1）。

最初几个月里，经理很少有时间享受生活。大多数人意识到这种不平衡的生活会造成严重后果。他们需要"停下来闻闻玫瑰的时间"。一些人逼迫自己从工作中抽时间享受生活。一些人信仰宗教，多年来一直出入教堂。尽管日程混乱，但是他们利用一切机会去那里。

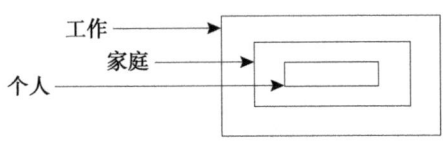

图 7-1　个人、工作、家庭关系示意图

晋升管理层影响的是职业和个人观念。很多人惊讶地发现自己对价值、个人和职业承诺有重新评价："什么对我是重要的？""生活中什么是重要的？"到年底的时候，经理开始厘清职业和个人目标。选择成为经理，一个人说是"一生的选择"：

> 我必须在个人生活和工作之间保持平衡——成就感和满足感。没有什么比我和我的家人孩子更重要，我不能只是有空才关心他们……采访后我想我要走了。我儿子有个俱乐部比赛，我告诉他我去不了了。为什么我不能去呢？还有更重要的事情吗？

带着略微不安的心情，经理选择回家看望家里人。研究表明经理不是很容易承认自己的个人需要，要弄明白如何平衡个人责任和职业责任也绝非易事。[11]

结束语

到年底时，新经理还没有掌握他们的新角色，但是大多数人觉得他们可以掌握，一些人对此更是信心十足。一位经理说，他们还是有不开心的日子，这时他们会再次考虑是否可以驾驭一切。注意"感觉"一词。研究表明那些把压力看作机会的人比起那些把压力看作威胁的人能更好地处理问题。的确，我们不时看到新经理情感和行为间的相互影响。当经理感到不安全或者自我防卫时，他们会倒退到熟悉的、舒适的普通员工角色。

这一年是艰辛的，也是自我怀疑的一年，但大多数新经理坚持下来了。工作转换的压力开始消退。当然，管理角色的内在压力还有，但是大多数人不再感到心力交瘁了。正如我们在讨论管理品格时所见，很多人乐意发现他们未知的内在资源。他们通过忍耐和应对多年压力获得的自信是不可测量的。"这一年让我成熟了，我找到了自己。"

经理也在学习如何应对超出他们控制范围的情况，这是未来职业生涯的基础。麦考尔（McCall）发现，有经验的主管的早期经历对于他们日后的职业发展极为重要：

> 成功应对工作中的挑战给一些未来主管极大的自信。即使他们没能保持一个油田运营五年没有事故，早期的工作也使他们有强烈的自我意识，帮助他们以乐观的精神应对日后更加困难的任务。[13]

为什么有人选择成为经理，去领导别人？即使是最好的情况下，管理也是一项艰巨的工作，因为它对人有很高的要求和个人承诺。本研究中的大多数经理具备了应对挑战的基础。正如前言中所说，这是一个关于成功的故事，有关个人学习能力和潜力的故事。他们的上级感到只有三个新经理在第一年表现出色，至于他们日后会变得如何高效和成功，或许只有时间能告诉我们这一切。

第四部分

驾驭转型

BECOMING A MANAGER

我们对新经理在第一年的角色转换已经有了一个完整的了解。因为他们给自己描绘好了未来，所以我们要从他们的角度出发来评价其面临的挑战。我们现在对管理者晋级如此困难的原因有了根本的了解，同样了解了为何一些业绩突出者总是无法应对转型。

接下来我们考虑新经理转型背后的故事：怎样才能帮助个人完成向经理的跨越呢？我们还是先听一听经理的说法。他们提醒我们，要想成为一名经理主要是从工作中学习。通过解决实际问题和面对既定的结果，即当他们面对不懂的问题和不知道如何解决问题时，他们就必须学习。经理通过试验和犯错、观察和询问，以及自省取得进步，从自身经验中学到知识。经理把这一年看作初级阶段的停滞期，这段经历让经理领悟到："自己的坎儿只能自己过，没人可以替代自己，也没有捷径可循，自己必须勇往直前。"

但他们在这一过程中确实得到了帮助。第8章中，他们分享了自己所依靠的资源和见解。这些资源主要来自过去和现在的经历，而不是刻意学到的。

在第9章，我们探索到一些方法，这些方法是胜任经理岗位所必须掌握的。从新经理的经历出发，我们建议再次把重点放到管理开发上。由于向管理层的发展要求个人转型，话虽如此，却没有现成的答案或速成的方法。恰恰相反，我给出的行动指南是从个人经历中学习。针对经理后备人选、新经理和管理开发的负责人，我们探讨了实践的潜在意义。

第 8 章
上任第一年的关键资源

> 我不知道在多大程度上你能教会一个人管理,这就像教一个人骑自行车,必须亲自实践。你非常清楚自己该做什么——你先上车,握紧把手,踩好踏板,转动脚蹬,然后沿着路骑到那棵树下。但是,这并没有教你如何掌握平衡。怎样教别人掌握平衡呢?我不知道。你可以教会他们理论知识,也可以让他们自我感觉,把各项技能分别练好。但是,直到他们自己骑上车子,摔上几跤,才能真正学会骑车。

正如上面这段话所述,的确有老师教导新经理如何做经理。在本章,我们研讨老师,或者更准确地说是资源——新经理依靠他们处理和应对转型期的挑战。这些资源囊括他们职业生涯中的经验教训和所建立的关系网。我们将依次讨论如下内容:职业经历(作为业务人员的经验)、人际关系网以及正式培训。[1]

职业经历

新经理的经验提供了他们行动所需的知识,以及了解新环境的框架。他们掌握的关于业务和组织的专业知识与技能,是他们不可或缺的资产,他们依赖这些实现第一年的诸多要求。这些资产,大多是专

业务实的"观点和看法",只能靠经验获得:

> 高管在考虑直接从学校招聘 MBA 来担任销售经理。如果让他们参加为期 6 个月的培训,他们就能掌握足够多的业务知识,但我并不认同这种做法。你需要密切联系业务的知识,因为商业的判断力只能通过实践掌握。此外,你需要对一些事情有底气。如果你对人员管理知之甚少,起码你得精通业务。如果你过去业绩一般,你将无法取信于下属。

在对总经理的研究中,科特得出了类似的结论:内部提拔优于外部招聘。

> ……聘用外部人员要担很大风险。外聘人员可能才能出众,有很突出的业绩记录,但他缺乏一些重要特质,而这些特质对业绩有重要影响。尤其是他们对公司缺乏了解,也不具备本公司业务、组织和产品方面的详尽知识,同时他们不熟悉人员,与广大员工之间缺乏稳固和互信的人际关系,而他们的工作有赖于这些人的支持。在特定情况下,一个能力强的外聘人员能够很快掌握这些知识和人脉关系,可以生存和发展得很好,但大多数情况并非如此。[2]

再则,经理拥有作为业务人员具备的各式各样的经验(如生产、营销、市场行情),这让他们优势凸显:

> 我的资本是我做了 10 年的销售人员,这让我和业务代表交往更有可信度。他们说,"无论经济繁荣或是萧条,他都有经验应对",而非"怎能让那个家伙对我的工作指手画脚"!他们知道我可能曾经应对过类似情况。当他们征求我

的意见时,他们觉得我值得信赖。对资深的员工而言,这尤为重要。

灰白的头发让每个人都觉得我稳重成熟,就像陈年的老酒一样。我知道问题的关键所在,我的下属也知道问题的关键所在,技术上的问题难不倒我。

新经理作为业务员的那些年为他们打下了坚实的专业基础,以此为基础,他们能够学习管理知识和技能,实现管理者的身份。业务员的经历为新经理提供了三种独特又相互关联的资源:专业技术(针对他们特定的组织背景),这是解决第一年层出不穷的技术问题的关键;在一次次自我否定和自我怀疑中建立的自信;信任将成为他们权力和影响的另一来源。

经理很大程度上依靠工作经验,它为经理提供了发展人际和概念技能的机会。这些经验包括产品协调员、销售会议主持人、销售新人培训的讲师以及专项工作小组成员等,经理将这些经验看作"参与管理"的机会。一位经理在任经纪人的最后一年已经开始着手培训新的经纪人,他把这段经历视为其职业生涯的一个拐点,他把自己走上管理生涯的决定归因于这段经历。这不仅锻炼了他的人际和概念技能,也让他从这类工作中体会到成就感:

摸索出如何教会这些新手应知应会真是一项挑战。我必须首先搞清楚销售是怎么回事,之后再思考怎样才能讲清楚。当销售代表打了一通漂亮的销售电话或者接了一笔订单,我激动得就像自己做的一样。

另一位经理曾在一个大型团队负责协调职能,他觉得与自己的同伴相比,自己向经理的转型并没有那么艰难,因为他"早就习惯了和不同的人打交道,并且尝试分配匹配他们能力的工作"。被分配到专项小组或项目小组的经理认为，这些工作能够培养他们的管理能力和管理身份。这些经验有助于他们"像商人一样思考"，在做决定时考虑更为全面。麦考尔发现项目和工作小组的任务是开发潜在管理经验的两种强有力的方法。[3] 这些经验有助于经理了解其他职能部门人员的想法，帮助他们在陌生领域快速学习。

企业或者地区办事处经验丰富的经理认为，他们对管理角色的理解更加广泛和丰富。他们发现"从组织的角度看问题"更容易。确实，当他们解读公司制度和指令，或者是接受下属的要求或者抱怨时，经理总是频繁地使用自己的经验：

> 我是站在地区办事处的立场上，或是说我和他们在一条战线上。我知道他们的问题在哪，让他们头疼的是什么事情。

> 行政管理人员总是担心预算和费用，而我关心的是如何创造利润和服务客户。请客户吃饭花了多少钱？必须把整个团队派到出问题的地方吗？现在我是上司，要是超出了预算，我得负责。

证券公司的新经理比计算机公司的新经理面临更大的挑战，他们要从广阔的组织视角看问题，区别战略思维还是战术思维。在计算机公司，上级有意识地把潜在的经理候选人推荐给公司或者地区办事处以及高管层。他们想"了解这个资深员工对公司的战略和文化有什么想法"：

> 公司有大量的高级经理经常出差，因此有很多机会来分清楚孰优孰劣。我主动去机场接机，招待他们，提前考察他们的表现。我偷听他们之间的非正式谈话，并且出席他们的演讲和会议。我观察副总裁的言谈举止，他如何发言？他如

何处理人际关系？他的着装风格是什么？我通过细节观察他，从而了解他是如何走向成功的。

在公司办公室，我就密切地、近距离地观察过14位经理。我能够看清公司的全貌，而非枝枝节节。

但也许更重要的是，由于计算机公司业务人员的工作性质（机构销售和团队销售），使得新经理能从公司不同职能部门、不同层级中获得更多的第一手经验。他们有更大的平台和更多的机会发展人际交往能力（特别是理解力、影响力和协调能力）和概念能力（理解模棱两可和自相矛盾的信息和重点，能够容忍不完善的解决方案）。计算机公司的新经理比证券公司的新经理能更快理解管理团队绩效和个人绩效的必要性。

证券公司的业务人员更加独立自主。销售任务（主要是零售业务）并不要求业务人员与同事和上级在相同或不同职能范围内广泛接触。相比计算机公司的新经理，证券公司的新经理觉得管理独立性强的业务人员更令人惴惴不安，他们"习惯于独自工作，给自己打工"。有趣的是，计算机公司的经理觉得作为一个承担最终责任和义务的权威人物，他们比证券公司的经理更身心疲惫。证券公司经理已经习惯于"随时待命"，因为他们已经把自己看作是"企业家"。换句话说，经验不仅仅影响知识和技能，还影响新经理接受新任务时的工作态度。

人际关系网

如果说工作经验是新经理最好的老师，那么第二位最重要的老师就是观察同事，以及与同事间的互动交流，这包括前任和现任上司，前任和现任同事（主要是同级）。从这些经验中，新经理获得的不仅仅是必备的能力，还有重要的价值观和态度，以及指导与心理支持。[4]

前任上司

新经理从前任上司那里学到了很多经验。当需要在特殊情况下做决定,或者选择一种管理风格和哲学时,他们会参考这些经验。与不同风格的上司共事成为经理取之不尽的资源。麦考尔的研究指出,学习就是误打误撞,[5]阅历丰富是有价值的:

> 你从以前的上司那里零零散散学到很多。你观察他们如何处理事务,看到诸多不同的管理风格,我喜欢这种或者我喜欢那种。你不断尝试,有时候你会重塑它们并将之融入自己的风格,有些方式有效,有些则无效。

> 我觉得自己很幸运,如果我愿意,我可以一直做销售代表。我不同于一些销售代表,他们只在这个岗位上工作了两三年,而且只在一个部门待过,我在很多分公司工作过,经历了很多不同的工作环境,与很多不同风格的上司共事。我的管理风格融汇了很多前任的风格,是我自身经历的综合。有两位经理给我留下了非常深刻的印象。一位与你同甘共苦,站在你的角度考虑问题,他更像你的盟友,而不仅仅是发你薪水,或者帮你和难缠的客户谈生意的人。第二位是带我走向管理岗位的人。她在我将要错失良机的时候帮了我,那时她应该准备向高层汇报工作,却到另一个州去帮我会见客户。她浑身散发着乐于助人的气息,我到现在还跟她保持联系。

新经理评价道,前任上司既可能是正面教材,也可能是反面教材。他们意识到所有的前任上司既有优点,也有缺点:

> 我记得我的上司有强烈的控制欲,他从不让我管理自己的预算。这样的日子总算过去了。当我找到新的上司给我费

用控制权时，我终于可以开展工作了。我就纳闷："为什么不给你的下属多点经费自由权呢？"

我的第三位经理是一位技术高手，但我认为他不会处理人际关系，在办公室动不动就发火。我的意思是他人缘不好。他很强势，不像我想的那样平易近人，但我遇到技术问题时会想到他。他会如何处理这种情况？如果我还没想通，我就会琢磨要是我还为第三个经理做事，会有什么结果呢？

我和第一位经理共事时间很长，他非常擅长做计划，我从他那里学到了重要的计划能力和组织能力。我的第二位经理就不该做经理，我觉得很多人都是这么想的。第三位经理现在是一位副总裁的助理，他是至今我见过的最有趣的人，我们互相学习。我在那时意识到向不同的人学习的过程是一条双向车道，你可以学习别人，别人也可以学习你。我现在的上司堪称楷模，即使如此，我觉得他做的一些事和方式也是值得商榷的。但我希望我能够具备他那样的商业意识，能够聚焦于关键事务，能够很有逻辑地思考问题，能够按照商人的思维做事，并且可以随机应变，迅速做出决定。你回想一下就会发现，凡事不只有一条解决办法，条条大路通罗马。

我想说，没有哪一位导师我可以完全照搬模仿。三人行必有我师，择其善者而从之，其不善者而改之。我共事过的一些上司成就非凡，但他们都有着不同的处世哲学。有的是唯数字论者，数字重于一切；有的认为给员工支付高薪才能让他们为公司全情投入；有的认为良好的沟通和亲密的关系最重要。他们让员工热血沸腾，充满干劲。你得观察各色各样的领导方式，比较各自的优势和不足。这样才能从中选择，权衡取舍、取长补短，找到适合自己的方式。

从以上引述中，我们发现新经理从前任上司身上学到不同的东西，他们所学取决于他们遇到什么样的人。正如第 5 章所述，他们必须采用适合自己能力、风格和价值观的管理风格和方法。他们遇到了一位可以模仿其风格和策略的上司，这让多样性看似成为可能。[6]

尽管新经理依靠从前任上司那里学到的参差不齐经验，来帮助他们处理上任第一年的问题，应对挑战，但是他们参考最多的还是他们钦佩的上司：

> 从我敬佩和仰慕的人那里学到的东西——他们如何思考，如何行动，如何处理这种情况——那些都是绝佳的时机。
>
> 优秀的人物，他们如何工作，他们怎样晋升到那个职位，他们做的事是正确的，还是错误的，事后都值得好好总结。那是观察的最佳时机。我想不起来是否专门坐在那里刻意思考过，但我的确那样做了。我回想起来自己确实判断过一个人的好坏。如果有人善于伪装，我可能会上当受骗，但我大体上可以判断出来。当我发现有些人的确很出色时，我会仔细观察他有哪些过人之处。我不会直接问他们，通过观察我能发现他们的优秀特质。我试图找出经理做决定时所使用的思维方式。有时候，如果时机合适，我会直接问他们。
>
> 他教会我很多，但很难说清楚具体是哪些。他的专业素养很高，言谈举止一流，很有气场。和销售人员保持着一定的距离，他教会我这一点。我并不认为这种距离会产生敬畏感，但他教会我作为领导者应该如何说话办事。

曾经为一位公司传奇人物工作过的经理，非常感激这段经历：

> 他是一位管理大师，是我见识过的最睿智、最敏锐的人。他美名远扬，名副其实。那时，我有机会向他学习。我还比

较明智,知道自己的不足,所以仔细观察他是怎么工作的,并不时问他问题。

我不可能成为像他那样的传奇人物,想达到他的高度绝非易事。他是一个了不起的人,当我为他工作时我还太年轻,意识不到这是一个绝佳的机会。但是回想起他来,我渴望学到他的一些优点,希望有一天能够像他一样与人交流,有同理心。我想通过自己不断的实践可以接近这个目标。

作为本次研究的一部分,我采访了一些公司的"风云人物",他们中几乎没有谁完全意识到他们对下属的深远影响。同样地,在本次研究中的那些领导也没有把自己当成是良师益友。[7]每一位风云人物都投入了大量时间和精力把他们自己的团队打造成一个出色的团队。和这些资深的经理共事过,会更加重视管理团队绩效的挑战,而非仅仅注重个人绩效:

和他在办公室工作就像和家人共事一样,这正是我想在自己部门所营造的氛围(可我不知道应该怎么做)。

当你在销售人员中培养团队精神的时候,要留意自己获得了什么,这是你跃居部门首位的方法。

他推动自己的团队成员工作。他期望你有良好的同级关系,并且帮助依赖你的人,我们没有其他团队的矛盾、冲突、没完没了的抱怨。

经理将过去的上司视为学习的楷模,至少其中一半人有过上司,尽管谈不上导师,但对他们也进行过指导。保持长期师徒关系的情况比较少见,只有两位新经理说他们有值得信赖的导师在他们上任第一年出谋划策。可以当成最佳资源的前任上司有三大特点:他们有着高标准,有亲和力,经验丰富。[8]正因为有了这些素质,新经理才能在专业领域和个人情感上信任他们。这些人会成为新经理的谏言者、咨询师和知己。令人惊奇的是，这些人大多数是新经理进入公司的第一位上司。他们与新经理有着相似的经历，他们之间超过了上司与下属的关系，更像是朋友：

> 我现在有难题就向他求助，他是我见过的最好的上司。他比我见过的任何经理要求都高，我的亲身经历让我相信他。他待我正如我所希望的那样，他并不只是一味地考验我，他很关心我，帮助我成长。

> 我的第一位经理告诉我他的处世哲学，我到现在都一直受用。他偶尔给我打电话，我也是如此。他常说的一句话是，不要因为恐惧而去管理，倾听下属的想法，支持他们。你让下属神采奕奕，容光焕发，他们就会为你付出一切。为什么他是我的楷模和知己呢？他待我以诚，关键时刻挺身而出。要是我需要他为我而战，他会义不容辞。要是我准备行动，而他有所疑虑，他会说，"回去好好想想，要是你已经想好了，我们就全力以赴"。

这些前任上司会关心下属的职业生涯发展。霍尔将他们的帮助比作"支持而又有自主权"："当年轻人需要帮助时，他本身的主观能动性和自主性与上司的乐于提供帮助相结合成学习的最佳方式。"[9]

> 他们是下放权力的人，允许下属参与到重大决定中来，在合适的时候让他们单独做决定。

> 他下放权力，并不妄自尊大，从不自我防御，对人关怀备至。当你了解更多工作时，他下放更多权力。你一直能学到新东西。他会时不时地检查一下，关注你做事情的细节，但你知道这没什么大不了的，他只想让你保持警醒。

> 他对我委以重任，让我独立完成任务，在不需要他或是其他人员检查的情况下完成。他让我参与预算和招聘，尽管这不是我的工作。
>
> 他让我的工作充满挑战，他不会让你一有问题就丢给他，除非你已经使出了浑身解数，并且求助同级同事无果。

他们也让下属对自己的决定和行为负责，给予他们及时公正的反馈：

> 他给我完全的财务自由来购买资源。但我知道，季度末他会问我，我的花费带来了多少利润，他会让我对每一分钱负责。
>
> 他总是让我未雨绸缪，而且确保我行驶在正确的轨道上，激发我保持雄心壮志。当我要去见一个大客户，他会说："你要做好准备，这是你的客户。除非你遇到大麻烦，不能解决的时候，我才会出面。"他让我控制局面。他让我有自己的地位，就像坐拥千万美元的生意一般。他不会单单告诉我我的所作所为，还会告诉我是怎么给客户打电话的，从而让我更近距离地学到业务。他告诉我反馈情况和其他人对我的看法。有时候我会抓狂，不想听，他非要讲，但我现在学会合理利用信息来处理自己的情况。
>
> 我们互动得很好。我们聊到我的想法，他给我反馈，并且再问我对他的看法。这是开诚布公地讨论，他会洗耳恭听。

最后一名经理比较了他的前任上司们，谁是最好的老师，谁给了他充分自由，而谁又提供了极少的指导和反馈：

> 我得不到支持。当我想问他问题的时候，他总是不在，不知道去哪里找他。我毫无长进，得不到培训，得不

到鼓励。他只希望你做好工作，不要给他惹麻烦，他太不管事了。

成为好老师的上司允许下属有"犯错误的神圣权利"。这么做能使下属学会控制风险，同时在理智上学会权衡收益与风险，又能在情感上提高抗压能力。简而言之，通过他们的努力，前任上司让下属开阔眼界，不只是站在业务员角度看问题，也能像商人一样思考业务层面的问题和人事问题。通过这些上司的模范带头作用，他们找到了管理下属职业发展的价值和方法。最后，他们鼓励下属要有自我驱动精神和积极的"学习态度"。

好老师在学校难觅踪迹，这与人们的预期往往相反，在公司里更是少之又少，只有一半的经理觉得自己和前任上司建立了良师益友关系。那些有这种关系的经理深感荣幸，因为在他们成为经理的第一年里，面对两难境地，可以向他们寻求帮助和情感支持：

> 我面临艰难抉择，是解雇一个经纪人，还是批评教育他，因为他对公司的纪律知法犯法。我迟疑了一周，终于下定决心。但我给他的前任上司打了一个电话谈论这件事情，他很同情我，知道我内心的矛盾与挣扎。他让我说出自己的决定，并且顺着这个思路问问题。我们从几个角度看问题：我的角度，我上司的角度，经纪人的角度。我们讨论了业务上的结果和个人结果，也谈到了同情心。
>
> 他（一个以前的上司）经历过同样令人头痛的事。他告诉我打算如何处理，他不对我隐瞒或者装腔作势。当我知道像他那样成功的经理也经历过同样地事，我感到宽慰。"我们是两个不会自夸从不犯错的正派人。"这就是他的态度。

现任上司

新经理要是没有适合的上司来"依靠",显然会处境不利,因为很少有新经理在上任之初会向现任上司寻求帮助。本次研究中一个令人忧虑的发现是,并没有一个新经理把现任上司作为应对第一年挑战的资源。大多数人把现任上司看作潜在威胁而非盟友:

> 我们俩之间的对话毫无益处。他永远不相信我看到的真相。我觉得他对我有偏见。我连个问题都不敢问,怕他觉得我太幼稚,像个傻瓜。有次我问了他一个问题,他让我觉得自己像个生意场上的幼儿园小朋友。好像他在说,"这是我见过的最蠢、最幼稚的问题,你脑子里在想什么?"
>
> 我真希望有个可以交流的人,他不会贬低我。要是有个人能真正理解我的工作,那该多好。那样我就有个人可以商量,而不是考验我。
>
> 我知道一定程度上我应该和部门经理多谈谈,和我多沟通也是他的工作。他有经验,我有义务向他汇报工作,他可能会提出一些好的建议。但和他讨论知心话并不保险,他是个不确定变量,是我走投无路时才会找的人。要是问太多,寻求太多帮助,他会对你失去信心,认为事情进展不顺利。他会觉得你无法控制局面,那样你的工作就会障碍重重。因为他会找到你,连珠炮似的问你很多问题,问你在做什么,进展怎样,在你不知情的情况下,他就已经开始插手这件事了。这才是真正让人不舒服的情况。

一些经理确实在上任第一年求助过他的上司,他的上司在公司享有"伯乐"的美誉。这种美誉似乎让新经理更有信心接近上司。不出所料,这些经理所表现出的特征,和当时指导他的上司一样:

他享有多种头衔，一位成功的商人、伯乐、严格要求的领导。我认为，他并不怎么平易近人，不是那种包办一切的领导。如果你为他殚精竭虑，他会让你在事业上成长迅速。他不断提出新的要求，但是他享有提拔下属、帮助下属的美名，而不仅仅是把你扔进水深火热之中，自己却隔岸观火说，"如果你游泳游得好我就来帮你"。从个人发展角度看，我受益匪浅。尽管刚开始的两个月我还不确定他如何帮我。那时事事不顺，我沮丧到极点，他却没有伸出援手。当我问他一个问题，他却用另一个问题回答我，简直把我逼疯了。当我山穷水尽的时候，忽然明白了他想要告诉我的东西。对处理的情况，我要有自己的看法，这时候他才会和我讨论。那时候他会对我倾囊相助，他会不惜宝贵时间来和我讨论。

人们说"你挖到了宝藏"，这是每个人都盼望的开端。他花很多时间来培养下属，让你锻炼出自己的风格，他根本不告诉你怎么管理下级。我碰到过一些情况，眼见无计可施时，会从他那里讨教经验。他包罗万象，乐于分享，对各种情况游刃有余。当然，他不会直接告诉你要怎么做，而是鼓励你用自己的方式。他允许经理在实践中学习，在错误中成长。他不会告诉你出错了，而是让你的同事帮你分析，于是他们会把你拉到一边问："你为什么要做这样的决定？"

很难说清楚为何大多数经理没有把他们的现任上司作为依靠的对象。上下级之间的内部矛盾会削弱他们关系的发展。路易斯（Louis）写道，新经理不可能将上司作为寻求指导的对象；他们对打扰上司工作，深感不安。[10] 此外，上司既要评估员工，又要培养人才，这两者的矛盾日积月累，这是不可能避免的。于是，双方都不情愿冒险去培养一种可持续发展的关系。例如，下属不情愿披露错误，上司提供不属实的官方消息。

在这两家公司中，高管承认大多数的总监不是"伯乐"，不擅管理人才的开发。在一份报告中，人力资源部门总结只有10%的总监善于培养和发展员工。一些迹象表明，两种组织的文化中都包含自生自灭的思想。[11] 他们对下属的求助有明显的原则性。一位经理评论道，"这是一片蛮荒的西部之地。"另一位经理说，主要的管理方式是"对下属专断独行，对错误零容忍"。高级经理积极投身于改变这种企业文化（事实上，他们同意参与到这项研究中来，也是在这方面的努力和尝试）。一项对实习医生的调查表明，在实习期的第一年，近一半人没有向督导医生报告他们所犯的错误。一位医生回顾这些结果时，总结道，"任何高级医师都要重新评估他们如何询问实习医生所犯的错误。"[12]

另一方面，经理是"不能寻求帮助的"。就像之前说的那样，他们还在受这种思想的煎熬：领导必须是专家，领导必须能控制局面。大多数人在心理上不情愿承认，他们上任第一年尤其需要帮助。

> 面对老朋友说一堆沮丧的事情，让人难以启齿。你会害怕，"哎呀，我会露馅儿的"。就像是不能说的秘密。我对寻求帮助不好意思开口，好像出门远行一样。前6个月都想待在学校，不想和爸妈讲话。即使他们不停地问你，"需要帮助吗？"你也不会打开心扉，回答"是"。因为你觉得自己是成年人了，要自己去闯一闯。
>
> 如果我有一个大麻烦，我会打电话找朋友让他们帮我解决。我从不打给上司，就算那是解决问题的最快方法。要是他知道我不懂的话，可能会担心我不能胜任。

只有新经理觉得坐稳了位子时，他才更愿意接受现任上司的指导。

如果你能把他们看成是咨询者，是个可以打电话诉说的人，那会帮助你成长。你可以说："看，情况就是这样，就是这么回事儿。"或者说："我在这个问题上需要帮助。""这是我的决定，你觉得如何？"我认为他对我很有帮助。

现在，（在上任 7 个月以后）我开始觉得在这个位置上的时间比较久了，我需要更多的交流和互动。我开始与人交流，而上司也乐于接受我。因此，我希望多多联系上司，就像我希望下属多多联系我一样。越来越多的人对我敞开心扉，正如我也要对上司畅所欲言一样。

最后，大约一半的经理，通常是因为遇到一次危机转而求助上司。他们发现上司比预想的更能容忍他们的问题和错误，这让他们松了一口气。一位经理说："上司意识到我还在学习阶段，愿意尽最大努力帮助我。"但是，如果从上司那里得到的是毫不友好的、有偏见的、漠不关心的反应，他就很少会有类似的接触了。他们和上司的谈话通常有很强的目的性，并且针对一个具体问题。这些菜鸟不情愿向上司问一个常识问题，或者寻找情感支持。即使在年末，经理也会胆战心惊地接近上司，他们再清楚不过暴露任何弱点的风险了：

我和他的谈话都非常专业，我从不提任何个人或者是职业发展的问题。这个人不是我的朋友，我不认为他会有足够的同情心来听我真正担心的事。我打电话之前已经准备就绪，让自己看起来更能掌控局面。我把可选择的方案准备好，各自写明优缺点。这真是矛盾啊，你需要帮助，而他正是可以帮你的人，每每向他提问，却把他介入到自己的管理中。

经理通常都没有使用这块潜在资源，即他们的直接上司。于是，在新经理巩固自己位置的阶段，其上司影响甚微。他们可能剥夺了自己，也是组织的资产（比如实际财务支出和高级经理利益相关的信息），这正是上司能够提供的。最后，不可避免的是，经理对上司的态度会影响他们对下属的态度，他们需要一定时间来理解培养下属的责任。

前任和现任同级

经理常常求助于以前的同级（这些同事曾经在一段时间里都是业务人员，现在从事管理职位）和现在的同级（与新经理处于同样职位的经理，或者其他职能部门担任管理者，在新经理上任第一年结识的人）。有着更广泛关系网和乐于求助的经理更容易面对上任第一年的挑战：

> 一开始我不知道怎样运用我遇到的形形色色的人。当我想谈业务时我会打电话给他们谈谈业务，看看他们是否给我问一两个问题的机会。由于我发现与尽可能多的人交流是一个学习的好机会，我与全国各地的经理打电话的技巧越来越好，谈话更能切中要点。我承认我只是在寻找新观点。"有个情况是这样的，你会怎么做？"打完一个电话，你能汲取他人的智慧。

我不认为一人只有一个导师，你需要一个智囊团来寻求帮助，你需要精通各个领域的专家来做朋友。

他们通过组织在同级处寻求帮助，这些同事可能是本部门的也可能是其他部门的。实际上，一些经理喜欢求助于组织中其他部门的同事，因为他们担心暴露弱点会被他人利用：

> 现在竞争如此激烈，不可能人人都晋升。你最好提防他

们。我求助于本公司其他地区办事处的人员，他们的职业发展路径永远不可能和我重叠。

出于这种原因，少数人宁可选择求助于工作以外认识的其他公司的同级。在承认错误和寻求帮助上，不同个体的差异很大。

大多数经理在第一年，求助于过去认识的同级。但是，随着他们逐步增加对现任同级经理的尊敬和信任，尤其是和那些经验丰富的经理，他们会建立有效的发展关系。最初有些新上任的销售经理非常警惕本部门经理的"同级管理"概念，即所有部门的销售经理应该互帮互助，互相督促。在他上任的第三个月，尽管他仍旧表达了对同级的矛盾情绪，他也清楚地看到了其中的好处：

> 我们都是优秀的分析师，大家可以集中在一起进行分析。我们之间的关系非常微妙，但我们试图创造的是一个有益的同级关系。管理的表象让我们刚开始互相躲避，我比与我共事的人更加学院派。我应该更冷淡一下，但我认为解决问题真正的秘诀在于，你要确保有一个同级管理的支持。被同级以批判的眼光审视，比被上级审视更有效，因为上级会对你的绩效或者表现有想法。而从同级那里几乎不会有什么不利的结果，我们的方式是积极的而不是消极的。我不是等他们来找我的，如果我们真的觉得他们做错了，我们会直接找他们。

计算机公司的经理发现，他们比证券公司的经理更容易建立起相互支持的同级关系。前者与其他同级经理在不同办事处工作，所以他们在寻求帮助时有天然优势：

> 我能告诉你我有什么。有件对我非常有利的事情是，我有一个非常优秀的同级经理，他是一个销售经理，他在位很长时间了。他给我的帮助可能是最大的，给我反馈、评价，

好言好语地告诉我,"你可以这样做"或者"你可以那样做"。他非常了解工作的来龙去脉,清楚要把工作做好所需依靠的环境是怎样的。无论何时,只要我有问题,这个同事都愿意把手头的工作搁下来帮助我。

我初来乍到,对公司的地区办事处不太了解。我明白总公司的立场,因为我与那里的人共事过,但对这个地区不太了解。我的同级经理为我指点迷津,告诉我这个地区的情况,我比刚到的时候更加频繁地和他们来往。

我很多方面都要依靠系统工程经理。她在公司已任职17年。我们在一起花很多时间畅所欲言,探讨工作。我们不会相互挤兑,这的确非常有帮助。我们试着将自己的想法付诸实践,即使是疯狂的主意,也不用担心结果。在我们看来没有一个问题和想法是愚蠢的或是幼稚的。没有她,上任第一年将会过得很艰难。

不同于和现任或者前任的上司交谈,和同级的交流通常是非正式的。交流是有益的,经理能够在这样的讨论中自由表达观点,披露问题。许多经理和同级一周谈一次,或者更频繁:

我们在一起分享故事,他比我多几年的经验(他们是同一个部门的销售代表)。我们在闲聊中交换意见,我只想听听他在做什么,他想让我了解他是怎么看待问题的。此外,我从他那里了解到公司的很多不同侧面。

人员管理方面迫使新经理和同级打交道。他们需要同级的信任和共鸣,以支持他们的想法,寻找反馈和情感支持,处理人事冲突。他们寻求的建议不仅是做什么,还有该怎么做,新经理更在意后者。他们自己能够做出决定,但仍然不相信自己如何实施决定的判断:"这个决定是事先安排的，我想就如何实施听听他的想法，谁会反对？我该怎么办？"

通常，经理会详细地描述他们将要处理的情况，或者已经处理的情况。在讨论中，他们会反复推敲，从特殊到一般：

> 让我来告诉你发生了什么（我和一个问题下属之间的谈话）。我往东，她偏要往西；我说黑，她非要说白。我强忍住不说话，耐心听着。谈话结束，我知道第二天还要找她谈谈，并做出改变。同级经理帮我梳理情况，没有直说，我并未认清所有事实。我在处理这件事情上犯了一个大错误。谈话后，尽管我要面对自己犯的错，但我觉得减轻了许多负担。你时时刻刻需要反省自己。

> 与我经常打电话的是一个非常固执己见的家伙，有他在身边就会很有趣。我七八点回到家拿起电话："某某（同级的名字），我今天做了一件最蠢的事，让我告诉你发生了什么。只有我发生过这样的事吗？你听过其他销售代表做过这样的事吗？"我们大声交流。谈完以后，挫败感消失了，我感觉好多了，对自己了解也更深入了，找到了下次处理困难的方法。这种谈话多次帮我走出困境。

从同级的评论和问题中，经理能够得到对自己的想法和做法的反馈。尽管是非正式的，但反馈也大大提高了经理从经验中学习成长的能力。这种学习不是自发的。[13] 处理情况成功与否，并不能告诉经理什么经验。他们再次确认行动是否有效，在组织中该承担多大责任时，往往有困难：

> 好业绩会掩盖事实，它会掩盖我的缺陷。我可能没有把最佳人选安排到位，可能我超额使用了公司资源。我并不知

道，有没有我是否事情都会成功。我可能把下属逼得太紧了，他们可能准备辞职。你是不会知道这些的，你不能因为利润大增而心安理得。[14]

经理从他人那里获得的反馈有助于他们分析经验，建立决定—行动—结果之间的因果关系。当他们和同级讨论情况，这种因果关系就更清晰，他们认识到自身行为产生的结果以及对问题的影响或是在解决问题上所做的贡献。这些结果具有协同效应且充满意义。[15]经理渴望的不仅是正确答案，还有同级对问题和处境的看法。其他办事处实行上面提到的同级管理体系的销售经理，给出了如下例子：

> 一开始你只和同级经理回顾自己的境况。后来一个有趣的现象发生了：这变成了情感宣泄的一种方式。
>
> 有些谈话内容是过分了一点："你要给那个蠢货奖励吗？这到底有什么用？他什么也没干。"但是从激励角度上说，这确实起到了积极作用。这引人深思，为什么要这样做，我们不是为他做决定，而是试图分析让他们做出决定的影响因素。一个经理每次召开会议，你能做到的事情让你惊讶。你变得老练，善于决定做什么和为什么这么做。奖励对那人意味着什么？对其他人怎么交代？我们应该现在就这么做吗？要是我们给他奖励却没有产生长期效果怎么办？

由于大多数讨论都围绕怎么把工作做好，以及如何做出"人事决定"，所以经理对管理思路和绩效评估有了更深刻的认识。这些讨论有助于认识到不同人对管理角色的不同期望值。一位经理说从这些谈话中他常常能够认识到"失去的机会和忽视的错误"以及没有考虑到的事情。另一位经理说，与同级一起回顾发生的事情常常能够"拓展我的视野，让我无形之中意识到自己对管理的一系列遐想"。一旦经理意识到他们的遐想，他们就会看清一些事情是没有价值的，还有一些是不切实际的。

经理也依靠同级获得这样的反馈：别人眼中的自己。他们似乎更容易接受同级的评价。很多人发现，尽管你能够从理智上认识到需要改变，情感上却难以接受。经理认为来自同等地位的负面反馈通常是客观的、有建设性的，经理会根据同级的意见做出改进。来自同级的正面反馈也大大影响经理发展。许多人发现从自身的错误中学习，比从成功中学习更容易。比起他们的优势，他们更清楚自己的弱点，经理也十分怀疑自己是否充分发挥了自己的优势。一位经理说："比起失败来，你不可能去认真分析自己显而易见的成功。"

最后，经理从同级那里获得非常重要的情感支持。他们说同级帮助他们驱散无从下手的焦虑感。他们渴望同级给他们工作表现的反馈。许多人认为，没反馈比负面反馈更让人心神不宁。"至少负面反馈让你有个参照，确定下次该怎么做。"

很明显，与同级谈话是能宣泄情感的。他们让新经理减轻被压抑的沮丧、紧张，让他们专注于手头实质性的问题：

> 你知道我们（新经理）最需要什么，是通过自杀热线和新手俱乐部来放松心情，要是你够幸运，同级能起到同样作用。

大多数经理相信拥有广泛的同级关系网是第一年成功的关键。当他们克服了同级竞争的压力后，与同级的接触会变成一种支持，可以借此分享他们应对挑战的想法与感受。与同级关系，而非与上司关系，看来是一种重要的发展型关系。

正式培训

经理都认同他们主要是从工作经验中学习如何做经理的。然而，

大多数经理觉得正式培训在他们的发展中也起到了重要的作用，尽管这些作用有限：[16]

> 关于如何开展这项工作，我从工作经验中学到了60%，从处理人际关系中学到了25%，从正式培训中学到了15%。

> 我怎样学会开展工作？大部分通过在职培训、纰漏、直觉和犯错误。我想我从课程和研讨中受到了点影响，也从别人那里学到了点东西。"如果我在你的位子上，我会怎么办？"我还看了很多管理和销售的书籍。

在上述的两类公司中，对新经理的培训是强制性的。经理会接受7～10天的封闭训练，大部分课程是为新经理量身打造的。培训项目为新经理提供广泛的、针对新情况的介绍，主要内容是公司行政管理和人员政策。这些课程一般由内部讲师进行授课，但有些是地区办事处，而非总部的人传授策略分析、产品培训。本研究中的三位经理直到第一年出现工作压力时才参加培训。一位经理说，他终于上课了，此前浪费了大量时间和精力"重蹈覆辙"；另一位经理说，他已经养成了"难以克服的坏习惯"。有趣的是，几乎所有的经理都保存了一个文件夹或者是一箱的新经理的培训资料：

> 那是来自新经理学院的资料（手指墙角的箱子）。我应该打开过它们，但实际并非如此，我想我知道的已经在我脑海里了。要是我不记得了，那一定是没那么重要。但我还没把箱子扔了，因为你不知道什么时候会要参考点特别的东西。

经理说正规培训实现了五大功能：（1）使他们熟悉公司政策，流程及资源；（2）对公司文化提供有价值的参考；（3）这是一个论坛，从中可以收到更加系统和客观的反馈；（4）推进了同级、上级间的关系发展；（5）这是人生的里程碑。

新经理将新经理培训描述为向新职位、公司相关政策、流程、资源的正式定位：

> 你知道了具体细节。大多数看起来很平常，但是做完这些就很好。他们完成了基础工作。

从培训中他们懂得自己正在介入工作的实质。他们认为培训非常有益于他们能够站在新的行政角度看问题。培训给了他们组织结构和能够运用到的公司资源的蓝图：

> 你知道这些人是谁，他们负责做什么，你应该给谁打电话，你对他们有什么期待。事实上，你只有真正进入工作，才能领会到最后一步，当你打给自认为能够给你提供帮助的人，却得知"这不在我的工作范围"。但是，你可以从管理培训中获得这些基本信息。

新经理觉得培训还是有价值的，因为他们至少知道了公司的"规章制度"：

> 所以这非常有用，因为他教会你哪里可以自由裁决，哪里不可以。培训给你划定了范围，告诉你公司的传统，就像教小孩不要走在大马路上一样。

他们发现公司在很多事情上都有规定，这让人如释重负。从正式培训中，新经理获得了工作所需的专门知识，获得了必要的信心：

> 你明白自己不是在真空中管理，已经有人想出了解决可能出现情况的办法，这能帮你建立自信。
>
> 这个培训课程让你远离麻烦，保证你不出格。例如，你有一个员工在做副业，你能站出来叫那个员工不做吗？这个

员工来到你面前说,"你看,我都破产了,债主找上门来了。"你怎样应对员工?你会举棋不定。

也许更重要的是,他们通过隐含的意思,增加了对企业文化的认识:

> 你知道了公司的处事方式。你如何处理事情,他们会怎样想。他们不会说出来,但当他们告诉你最佳选项,你要理解背后的价值体系。

> 他们不仅传授你技巧,同时也是向你灌输一整套价值观,尤其是内部员工的相处之道。人事政策是我们开展工作的基础。培训将公司文化灌输给你,这是必不可少的,这能够帮助你理解公司高层的想法。

正式培训向经理传达了公司的愿景、规章和价值观。[17] 经理利用这些信息可以形成一个处理一般问题的框架,这些信息也能帮经理了解"最佳公司准则"。因此培训又是"比较基准",可以评估行为表现和绩效。

经理认为培训能让他们获得更多自身绩效的直接反馈。作为计算机公司的管理培训的一部分,新经理要求下属完成意见调查报告。其结果会被认真对待,对他们的行为会产生深远影响:

> 当经理对一件事情做出反应或停下来思考时,他们将会很清楚怎么做,但他们并没有停下来思考事情。在我的研究中,针对经理为何不能停下来思考的原因是,他们有其他事情要做。调查之所以有效,是因为它迫使你去思考那些反馈,必须思考你是否想要。即使反馈不准确,它也会迫使你反省自己,思考一些事情。

最初的反馈令人震撼,即使对于收到正面综合评估的经理也一

样。所有经理惊讶地发现自己的"漏洞":

> 当你看到自己的形象,你会震惊,你会被深深击倒。他们怎能这么想我,我就这么冷酷无情吗?他们一定是弄错了。"我要教训他们",但你不能这么做。人力资源顾问会坐下来跟你谈这件事。"他们是这样说的。他们为什么这样说?你怎么看?"
>
> 我工作做得不错,但最让我感到意外的是,我有一个最大的缺点:不善于倾听。我在听别人讲话之前,主意已定。我的上司对我说过,但直到我从下属那里看到反馈,我才相信上司的话。当我看到白纸黑字时,我不得不正视它。当我训练结束时,我告诉自己要改变风格。但是第二天我走进办公室,对下属说:"我明白你们认为我不善于倾听,那你们可以说得大声点,让我可以听到。"但我仍然敌意重重。我和一位同级经理谈了这件事,我知道我需要改变。这样努力了几个月后,情况好转了。但我花了几个月和同级反复讨论这件事并付诸实践,这才让我感到自然了。
>
> 这是一种激励吗?我是有竞争力的,想想我是如何当上经理的,这对我是一种鞭策。但我不是最好的,这激发了我的斗志。我必须注意自己的行为举止。确实,我并没有学到很多新东西,我也应该对自己有客观的评价。但这也提醒我要提高敏感度,不要像以前一样对我的上下级、妻子那样简单粗暴。我已经学会忍住要说的话,注意自己说话的语气。你不能摧毁他们,相反你要好言相劝。"我知道你是怎么想的,如果我是你,我也会这样。但是……"然后我以更富同情心的口气讲述自己的看法。自从接受调查反馈以来,我改变了不少方式。

另一位经理在上任 5 个月后收到反馈，他说：

> 我不再那么简单粗暴。但是我强烈意识到，下属认为我应该为他们工作。现在我跟他们谈得更多，解释得更多，管理得更宽松。我不只谈公事，还谈点别的他们感兴趣的事。

反馈也教会经理根据下属的期望来调整管理方式。他们清楚地看到适合下属的工作量是多少，但有的下属认为他控制得恰如其分，别的下属则认为他对自己的工作缺乏指导。

证券公司的新经理不会从下属那里得到很多反馈。在考评中，他们按照经验丰富的高级经理提出的标准进行评估。反馈结果由人力资源部总结并告知他们。经理对任何批评都认真对待：

> 反馈基于很多人从不同角度提出的意见，你必须认真对待。这是很有价值的工具，第一次让我看到人家是如何看待我的。
>
> 起初我觉得愤怒和被误解了。我有意排斥其中一些意见，但这让我坐立不安。过了一段时间，我发现这是一个自我分析的有趣机会，我能以自嘲的方式来排解了。他们有权发表自己的看法，如果真是我被误解的话，我能更好地了解自己为什么会被误解。

一位经理在反馈的基础上列出了"需要改变的清单"，他时常引以为鉴。在两类公司中类似的反馈都被认为是有价值的。因为它是客观的，也往往基于行为标准，就是说一个人在特定的情况下该怎样表现。

正规培训对新经理的另一个好处是，新经理能够和同事，尤其是同级经理建立良好的发展关系：

> 我知道他们关心什么。我在地方办事处过着与世隔绝的

生活，唯一看到其他经理的机会是在培训和研讨会上。我和这些人讨论，听他们的想法，真正从他们身上学到东西。我喜欢和加州办事处的经理聊天，他看起来就是一个优秀的经理，但他很忙，没有时间。我准备给他写信，看看能否在下次会议时，跟他谈一小时。

这简直妙不可言。我可以向有着15年经验的经理取经，比如如何对待受培训的员工，怎么和诉讼律师相处。回来以后，我将这些想法一一付诸实现。一位经验丰富的经理告诉我他处理诉讼的办法，这样我就可以活学活用。

我从正式训练中得到的最大好处是，有机会和同级互动。和他们交谈，看他们做对了什么，做错了什么。你知道，这是交流情感的过程。我们在一起有很多想要做的事情，他们是我的智囊团。

我是这些项目中的一员，小组里有一位证券公司历史上最为成功的部门经理。活动结束后我走到他身后，请求占用他一段时间，我说："我听到的都是对您的溢美之词。我刚被委任为一家小办事处的经理，我想听听您的看法。"4个小时后我开车去他家共进晚餐，我们整晚都在讨论。他说我可以随时打电话给他，也可以随时来他办公室拜访他。我希望能够尽快地邀请他或拜访他。

经理还是觉得从培训的非正式渠道以及与同级的交往中，要比从正式渠道学到更多，他们是以新身份进入交际圈的：

在晚上共进晚餐时你可能会比白天学到更多。晚上的一课更实用，人们坦诚相待，分享失败的经历。知道自己并不是唯一一个搞砸的人，你会感到安慰，你也能听到新观点，交到新朋友。

经理不仅从正规培训中获得技能和知识,也扩大了人际关系网。实际上,他们在培训中获得的人际关系,成为日后重要的支柱。[18] 对管理培训的调查,这个支柱在经理职业生涯发展中具有很大的影响力。特赖斯(Trice)和莫兰德(Morand)发现培训提供了一种同志友情或者"私交",这种关系在培训结束后很多年还延续着。[19]

最后,培训也是人生的里程碑,代表着公司对新经理能力的肯定,他们能成功胜任新角色,公司愿为他们投资。能够与公司最成功的、经验丰富的总监结识,表明他们已经"进入一个新层次":

> 最初,我还没意识到。(培训部门)让我和这些人交往是对我寄予很大的期望,是为了让我看到作为一个经理,真正的职责是什么。

> 这有助于我完成了从旧工作到新工作的心理转换。他们非常尊重你,你对他们很有价值。他们在培养你,高层管理人员也会参与进来,他们让你成为圈子中的一员。

其中一个新任的部门经理说,在一家大饭店举行的闭幕晚宴,明显是在告诉新经理,他们已经是公司管理团队所重视的一员。正规培训的仪式感让新经理难忘,他们感谢公司为帮他们适应新身份所做出的努力。[20]

当问及正规培训中的意见时,新经理的感受各不相同。他们说组织为新经理提供的培训,实际上比大多数本行业的竞争对手要多。一位经理说大多数竞争对手花更多时间培训销售人员,而非销售经理。他为能在本公司工作深感荣幸,并且认识到管理培训和教育的价值。但一般来说,经理认为培训还不够深入。培训中所学到的东西和现实中发生的还是存在一定距离的。[21] 很多经理抱怨,他们对公司的特定规章和生产过程的基本原理所知甚少,例如,"为什么要这样做?"结果是,经理觉得当他们试着运用公司制度和公司资源时,发现自己还没准备好。如果他们已经基本熟悉了政策和方针的基本原理，他们会觉得运用政策和方针更加得心应手。政策和方针不能生搬硬套，需要依据工作的"复杂性和实际性进行微调"。他们也承认培训应该让他们更深入地了解一般的难题，这样他们才能更好地应用公司的政策和方针来解决问题：

> 当我回到工作中来，试着运用所学，我发现根本不能生搬硬套，我四处碰壁，不停地犯错。我的许多同事也这样。我们真的要事事从经验中学到教训吗？他们至少应该告知我们将要遇到的阻力。

经理也认为应该强调实干技能的发展，而非空谈理论。他们说教授真实的，或者仿真的问题，能够让他们运用新知识是最有用的。一半以上的经理明确指出案例分析法、角色扮演及模拟体验的重要性。这些方法教会他们作为一名经理的真实感受和工作的困难之处。一位经理说他在行动教学中学到最多，模拟经验特别提供给他一种有用的"替代工作经验"。正如经理和其他人讨论的那样，模拟体验迫使他们在不确定和模糊性中解决问题，帮助他们处理应对压力和风险产生的情绪问题。任何一个锻炼管理能力的机会，他们都很珍惜。

经理说，他们渴望更多对自己行为表现的反馈，可以是录像带，意见调查表这样正式的信息，也可以是同事的非正式意见。当他们收到自己表现的明确反馈时，他们觉得从经验中学习更容易了。

对成人教育和管理发展的研究与新经理的建议如出一辙。行动学习在获得人际交往能力时显得尤为重要。[22] 人们发现用行为来指导思想，比用思想来指导行为容易多了。人们通过实践和系统反馈最容易学到技能。明茨伯格观察到：

> 在进行认知学习后，管理学校将严格开展对经理的技能

培训。认知学习是不连贯的、接受片段信息的，就像读书和听讲座。毫无疑问，未来的经理应该接受更重要的认知内容。但是认知学习不像学游泳，仅靠认知学习就可以了。要是游泳教练不把学生带出课堂，带下水，并且给他表现反馈的话，学生第一次下水，准会沉下去。[23]

管理培训和游泳的共同之处就像本章开始骑自行车的举例一样。新经理知道成功的关键是，要学会从经验中学习。

结束语

我们提到管理发展是一个长期的过程，它建立在多种经验之上。没有速成的办法。成为一名经理也是理智和情感上的锻炼。面对层出不穷的商业问题，他们需要做出正确决定，站在这个新位置上也要面临情绪和压力，经理同样迫切需要帮助。在获得管理知识和技能上，经验是如此重要。我们可能会问，怎样才能让经理从经验中学习更多。当他们和上下级、同级之间建立良好发展关系，能够及时坦诚地得到自我表现的反馈时，学习经验就更容易多了。特别是，我们看到同级关系扮演的重要角色。我们同时也看到经理要适应他们的工作所能利用的资源是多么匮乏。好的管理老师难觅踪影，反馈少之又少，正式培训难以充分发展受训人员的管理技能。[24]

新经理所在的组织没能利用特别的机会，来塑造他们未来的总监人才，角色转换期是个人最乐于接受发展和扩大社交圈的时期。[25] 在这种转型期，个人有最强烈的转换意愿并准备好转变。这种动机在获得新的人际交往技能（不像是思想上或业务上的知识和技能）时尤为重要。[26] 实际上，经理特别乐于接受反馈和变化。他们像种族研究者一样乐意接受正规培训，热切收集、筛选和评估有关组织文化和他们自身的有形的或无形的数据。一位经理说，他渴望反馈，不像他的一些坦言自己对反馈"有免疫力"的高级同事。令人意外的是，他们无论从理智还是情感上，都乐于倾听自己的缺陷和已经养成的坏习惯。对工作表现的反馈是对工作情况的一种预测的观点，与研究结果如出一辙。时间较少的经理更可能通过直接询问和视察来寻求反馈。[27]

毫无疑问，第一份管理任务对职业发展有着长期的影响。当麦考尔问总监，他们职业生涯的关键事件，那些使他的管理方式发生变化的时刻，总监们都会提到他们第一次当管理者的事。[28] 那时的总监更乐于向经验学习，学习如何管理组织，学习如何处理人际关系。有了这个基础，他们才能得到日后职业生涯所需的技能和判断力。

新经理和他们所在的组织应该更加积极主动地思考管理生涯第一年的学习。除了最初一年新经理的培训，其他的学习就要靠运气了。在第9章，我们研究新经理和他们的组织是怎样利用第一年的经验的。

第 9 章
平稳转型

通过这项研究我们对于向经理身份转变的经历有了一定的了解，为理解这一复杂的转变过程构建了一个基本框架。新经理对上任第一年的叙述有着惊人的一致，从中我们提炼出以下两点。

第一，成为经理需要心理上的深度调整——一个转型的过程。有些转变是让个人保持稳定的职业发展路径，就如同飞行员驾驶飞机，在保持固定航线的前提下做一些微小的调整；而另一些转变（比如晋升到管理层）是一个拐点，完全打破平衡，改变个人职业发展的方向，就像飞行员在改变飞行目的地时提交的新飞行方案。新经理必须学会像经理人那样思考、感知和评价事情，而不能像个人贡献者那样。为了实现上述的心理调整，新经理提出了以下四项任务：

- 领悟成为经理人意味着什么；
- 开发人际关系判断力；
- 加深自我认知；
- 应对压力和情绪。

第二，成为经理在很大程度上是一个从经验中学习的过程。新经理需要通过反复的实践才能理解新角色和新身份，单纯的思考无法达到这一目的。他们通过直面实际问题和实际产生的结果来学习。所以，在智力和情感方面，这种转型是一个反复的、缓慢的、艰难的过程。

本研究中的大多数经理都获得了成功。他们的上司说大部分经理都成功地度过了第一年，只有三位经理没有成功。也就是说，他们都尽可能地实现了上司对他们的期望。尽管他们在上任一年后都没有真正感觉到他们驾驭了新工作，但事实上，他们的确在相对较短的时间里学到了很多东西。一位经理说，虽然他没有完全做到他想做的事情，但他认为在这一年里他已经朝着正确的方向迈进了一大步。另一位经理发现，在这一年里她对事物的看法发生了深远的变化。这是一个分水岭，对管理的认识从幼稚走向成熟，摆脱了个人贡献者的身份设定，并向经理身份转变。在上任第一年年底，大多数新经理开始理解，甚至接受了作为部门负责人的正式职权意味着什么，以及通过他人完成工作意味着什么。

什么是管理开发

新经理的经历提醒我们，管理是一项复杂的，往往又不能预测的高要求工作。他们的经历使我们对管理能力开发有了更实际、更长远的认识：（1）管理能力开发不只是简单地改变一个人的知识和技能，还包括改变一个人的态度；（2）管理能力开发是一项有难度、有压力的工作，必须自己亲历这一过程，没有捷径，也不能一蹴而就。管理能力开发最有效的方式是让经理做出艰难的决策并付诸实施。[1] 麦考尔等人在他们对中高层管理人员开发的研究中印证了这一点：

开发的精髓是多样化，以及每次在逆境中的反复锤炼。

技能要求变化越急剧，人事问题越难抉择，基准目标压力越大，道路越艰难险阻、错综复杂，学习成长的机会就越多。这乍一看毫无吸引力，但是震撼、压力和人际冲突对新经理的成长助力最多。对于后备中高层管理者来说，舒适的环境最不利于人的发展，正所谓"生于忧患，死于安乐"。[2]

此外，如前所述，管理能力开发是一个自相矛盾的命题。负责管理能力开发的工作人员无法告知新经理需要知道什么，即使他们懂这些。而且新经理也不理解他们在说什么。对新经理而言，他们必须首先像经理一样思考和行动，而后才能真正理解其工作的内涵以及应当怎么做。

管理能力开发容易被理解为组织刻意为经理（或后备人选）创造机会和准备资源，以便他们能够从经验中学习和发展。从这个角度看，管理能力开发需要精心设计职业路径规划，而不是像很多人指出的那样，很多组织采取的是零散的、应急式的、直观的方法。[3]一方面，许多公司把管理人员开发视为自生自灭或适者生存；另一方面，一些公司目光短浅，把管理人员开发局限于正式教育和培训。实际上，人们应该对管理人员开发有更深刻的认识，它是一种旨在强化个人当下和未来工作效能的经历（无论是晋升前还是晋升后，正式的还是非正式的）。从本次的研究中，我们可以预见新经理将会面对的一些两难境地，以及有利于促动转型和管理开发的情境。

实现从业务员到经理的转型是个人和组织共同的责任。新经理的责任是尽最大努力确保自身和管理角色之间的匹配度达到最优，同时开发管理知识、技能、态度以及寻求成功转型的必要支持。[4]公司有义务创造支持性的环境和资源以减轻转型期的阵痛。在本章中，我们检验了支持管理人员开发的条件：新经理（或后备人选）怎样做才能实现转型期的软着陆？负责新经理开发的工作人员（一线经理和人力资源经理）如何使新经理平稳顺利地转型？最后，公司培训和MBA计划的意义是什么？

新经理的责任：选择管理

基于对管理开发的基础分析，我们提出以下几个要点来帮助新经理思考转型期面对的挑战。

成为经理不是别人强迫的。 从本次的调查中可以清晰地看到，开启管理生涯的决定应该是经过深思熟虑的，这个职位也不是别人让给你的。当接受委任的那一刻，新经理不仅承担了经理的职责，也转向了新的职业身份和个人身份。任何职位的初任者都会遭遇一些始料未及的事情，但从个人贡献者向经理的过渡有些生硬和突然，常常让人有措手不及之感。后备经理应尽可能熟悉和适应实际的管理工作，迎接从个人贡献者向经理转型的挑战，只有这样他们才能做出更明智的职业选择并为新任务做好准备。[5] 后备经理应当花点心思观察他们的经理是如何开展工作的：他们典型的一天或一周在做什么？他们和谁共事？后备经理也应该尽可能与多位经理探讨其角色的担当：你的主要职责是什么？其他人对你有何期望？在他们探索性的谈话中，后备经理不仅要问"是什么"，还要问"如何做"和"为什么"：你如何履行自己的主要职责？为什么会采取这样的方式做事？在正式任命前，后备经理应该主动要求承担类似经理职责的任务，这样有利于强化概念技能和人际技能：有机会做产品协调员或培训师吗？能负责一个专项小组的工作吗？可以暂代经理职务吗？能成为其他职能部门或是公司办事处的联络员吗？

后备经理也应该时常三省吾身。 研究表明自省是管理效能提升的基本要求之一。[6] 后备经理必须尽可能发自内心地反思自我。我对管理角色所赋予的职责理解正确吗？符合实际情况吗？我的职业兴趣、天资、知识和能力适合工作需要吗？我的专业背景根基足以支持我的管理生涯吗？我的工作经验能够培养概念技能和人际技能吗？我可以借助哪些人应对这一新挑战？

后备经理应该去拜访那些了解自身能力的人。这有助于剖析自己。自我评价很难做到客观公正，个中原因显而易见，就不再赘述。从不同渠道获得的反馈越多，自我评价就越准确。他们寻求的信息不仅包括他们已经做了什么，还应包括他们是如何做到这些的。他们应当确定哪些工作最吸引人、最易让人产生满足感和成就感。他们还是团队合作者吗？他们喜欢协作性的工作吗？他们对处理棘手和模棱两可的问题感兴趣吗？他们具备管理品格吗？他们能够很好地面对压力吗？

如果发现自己的职业履历还不够格，那么他就应该花点心思和精力积累经验和人脉，以成功实现管理生涯的软着陆。构造管理的基本结构需要时间，判断力和技能也需要靠经验累积。有人指出，后备经理太过急功近利，但欲速则不达，这会妨碍他们专业能力和管理能力的发展。[7]博诺玛（Bonoma）和劳勒（Lawler）观察到：

> 经验往往成为最大的敌人，把第一个五年的职业误认为事业，忽略了某些阶段的快速成长可能导致后续的发展深陷泥沼。资历深的人往往瞧不上资历尚浅的人……成功的管理生涯如同爬楼梯——跨越阶梯可能会给整个团队带来安全隐患。[8]

新经理的职责：全力以赴，做到最好

本研究的一个主要目标是给新经理描绘一张蓝图，让他们理解成为经理的历程，这将成为贯穿转型始终的一个参照。本研究建议新经理应该全身心投入紧张而艰苦的自我开发中。他们的任务是学会如何最大化利用在岗学习。这就需要致力于继续学习、自我分析和自我管理。过渡期间最易让人气馁，而大部分组织几乎不提供任何支持。因此，新经理必须为自己设置合理的期望，同时要有耐心——一位经理说，要接受这样的现实，每前进一步可能后退两步。

预见常见的陷阱

因为成为经理必须"从战争中学习战争"，后备经理必须认清和避免实时学习中的陷阱。[9]人们习惯于把精力投入到之前碰到的要求和问题上，并且依靠那些已被实践证明的技能和方法，在快节奏和高压的情境下更是如此。正如我们所见，新经理必须意识到过去的经验和思维方式并不适用于新职位，对他们的价值有限、帮助不大。在他们应对压力和情绪时，这种局限性就凸显出来了。

因此，经理必须阶段性地自我反省——收集反馈信息，客观分析，在必要的时候改变自己的行为方式。[10]他们必须学会管理自我和情绪。[11]新经理对于转型过程中不可避免的心理创伤并没有做好充足准备。他们必须放弃旧的、舒适的执行者的角色，接受新的、模糊的管理角色和身份。就像"离婚"一样，转型期也会令人困惑。边缘感和不安全感大大影响了他们的日常工作，他们对此的反应是甘愿退守到自己熟悉的执行者的心态和行为模式上去。这种倒退妨碍了他们掌握新职位的能力。只有当他们领悟了自己为何会退回旧有习惯和模式时，他们才能真正纠偏这一趋向。许多人观察到新经理热衷于帮助下属处理与客户之间的关系，这反映出他们渴望得到认同和取得成功的心态，他们懂得如何搞定客户并乐此不疲。作为新经理，他们必须预见并防止这种倒退。

新经理的经历还暴露了其他误解和错误。他们应该认识到他们对新职位的理解存在偏差。在上任之初，他们应该列出可提供支持的人员名单，这份名单应当包含下属、上司和公司内外的利益相关者。新经理应当向他们征询意见，明确他们的期望，无论他们的回应多么让人难以接受或者咄咄逼人。他们对我的期望是什么？他们期望我做出什么贡献，以有助于他们顺利完成工作？在回顾公司的政策和措施时，他们应该找到工作的基本原则：公司为何以这种方式运营？这种选择告诉我们公司关心什么？重视什么？

随着时间的推移，经理需要在工作日志中记录他们的时间都去哪了：我是否把时间合理分配在履行职责和处理人际关系上？他们需要反复问自己，究竟有多少时间用在"埋头拉车"，而不是管理上面？为监控进程，他们可以记录并更新已学的清单，尤其是在管理下属绩效和人际关系方面，这是经理培训课程的核心内容。当辅导新经理时，我经常要求他们坚持写发展报告。通过回顾和总结，有助于他们增强自信心。这些简单的技巧迫使新经理反思并纠正他们对于管理工作的误解，指导他们在纷繁芜杂、压力重重的管理世界中探索。但我并不认为经理理解了收集到的信息，更不用说以此指导行动了。然而，经理用侦探般的好奇心和技巧，收集并利用所有线索理解这个新世界，这一过程他们受益良多。这些工具也鼓励经理思考和巩固从经验中学到的知识。很多研究表明，思考是从实践中学习的关键组成部分。本尼斯写道：

> 对经验的思考指的是与自己来一次苏格拉底式的对话，在恰当的时间问恰当的问题，以发现真实的自己和生活的真谛。究竟发生了什么？为什么会发生这件事？这与我有什么关系？这对我意味着什么？以这种方式，一个人可以找到和利用他所需的知识，或更精确地说，是找回他所知道的但已经忘记的知识。用歌德的话来说，做铁锤比作铁砧好。[12]

创造资源基础

即使你运用上面提到的所有工具，做经理也不能单兵作战。新经理必须做好寻求帮助和支持的准备。他们准会想到借助公司的正式资源和支持系统，他们必须对这些了然于胸。一些新经理的上司对新经理培训项目和人力资源开发项目并不熟悉。而且，参加这些项目非常有价值。因工作压力而延期参训的经理都追悔莫及。新经理必须有先见之明，这种先见之明不只包括工作，也包括个人发展。

也许比组织正式资源更重要的是一些非正式资源，这需要新经理自己去挖掘。他们决不能不花时间和精力建设和维护人际关系网（上级与同级、组织内外部），因为他们从中可以获得支持、反馈和建议。[13] 只有经理心甘情愿地"揭伤疤"和坦诚地接纳建设性批评时，这些关系才有用武之地。因此，他们要敢于与上司沟通，不要总躲着上司。上司对管理工作的看法精确而全面。如何管理与上司的关系已经超出本书的范畴，但新经理有责任这么做。[14]

管理工作真的适合我吗

除非你已经投身于管理工作之中，否则你无法体会这种感受。开弓没有回头箭，一旦晋升为经理，他就必须放弃对其动机和能力的幻想。我做得怎么样？管理工作是否让我有满足感？我寻求并乐意接受他人的反馈和建议吗？我准备好对我的态度和行为做必要的调整了吗？自我发展往往令人内心挣扎，对此人们往往也有抵触情绪。再次重申，进行阶段性的自我评估是最有效的方式之一，可以与值得信赖的朋友坦诚地讨论一些不可避免的敏感性话题。

如果你发现自己更擅长专业性工作，而且得到的回报也更多，那么你应该认真思考一下是否有必要选择管理生涯。改变决定绝非易事：在大多数公司里，即使是存在双通道职业阶梯，经理所能获得的公司奖励和权力仍占最大份额。[15] 不可否认的是，回到个人贡献者的角色意味着放弃晋升的机会和报酬，这也意味着失败。然而，每个职位都需要适合它的人。个人职业定位于专业技术岗位而不是管理岗位，可能更适合专业化的职业道路。这样的专业化人才需要依靠自己和组织尽快改正错误。[16]

直线经理和人力资源经理的责任：选拔新经理

安迪·斯通（Andy Stone）坐在美国培基证券有限公司的办公室中说："我持有这样的观点，华尔街把最好的业务员变成了经理，对优秀的业务员最好的奖励就是让他们做经理。优秀的业务员都是冷酷无情的、富有竞争力的，也往往有些神经质和偏执狂。你让这些人做经理，他们会彼此你追我赶。他们不再会有做业务员的满足感，他们通常不适合做经理。一半的人会被淘汰，因为他们表现太糟糕；另外1/4由于政治原因被排除在外；剩下的人是部门里面最冷酷无情的。这就是为什么华尔街周而复始的原因……因为冷酷无情的人是做不好生意的，但只有在失败之后才被淘汰。"[17]

选拔经理的标准

很不幸，摘自《说谎者的扑克牌》（*Liar's Poker*）中这一段煽动性的陈述，反映出很多行业中越来越关心选错经理的现象。尽管这些人冷酷无情，但是由于业绩突出，他们还是晋升到管理层，然而这种做法越来越受到质疑。技术专家可能并不具备基础的管理能力，更不具备管理的性格和动机。[18] 当然，从本研究中我们也看到了新经理思考为什么他们会成为经理，如何成为经理。他们开始渐渐理解专业能力不管有多强，都无法替代和弥补人员管理工作。

应该用什么样的标准来衡量候选人呢？本研究中这方面的论述不

多，本书只是印证了别人的观点。[19] 结果表明后备经理应该具备专业能力、人际交往能力和分析能力，能够发现管理工作内在的回报，具备一定的管理素质。他们应该表现出善于从工作中学习的特质：有自知之明并且好学上进。每个人在这两种特质上的表现各有不同，但有影响力的领导更善于在组织背景下从经验中学习。[20] 善于学习的人会积极地为个人成长和发展寻找机遇，他们更善于反省自我，在压力下坚韧不拔。

如何选拔经理

本研究谈得更多的是如何选拔经理，而不是选拔经理的标准。新经理认为他们更依赖经验教训作为管理新职位的资源。那么，在选拔新经理时，高管和人力资源经理应该更关注他们的工作履历。工作履历代表了候选人已具备的能力、品质和人际关系网，因此应该审慎地加以分析。他们有什么样的经历——他们处理过什么样的特别任务或工作？他们与谁一起共事？他们的工作表现怎么样？从这些经历中他们培养了什么样的能力？他们表现出什么样的管理素质？他们与谁建立了发展性人际关系？

后备经理是否有机会打下坚实的专业基础并在此基础上培养管理能力？（候选人不需要成为最优秀的个人贡献者，但他必须证明他在专业上超出平均水平。）我们已经看到，新经理在以下三个方面需要依靠他们的专业背景：他们在做专业判断时所需要的专业知识；面对自我怀疑时的信心来源；在同事中建立信任感和施加影响力的基础。卡茨（Katz）在关于管理能力的新学术论文中提到，专业能力对所有经理来说都非常重要，即使是高级经理也不例外。[21] 根据卡茨所述，在当今的商业环境中仅仅成为一名优秀的总经理是不够的，总监还必须理解开展业务的基础知识。因为专业判断力和专业能力是通过经验获得的，后备经理应该经历更广泛的专业挑战。正式的培训或学习，如

MBA，应该是对一手经验的补充，经证明是可以满足专业需要的。但是，专业能力只是后备经理要跨过的第一道门槛，还需要考虑人际能力和概念能力。后备经理是否有做类似经理工作的经验，例如，担任培训师、领导一个特别任务工作组或产品协调员？

在评估候选人时，高管和人力资源经理应该不只是考虑结果或是候选人在任务执行过程中取得的业绩，他们也应该分析这些候选人是"如何"取得这些成果的。他们与同事相处得怎么样？他们是否感受到同事的顾虑和需要？他们是否将自己的任务与公司的宏观目标联系起来？他们是否遵守公司的规章制度？换句话说，即他们是否表现出了良好的人际能力和概念判断力或本能？这些都是新经理在工作中需要用到的原材料。

考虑后备经理是否具备管理素质。新经理认为这种管理素质对于他们有效处理人际关系和应对新角色所带来的压力是非常重要的。在面对压力和不确定性时，候选人是如何控制他们自己的？候选人有动力且有能力从经验中学习吗？ [22] 候选人能够认识到他们的优缺点吗？他们能够坦然面对建设性批评吗？他们会积极寻找发展机会吗？

还应该考虑后备经理选择管理工作的动机。很多公司发现，不良动机是管理工作失败最普遍的原因。[23] 他们积极寻找过管理工作吗？他们喜欢思考人事问题、处理人事问题吗？

后备经理培养的管理能力可以在工作中进一步发展和提升。但是，很多人认为，管理素质、管理动机和从经验中学习的能力是与生俱来的，或是从以前的社交活动中培养的。应该选择具备以上素质的候选人，[24] 因为只有毛毛虫才有可能化为蝴蝶！ [25]

在分析候选人的工作经历时，需要认真考虑与他们共事过的员工的意见。他们是否处理过这样的任务，需要面对形形色色的意见？他们与管理模范共事过吗？他们与可以依靠的上司或人力资源经理发展成良师益友般的关系了吗？他们与同级的关系怎么样？

对候选人的工作经历进行完整的分析是需要很多时间和精力的，同时也需要关于他们工作表现和态度的正确信息。公司的中高层经理也应该就如何从上述的信息中评价候选人的阶段性表现接受一些指导。很多公司发现，为评价有前途的候选人建立测评中心是很重要的。建立这样的测评中心成本很高，但这些中心就候选人在压力下如何思考、如何处理问题以及如何行动提供深入指导。[26] 对于选中的候选人来说，分析的结果可以使候选人了解别人对他的看法和优缺点。候选人也可以知道公司是如何看待管理工作的，达到有效管理的关键点是什么。

管理工作预演

高管和人力资源经理必须尽可能向后备经理描述管理岗位的全貌，以及从个人贡献者转变为经理过程中可能会遇到的挑战，应该鼓励后备经理观察经验丰富的经理并与他们交流。一位新经理说作为工作的一部分，他受命去地区办事处参观，见识了不同的经理处理工作的方法，这让他受益匪浅。

让经理进行实习是最好的预演。事实上，我所研究的一家公司决定实施这个项目。后备经理在晋升为直线经理前至少要担任一年的管理工作，尤其是让他们承担管理部门中年轻员工的工作，或是让他们在公司办公室做一段时间的职员。这种方法的收效是显而易见的。双方可以互相观察对方，候选人可以在实践中体验管理工作，总监也可以评估候选人是否可以胜任管理工作。后备经理渐渐培养出管理观点（更广泛的、更深远的观点），以及管理知识和技能（概念能力和人际能力）。此外，他们也可以判断管理工作是否能从本质上给他们带来满足感。当他们真正成为经理时，他们就已经为此做好充足的准备了。当然，公司可能会有更可靠的方法来评估，甚至比设计精巧、执行有效的评估中心还让人信任。

这样的一个项目需要密切注意候选人身处于支持、培养环境中的表现。我们已经看到，本研究中的新经理认为他们与前任上司和其他相关人员的关系是非常重要的——在实际考核、反馈、具体建议和情感支持方面。理想的管理实习会鼓励他们建立发展型关系，至少候选人会与管理楷模建立良好关系。这样的安排听起来无可厚非，但不幸的是，在许多项目中会将候选人和能力较差的经理搭班子，以此来支持和加强后者的工作表现。短期的实际需要往往比长期的发展目标重要。[27] 这种情况在两方面阻碍了后备经理的发展：首先，它增加了后备经理接受一个无能为力的经理形象的可能性，以及接触甚至以后养成坏习惯的可能性；其次，它降低了候选人受到关注和指导的可能性，这本应该是这个项目的初衷。能力较差的经理忙于处理自己的事务，根本无暇顾及后备经理的发展需求。[28]

直线主管和人力资源经理的责任：支持新经理

> 没有人会真正告诉你应该做什么或管理究竟是什么，他们以为你知道，他们只关心你如何成为经理。

本案例中一位经理的心声反映了他们新上任时的感受。曾参与过类似管理任务的经理，或者有可依靠的人脉圈的经理对管理角色有更深刻的认识，而那些缺乏这些经历的经理则没有感觉，但即使是准备最充分的新经理还是需要不断地学习。什么样的资源可以确保经理学到尽可能多的东西呢？管理能力开发的挑战在于帮助经理充分利用在岗经验，为他们提供资源、态度和技能，这样他们才能从经验中有效地学习。

我们已经看到，新经理业已做好充分的学习准备，他们渴求学习。事实上，原因我们已在第8章给出了，在职业转型期我们有着强烈的学习动机和社交动机。然而，很多人发现，组织往往忽视了职业转型以及首次担当管理工作的机会。[29] 直线主管和人力资源经理应该充分利用这些关键时刻，并审慎地管理新经理的经验。尼克尔森和韦斯特在一项对管理职业转型的广泛研究中深入批判了公司在管理能力开发上的做法：

> 如果工作转换对身份转换和组织绩效有着持久深入的影响，那么如何有效控制转型过程将极大地影响组织的健康发展和效率。当人力资源已经获得保证，那么人力资源管理似乎在最应发挥价值的时刻就结束了。新经理是一项有待于转化为部门资源的资产。这并不是说捧着或纵容新经理，恰恰相反，大多数工作转换期的经理是自由而广阔的天地间茁壮成长的。但我们还是得重点关注转型期，以确保新经理可以接触和利用能够帮他们融入并提升个人效能的人和关系。[30]

开发新经理的上级

本研究中另一个颇具挑战性的结论是，新经理不愿与直接上级探讨他们关心的问题。我们应该努力防止掉进这一常见陷阱。评估与发展目标之间的冲突是个老生常谈的两难问题。我并不主张新经理一遇到问题就去找上司，或者将大部分问题留给上司解决。令人遗憾的是，上司对新经理早期管理工作观念的形成影响甚微。上司比任何人都关心工作的结果。此外，上司本身也经历过从业务人员到经理的转型，因此在理解和帮助新经理时，他们的位置无人可代。

在我们访谈期间，很多高管就如何担负起这方面的责任征询我们的意见。他们认识到他们可以做很多，但他们并不相信自己能够成为有效的开发者。很少有人给他们反馈，他们也从没接受过有效管理和发展下属方面的培训，这令他们郁闷。

在提升新晋管理层的发展方面，如果组织只想采取一项干预措施，那么我相信这就是培养高级主管如何做教练。高级主管是可以被"教育"的，更准确地说，是可以被提醒的，他们应该关注以下三个方面：从个人贡献者向经理转型时遇到的挑战；转型期重要的经验教训；转型期可以帮助新经理的资源。他们尤其应该接受这方面的培训，即如何为新经理设定合适的期望值，如何提供更有效的反馈，以及如何妥善处理新经理所犯的一些不可避免的错误。一位高管说，他非常希望能够找到一些途径去旁听针对新经理绩效评估的培训。当他20年前晋升为经理的时候，公司并没有提供给他正式的培训，他发现自己总是不能一针见血地给下属提供发展方面的反馈。

最后，如果公司重视对新经理的开发，那它必须就下属的开发对高管进行评估并给予相应的奖励，但这种做法在组织中很少实行。本研究中的总监抱怨说，他们的上司为实现短期利润目标给他们的压力太大，他们不得不以牺牲下属的开发为代价。我在第8章中提到的很多传奇人物，当他们制定措施鼓励下属发展时，他们在让下属承担重大责任中冒很大风险，并不可避免地承担一些错误。其中一位说，他的贡献远远超过了职责范围，但公司很长一段时间以后才给予他物质上的回报。

公司在加强高管开发下属职责时必须重视的另一个挑战是，更新或提高高级经理对管理的理解。正如前面所述，高级经理几乎不接受培训，他们在新的商业环境中处理问题时也会感到迷茫。组织机构越来越精简，官僚主义也越来越少，企业化的东西越来越多。[31] 结果，领导力和不依靠权力实施影响的技能在建立部门内外合作关系中变得越发重要。管理当今多样化的劳动力（在性别、种族、民族和国籍间达到新平衡）也不再是一种本事。员工对组织的忠诚度大不如前，并且希望更具参与性的管理办法出台。当今竞争性和全球化的商业环境十分重视经理人的人际交往能力和交际技巧。组织发现他们在各个层级上都需要这样的管理人才，即在战略实施过程中，不断在大环境中寻找机会、警惕威胁。

鼓励发展型关系

关于高管和人力资源管理者如何帮助新经理从个人贡献者顺利转型为经理，我们还可以听听新经理的建议。我们在第8章中已经看到，经理找到了有共同语言的人，他们在一起可以交流经验。经理都谈到了他们可以依靠的关系，从上任前的关系到新上任的关系等。拥有各式各样的关系是有好处的。应该鼓励新经理和资深经理之间建立关系，正式的和非正式的渠道都可以使新经理接触到同事和上司。在切实可行的情况下，可以安排新经理参加接触其他人工作任务的机会。应该有计划地安排正式的工作接触，比如区域会议、培训课程等，以便给非正式的接触或社交活动留出时间。从表面上看，这些活动看起来很琐碎、微不足道，但实际上我们看到的是，这是公司支持和认可的活动，通过这些活动新经理可以接触到平时很少联系的高级总监，与其他经理建立起友谊和信任。在这种时候，经理之间能够充分地讨论他们应该做什么以及应该怎么做。

这样简单的办法还有第二个好处，那就是新经理可以清楚地认识到他们是大型组织中的一分子。与组织中不同部门的人员面对面解决问题时，他们一定会接触到不同的部门员工的观点和看法。回想一下第1章中提到的，许多新经理抱怨他们的行政管理责任，这是因为他们不理解这项工作的重要性。而且，在上任初期，他们对于新职位的政策和需要建立的关系网络有挫败感。所以有必要结识对行政管理提出要求的人和能够减轻他们挫败感的人。公司政策逐渐与某些个人有联系，"政治"也不再是忌讳字眼，现在，"政治"意味着与某些特殊的人进行有效工作。程序、职能、职位都成了个人问题。

一些公司，主要是提供专业服务的公司，正在开展导师带教计划，让新人和资深员工搭班子工作。在一些项目中，会指派资深员工协助没有经验的新人进行职业开发。在另一些项目中，会鼓励新人从给予他绩效反馈的资深员工中挑选导师，这些资深员工并不是他们的直接上司，所以新人会感觉比较舒服。这些项目会产生混合效应，他们认为理论比实践更加有效。导致失败的部分原因在于：资深员工很少提供反馈或开发其下属，他们对花时间在这种活动上缺乏积极性，新人则不信任他们的导师，不愿意承认他们的缺点和问题。还有一点是，在这样的关系中，双方都对结果抱有不切实际的预期。

大众媒体赞扬导师制度是获得事业成功和满足感的关键。媒体就个人如何寻找在其职业生涯中提供指导和支持的良师益友给出建议。这些描述表明这种完美的良师益友关系确实存在——乐于助人、经验丰富、和蔼可亲，能够帮助新人顺利完成工作（在荷马的《奥赛德》中，女神雅典娜变成贵族模样的导师，成为年轻的忒勒马科斯的顾问）。如果我们每个人的工作生活中都有女神的陪伴，那该有多好！在文学中可以找到完美的良师益友，但在现实生活中却很少出现。实际上，很难建立和维持导师和学生之间的关系，因为这种关系是不可能通过命令或强制来建立的。导师既不是随时出现的，也不是无所不能的。导师和学生双方都需要承担很大的投资，冒很大的风险。在本研究中，只有两位经理有真正的导师。但是，我们从新经理处得知，导师关系的替代者也可以提供类似的职能，包括上级和同级。那些负责开发新经理的工作人员应该帮助经理理解建立广泛发展型关系受益良多，并为他们提供这样的机会。

公司培训

公司给管理培训项目拨出大量的资金。经理描述了他们如何利用正式培训，以及这些培训存在的不足，这提醒我们应该重视公司培训更广泛、更实用的结果。培训为新经理提供了处理一般难题的正确思维方式、解决这些难题的公司资源、必要的反馈以及关系网。换句话说，正式培训所起到的作用有限但是却很有必要。培训应该设计成支持新经理在职工作的培训，帮助他们学习如何从经验中学习。约翰斯顿（Johnston）和他的同事认为必要的学习技巧是"概念化能力和交流能力、获取和综合利用信息的能力、充满自信和积极主动的工作能力"。[32]

从新经理的角度来看，当前的重点是获取管理能力（特别是区别于管理技巧的管理知识）和课堂学习，这可能是本末倒置了。[33]

新经理的培训内容

此次的研究提醒了我们一些新经理必须学习的重要经验教训和他们可能会犯的错误，管理培训应该重点关注这些问题。培训应该旨在提供新经理适应新领域所需的概念和特点。他们需要了解应该做什么，如何去做以及为什么这么做。只有当他们理解了后者，他们才能将课堂所学的东西应用到实践中。但是，培训的目标应该不仅仅包括知识，还应该包括技能和心态。当我们思考经理如何学习管理角色和人际关系判断力时，我们看到的是，他们经历的是连续的启发式教学。他们观察到了相对非结构化的和模棱两可的情况，然后收集合成信息，用来解决问题和做出决定，实验了一些可行性方案来解决问题。应该教新经理归纳法——在半系统化的情况下如何搜索信息并解决问题，应该教他们观察和诊断人际关系问题。[34]

新经理应该接触即将来临的思想上和情感上的挑战。管理培训应该重点关注成为经理意味着什么以及成为经理的感觉是怎样的等问题。他们必须认识到，学习处理任务和处理人际关系是成为经理的必经之路。在学习处理任务过程中他们培养了能力，建立了必要的工作关系。尽管新经理认识到了这种学习，但是他们还是低估了它的要求，特别是在培养人际关系判断力方面的要求。

对新经理来说，学习处理人际关系是一个模糊的话题。其中一个重要的启示是，他们需要不断地分析和改变自己的态度和身份。和新经理一样，公司也往往忽略或低估了学习处理人际关系的必要性。[35] 公司培训项目应该认识到并重视新经理从个人贡献者晋升为经理的转变过程中所承受的情感压力和深入反省，即使是最有才干的人也不例外。经理需要有人帮助他们意识到自己的焦虑感并非特例，也需要有人帮助他们排解压力以及处理转型过程中的负面影响。应该预先提醒他们这些情绪和退缩行为之间的联系，他们在放弃之前的旧角色和旧身份的同时也需要学习新的角色和身份。处理压力和情感问题时必须根据新经理所面对的挑战度身定做。

新经理需要对管理工作和管理工作所承受的压力有个准确的认识。塞尔斯和其他的资深管理研究者指出，大多数管理文章和研讨会中的浮夸之词与实际管理中的紧迫感相差甚远。[36] 新经理应该了解个人贡献者和经理之间的区别以及他们新的日程设定责任和建立关系网络的责任。现在他们是经理了，他们需要一些指引，如何以不同于个人贡献者的方式来对待客户。这样做以后，新经理就可以深入理解管理人和管理事之间的区别。然而这些基本目标往往容易被忽视。

在日程设定方面，关于公司期望他们如何在长短期利润目标和各部门利益之间权衡利弊做出管理决策，新经理也需要一些指导。一位经理评论道："我的脑海里面已经被各种变数狂轰滥炸了，这使我不得不花费大把力气去抵制这些不相干的事情。"

在如何分清事情的轻重缓急和合理分配时间等问题上，新经理也需要一些切合实际的建议。时间管理专家多尼（Dorney）提到，他的论题是关于管理的，而不是关于时间的。他认为，经理必须学会如何应用帕累托（Pareto）的80/20法则：

> 80%的收益来自20%的付出。我们应该把时间花在可以产生80%收益的重要职能上，而不是"琐碎的多数"。[37]

经理也需要了解公司的政策和规定，他们必须理解公司的前景并能够预期他们在执行政策过程中可能会遇到的问题。

为初级经理设置的课程很少有关于概念化技巧和公司战略的。及早地向新经理介绍战略规划，以及拓展他们对于业务和环境之间关系的观点和看法，显然是有好处的。[38]因为我们已经看到，如果对新经理听之任之，那么上任半年后他们才会关心这些事情。培训应该拓宽新经理对管理角色概念的认知。

当然，培训也应该关注经理建立关系网的职责。培训应该重视经理最迫切的需求，即人际关系判断力的挑战。我们已经看到，他们是从"管理权"角度来着手工作的。[39]因此，培训课程应该关注如何在不特别依靠正式职权的情况下行使权力和施加影响。培训还应该包括以下内容：针对不同的个人量身定做不同的管理风格和管理方法、有效授权、团队领导能力。应该鼓励经理处理这些复杂的情况，以便他们能认识到他们将来从事的平衡工作，例如，如何在保持控制力和给予下属自主权之间的平衡。经理常常会获得一些约定俗成的做法，而忽视了处理人际关系的复杂性。当他们试图应用这些惯例时，他们就遇到了麻烦。

将新经理关系下属的职责放在一定的背景下考虑是至关重要的，这样可以帮助新经理明白，他们必须处理的不仅包括和下属之间的关系，还包括与其他部门其他人之间的关系。他们必须理解这样的观点，即他们是依靠他人来完成工作的。越来越多的公司发现，让经理接触到其他特殊职能部门的基本要求是非常有益的，这样他们才能全面地考虑公司的情况。[40]新经理与下属的关系预先占领了他们的思想，这一点是可以理解的。管理培训往往重视经理与下属之间的关系，而忽视了经理和同级、上级之间的重要关系。

新经理培训教学法

教学方法应该依靠那些清醒地认识到管理工作的实际情况以及鼓励从实践中学习的人。[41]管理培训应当以实习方法为基础（实践多于理论），将概念和技能学习与实践相结合。[42]这种方法是最适用的，因为它需要人们实践并鼓励创新。我们已经看到，行为的改变要求思想先发生改变。经理只有明白了人员管理和任务管理之间的差别才能进行有效的授权工作。比较简易的方法，如看书、听讲座等在改善人际关系、改变态度和转换身份中并不奏效。但是霍尔（Hall）和其他很多人指出："在很多临时性的组织中，管理能力开发等同于接受真实的课堂教学。"[43]

应该尽可能地在管理培训中混合使用案例教学、角色扮演以及模拟训练等方法。公司逐渐认识到包含业务场景训练的培训项目，或者以公司真实问题为导向的培训项目更为实用有效。像 GE 和 IBM 这样的公司，在管理能力开发方面非常知名，它们创造了一些实践领域或场所，这些可供经理在迫于管理压力和情绪的环境中体验和学习。为了强化这种学习，新经理必须得到反馈，反馈不仅包括他们完成了什么，还包括他们是如何完成工作的。他们与一同参与实习的同事相处得怎么样？他们表现出领导力了吗？我们已经看到，经理渴望得到绩效反馈。他们必须认识自身的优势和劣势。理想的培训应该包括自我评估和反馈，这样才能帮助经理制订个人发展计划。同时，也应该给经理留有思考和巩固所学课程的时间。

如第 8 章所述，另一个建议是应该给经理预留建立稳定发展型关系的时间。从很多调查中我们可以看到，获取和应用所学知识和技巧是基本的社交行为。加尔文（Garvin）阐述了这一观点：

例如，孩子学语言是通过与大人或是其他孩子复杂的社交关系中进行的。木匠、作家、厨师、外科医生、科学家或是其他行业的从业人员，通过观察以及与其他经验丰富的从业人员之间的交流来评估战略并制定决策的。尽管学习人际交往中的难题对知识的实际应用非常重要，但正式培训在某种意义上却阻碍了人际交往。我们更强调个人的认知而不是人际交往，强调抽象的象征性操作而不是实际背景下的具体应用，强调一般性的学习而不是在特殊社会背景下的应用。[44]

新经理培训能够帮助新经理顺利度过第一年。这些学员可以定期会面讨论共同的问题，交流思想。公司已经开始建立新经理论坛和伙伴系统以促进此类的交流活动。[45] 在可能的情况下，也应该鼓励经理与经验丰富的经理共同解决问题。在完成培训项目的一个计划以后，会要求他们向高级管理委员会述职。[46]

典型的新经理培训项目

考虑到新经理学习新角色和新身份的方式，以及他们所依靠的资源，理想的管理开发项目应该设计为学徒制的形式。当个性化教学的时候，学徒制能够起到最佳效果。新手在发展过程中会形成他们特有的优势和劣势。像其他工匠一样，新经理主要依靠实践和体验以及其他工匠的指导来提高技能。完美的情况是开发计划应该针对每个人的特殊需求量身定做。个人的才能应该符合第一次分配的任务，这是为了让经理发挥他的特长，并弥补发展中的不足。每一位新经理还要和能够听取他的诉说并给予他明智建议的"老经理"配合工作。同样地，每一位新经理还要和新手配合，这样他们才能心心相印，获得情感上的支持。

但是这个世界并不是完美的，还有待于发现更切合实际的方法。

新经理管理开发项目应该是什么样的？应该给新经理安排一位能够互动的教练，协助他顺利度过上任的第一年，而不是给新经理安排一位仅仅教授知识的导师。这个教练也应该接受培训，即如何实现从个人贡献者向经理转型以及如何成为一位优秀的经理。首先，教练应该主动与新经理接触，与新经理建立亲密关系；然后，教练应该允许新经理成为谈话的主角。

我们必须考虑这项研究本身对新经理的影响。[47]他们反复强调与我谈话是多么的有价值。实际上，他们通常是在自言自语，很多时候我只是充当他们的最知心朋友和参谋。他们被迫思考和巩固从过往经历中学到的经验教训。他们可以有一个论坛，在论坛中他们可以解释自己的经历。我说过，我并不会主观臆断这个项目，我只是充当一个倾听者，在与新经理交流的过程中我尽量不发表意见。因此，他们会愿意探讨转型过程中遇到的焦虑和挫败，从而努力克服压力不使自己退回到以前的角色。

可以想象的是，公司可以正式建立我无意中提到的教练制度。一位新经理给这个角色起了一个名字：现场培训专员。这位培训专员能够一对一地与新经理一起工作。事实上，这可能是公司改善新经理开发的权宜之计。教练开发的职责是依靠组织内部的员工（人力资源经理或者非直线经理）完成，还是借助外部咨询师完成，这一点还存在争议。内部人员可以更好地就组织情况提出明确的反馈和建议，他们会传播一些关于如何处理企业文化的细微之处的"官方做法"，新经理也更加信任他们。另一方面，由于经理不愿意承认自己的缺点，尤其是转型过程中的情感变化，那么外部人员对他们的威胁性就比较小了。实际上经理可能更多的是利用外部的指导。

在课堂上，应该向经理介绍（采用互动的方式，如案例讨论）管理概念和管理技巧。随着经理在工作中掌握和实践了基本知识以后，应该向经理介绍更复杂和优化了的框架，以便他们理解新职位。他们不应该过度地灌输新信息，他们已经被工作压得透不过气了，他们需要的是指导他们如何分清事情的轻重缓急。

课堂培训还应该辅以实习项目，比如组成小组共同完成某个新经理曾经遇到过的具体问题，或是高级经理认为很重要的战略性问题。在练习过程中，项目指导者应该随时解答问题，必要时推进整个过程的发展，但是最好让新经理独立完成练习。这样的经历会让他们有机会检验从课堂中学到的知识和技能，认清把所学的知识和技能应用到工作中可能会面临的困难。项目指导者也应该成立一个新经理支持小组，在经理的正规培训过程中给予帮助。同时，应该给新经理留有一定的时间，让他们能够与支持小组进行非正式的交流，接触公司其他部门的不同人员。

如果能够定期地举办培训，在新经理上任的第一年中举办四次3～4天的培训，那么就会产生最佳效果。每次提出的主题都是经理准备好想要了解的，也就是说，这些主题都必须来自实际工作。在新上任不久，他们应该会开展自我评估。这时应该告诉他们管理层对他们优势和劣势的看法。他们也应该就管理内容、管理责任和公司政策规定接受指导。在这个课程中，正式培训应该看作是一种仪式。项目中应该包括高级总监正式欢迎新经理，并帮助新经理走上新岗位。同时，也应该给新经理留出正式和非正式的时间让他们建立一些亲密关系。

在上任的前3个月，新经理经历了与管理挑战的初次交锋之后，新经理就应该接受一些其他的额外的培训，旨在让他们掌握更深入的管理概念和人际交往技巧，特别是管理下属所需要的管理概念和人际交往技能。重点要注意新经理容易犯的一些错误，比如如何面对管理经验丰富的下属。在这个课程或是其他课程中，应该以正式的或非正式的方式邀请不同部门不同级别的代表参加。一些有着不同资历的个人贡献者也可以参加讨论。这些成员应该包括新经理和资深经理，前者谈的是新经理经常会感受到的脆弱和压力，后者则是回答关于如何完成工作这样的问题。

在上任半年后，新经理应该再次参加培训，此次的课程应该重点围绕处理与上级和同级之间的关系，同时也花一些时间在开发经新经理的概念化技能上。应该重点强调管理工作中的相互依赖性以及经理作为综合者的角色，这样可以帮助他们了解在完成工作过程中如何最大程度代表自己团队的利益并照顾到其他团队的需要。这个培训课程应该包括这些必需的技能：建立有效的团队和良好的团队内部关系；诊断和处理工作组内部和工作组之间的问题；与同事的谈判能力。此次的培训课程中他们应该再进行一次自我评估，应该给他们提供系统的反馈和员工调查结果。反馈应该来自于下属和同级，只有新经理才能接收到这样的机密信息，因为这个过程是开发而不是评价。应该鼓励新经理回顾和反思这些结果，并为他们配备一位引导员进行解释。

随着第二年的开始，新经理应该接受领导力培训，让他们了解管理团队绩效的原则。至此，他们对这样的讨论有了一定的准备，对相关的问题也应该有了直接的体会。他们需要知道如何评估和管理团队的绩效，如何鼓舞和奖励合作行为，如何建立有效的团队文化和相互协作的团队，如何去领导这样的团队。

诚然，实践上述建议的成本是很高的，而且还需要公司调整其侧重点。但是培训并不是万能的，它们只是比较直接。如果拿培训成本与因为管理失败而导致的财力和人力成本相比，这还算是合理的。商业新闻提到，越来越多的公司开始考虑实行此类的项目和政策。随着公司朝着"学习型文化"的发展，曾经被认为难以实施的项目现在重新被认为是增强公司未来活力的一项投资。

MBA 教育

让我们评估一下商学院在管理开发中起到的作用，尤其是在很多人追求 MBA 学位的情况下。如果我们的研究对象拥有更多的 MBA 学位，我想我应该会对大学提供的这种独特的管理课程有更深入的认识，但是新经理认为公司培训是大学工商管理教育的一种提炼。事实上，一份关于商学院毕业生的研究报告发现，差不多 2/3 的毕业生说在他们第一次的管理工作中很少或几乎没用到所学的 MBA 技巧。[48] 商业新闻告诉我们，公司对它们花很大成本聘用的 MBA 人士越来越失望了。在《财富》杂志的一项调查中，当公司负责招聘的人员被问及"对于 MBA 教育的系主任有什么改善建议"时，他们建议应该教 MBA 学生所谓的软技巧（尤其是人际交往能力和概念化能力），并逐渐灌输他们对第一次工作更加实际的预期。[49]

我的研究表明这些发现属意料之中。在教学内容和教学方法上，许多商学院提供的学校教育并没有让新经理对每天面对的现实工作做好准备。几乎毫无例外，学校强调的是专业技术，而不是开发人际交往能力和技巧。学生往往需要自己理论联系实际，课堂学习很少辅以实践练习。许多人指出，这种缺陷并不是新生事物。从一开始，商学院的使命和课程设置就受到质疑。如今，学校已经认真关注这些批评，而管理人员和教师刚刚开始涉及这些批评。除了其他方面，这种做法需要重新考虑学校的使命和教师的晋升要求。除非学校改变其单纯的发现和传授知识的传统角色，把教授未来经理如何从经验中学习包含到教学内容中，否则很难想象学校能有多大的进步。

不管怎么说，学校还是在进行一些耐人寻味的措施。许多商学院正在全面改革和修订它们的课程。在沃顿商学院，学生组成小组进行为期 4 天的案例讨论，在这过程中他们会制作出一个关于商业计划的录像带。[50] 学校也期望它们的学生能够出国实地研究欧洲或日本的商业运作模式。芝加哥大学开设了领导力课程，让学生参与周末集中小组项目，这个课程受到学生和公司的一致欢迎。我所在的机构，哈佛商学院不仅重新审视了课程设置，还考察了教师制度。新"兴趣小组"

综合组织行为、人力资源管理、信息系统管理和战略策划等。若想进行有益的调查研究、开设相关课程，我们必须有一个跨学科的组织，这个组织可以反映出商业需求的特征和复杂性。此外，学校还必须重申其高质量教学的重要性。《判断力教学》(*Education for Judgment*) 一书，正是学校努力帮助教师理解和实现他们教学职责的产物。非正式的研讨会会讨论如何有效培训新教职工。

这些只是商学院开始努力培训未来经理的项目的简单举例。毋庸置疑，它们还有很多工作要做，但是毕竟这种对话已经开始了。

结束语

大部分关于美国每年对管理开发的投资额的估计在百亿美元。[51] 面临着20世纪90年代的商业现实以及对高级管理人才的迫切需求，很多公司都急于知道这些资金是否都用在刀刃上。大部分管理开发项目主要是帮助经理提高能力（尤其是知识方面的，而不是技巧方面），并主要集中在课堂教学上，这些重点是效仿大部分管理开发项目建立的概念化基础进行的。在无数的关于开发管理人才的文章和书籍中，很少是建立在经验调查研究之上的，更没有多少是从新经理角度来看待这一现象的。如果有人确实考虑到了这一点，那很明显公司需要重新思考和定位它们在管理开发上付出的努力。

在经理的多次职业转型中，第一次的管理任务是最关键的，很多人也认为这是要求最高的一次。因为这涉及了转型问题，即身份和观点的根本改变，所以这值得更深入地理解和管理。因此，本书的目的是从新经理的视角描述转型过程中遇到的挑战。本研究中的经理热心地将我们带入一段个性化的、有时充满压力但又令人兴奋的旅程。他们提醒我们管理工作在智力上和情感上的要求有多高，同时有效完成工作需要学习多少东西。

在本章中我已经研究了促进转型和管理开发的最有利的条件。这些建议，包括在此次的项目中所得出的结果为我们提供起点，并重新定义了我们的理解，旨在抛砖引玉。我希望新经理和负责新经理管理开发的人员都能够有效、深入地了解如何开发管理才能，简而言之，就是帮助新经理学习如何从经验中学习并帮助他们掌握新身份。

第五部分

打破管理神话

BECOMING A
MANAGER

当下笔写本书时，我的目的之一是帮助人们打消对于管理的神秘感。正如我们所见，大多数经理对于他们工作的期望是片面的，而且往往过于简单。一位经理察觉到，管理不仅意味着继续做她一直在做的工作，而且"还需要更多的权力和掌控"。这位在管理职位上冉冉升起的新星原本是实干派，而且参加了较高层次的管理培训。结果她被委派到管理产品研发的职位，对于这个任命大家挑不出任何问题，她本人也雄心勃勃，并对公司的价值观极为称道。但是，三个星期后，她对于这份工作的评价却出人意料：

> 成为经理并不意味着成为上司，更像成了一个人质。在公司里，有很多"恐怖分子"想绑架我。我过去很热爱自己的工作，员工也听我的，他们喜欢我。现在，我还是我，但没人听我的，他们对我也很不上心。

很不幸，类似的经历比比皆是。当一个人成为业绩明星后，他们通常视平均水准甚至略高于平均水准的业绩为不胜任、不努力，或者是有意为之的结果。在很多人晋升经理后，他们首先关注直接向其汇报的团队以及相关的正式职权——这些权力和特权都与此次晋升紧密关联。他们希望获得更多的职权和自由。然而，他们不久就发现自己实际得到的是新的责任、义务和相互依赖。他们不但没有觉得自由，反而觉得受到各种限制，特别是对那些已经习惯了自由的业绩明星们。他们发现管理直属团队只是工作中的"冰山一角"，他们需要花更多时间与关联部门协调沟通。这就涉及如何处理与上级、平级的关系，以及如何适应竞争激烈的环境。

管理到底意味着什么

新经理很快发现，正式职权只是非常有限的权力来源，大多数让经理头疼的人往往不在他们职权管辖范围内，如上司或平级。对经理而言，如何更好地与相互依赖的关系谈判和协商，其重要性不亚于行使正式职权。然而，正如经理所见，他们前进的道路并非一帆风顺，成为经理不仅仅意味着获得了一个拥有职权的职位，而且也让你更加依靠他人，这不仅包括组织内部的人员，如上级、下属和平级，还包括组织外部的人员，如供应商、客户和竞争对手。事实上，你的职位越高，你就越需要依靠他人完成工作。

管理相互依赖的关系也就是要和另外一群人建立共同的目标，相互之间的信任和影响。做到这些需要经理具备很强的概念能力和人际能力。其中大部分工作需要培养有效的一对一人际关系（本书第10章的主题）。但是，管理相互依赖性也需要与团队成员协同作战——这一任务更具挑战性，需要人际关系和团队发展的技能（本书第11章的主题）。

从前面几章提及的新经理案例中，我们不难发现，发展管理相互依赖的关系所需的权力和影响力绝非易事。卓有成效的经理人即使拥有正式职权，也不会借此开展工作。为什么呢？因为如果经理只依赖正式职权开展工作，那么即使他们能够指挥那些试图影响的人，他们也无法获得那些员工全身心的投入。我们无法通过控制激发一个人全情投入，员工承诺与授权和分享影响力相伴而生。只有通过授权和承诺，员工才愿意承担一定的风险，以应对组织持续的变革和改善。在21世纪，管理不能仅仅维持现状，而是要通过不断的创新和适应，为未来做好充足的准备。

我们在引言中提到，现在我们听到的口头禅是"变革，变革，在变革"。管理不只意味着打造一支高效的团队，而是如何带领这样的团队在动荡和变化的环境中不断前进。经理需要打造一支能够自我调整、不断创新以适应当今环境的团队。如果借用科特的一句话，正是引领变革的能力让卓有成效的经理在芸芸众生中脱颖而出。[1]

科特提出了三种关键领导功能，这些适用于所有的管理岗位和管理能力。"明确方向"包括确定组织未来的发展目标，并制定战略以确保实现愿景。这就需要经理开发技能，例如归纳推理能力、战略和多维度思维、承担风险的能力以及处理复杂模糊性数据的能力。"凝聚员工"则包括向全体需要合作的员工通过语言和行动沟通组织愿景和战略。为了团结一心，领导需要具备同理心，有能力建立公信力并游刃有余地与各利益相关者沟通，有意愿和能力授权他人。"激励和鼓舞人心"是指通过满足基本的、却没有实现的需求，激发员工的能量，以超越在变革中遇到的政治、官僚和资源的障碍。这需要经理运用自身的权力和影响力来改变各个利益群体的行为、态度和价值观，也需要管理绩效和培养人才。

正如前文所述，科特在其研究中发现，大部分经理，无论是新任经理还是资深经理，总是把大量的时间和精力花在应对复杂问题上，而对变革置之不理。结果，他们所在的组织不能长久地保持高绩效。很多经理认为，变革的思想源于高层，高层应该制定愿景以驱动组织变革，而中基层经理只是公司变革和目标的实施者。但这种官僚体制已经行将就木，不再有效了。

我的同事罗莎贝斯·莫斯·坎特指出，公司需要在各个层面有所创新。如图05-1所示，[2] 在任何时间段，公司内部可能都有成百上千个变革方案提出来。随着创新的日益增加，公司对变革推动者的要求也越来越多。我们前面已经讲了，经理必须在团队运营中管理环境。为了应对复杂性和变革，经理必须时刻扫描他们周围的环境，并且关注正在发生的会影响他们团队的事件。

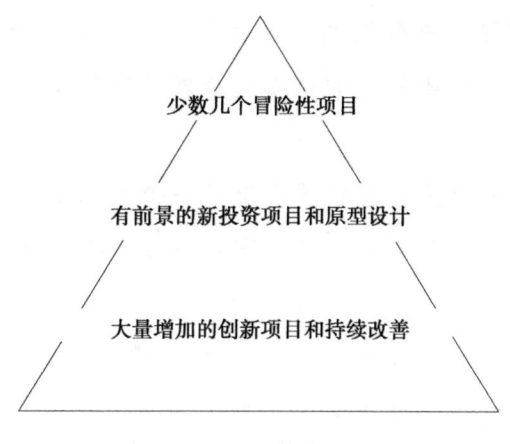

图 05-1　公司能力：创新

资料来源：Adapted from R.M.Kanter, "Power Failure in Management Circuits," *Harvard Business Review* July-August 1979,65-75.

管理需要承担什么

简而言之，管理是一门综合运用各种才能的艺术。当经理在事业上不断取得进步时，很多人发现他们赖以获得晋升的能力与继续前进所需的能力越来越不匹配。他们普遍对自身需要在哪些方面需要学习认识不足，而且也往往忽视了它的重要性。很多人认为，他们先前赖以成功的专业能力和实践经验可以继续支持他们前行。事实上，当一个人刚刚踏入职场时，他们所具备的专业能力足以让他们应对工作所需，因为那时他们作为个人贡献者，主要依靠个人的技术专长、行动和贡献。然而，随着个人职位的不断提升，尽管专业能力仍是基础，但他们也要具备概念能力和人际能力。由于管理变革成为主旋律，经理的概念能力日趋重要，即在纷繁芜杂又模糊不清（甚至是相互冲突）的数据中明确方向。此外，人员管理的能力会越发凸显，因为经理不依靠正式职权而发挥影响力的要求越来越高，而且他们也需要打造一支具备适应能力和创新能力的高效团队（这是后面三个章节的主题）。

一个组织的成功越来越有赖于经理的人员管理能力——建立重要的人际关系能力，以及与团队中的核心成员发展有效工作关系的团队领导能力。

日益发展的全球化对新经理提出了一个更深层次的要求，即关注员工的多样性。最近我见的几位经理都在努力发展激励和鼓舞不同团队员工的能力。无论他们是谁，调动他人积极性都是一件艰巨的任务，尤其是当你面对不同的人群时，就更具挑战性了。[3]在我访谈经理的过程中，我发现经理很关注员工的多样性问题，因为在全球化大背景下，与来自不同文化背景的人共事将成为常态。例如，我最近研究了一个案例，一位阿根廷经理带领一个由阿根廷和俄罗斯软件开发人员组成的虚拟小组。另一个案例，一位20多岁的年轻经理在中国武汉带领一个属地化的创业工作室，旨在帮助一位40多岁，以前从未涉足服务业的中国经理在她调回中国香港总部后接手她的工作。在这两个案例中，管理的挑战和风险相当高。误解和冲突是常有的事，直到各方彼此相互理解和融合，而不是站在自己的立场和假设思考问题。

为了搞清楚如何激励不同于自己的员工，经理必须掌握提问的能力，并具备同理心。当与不同国籍的员工共事时，经理不能以己之心揣测他人，从自己的角度出发考虑别人需要他提供什么帮助和支持。正如我们所见，公平对待员工的观点是因人而异，而不是采取"一刀切"的方法，这对于经理来说有点难以接受。因而，针对不同员工采取不同的工作风格就成了关键。如果一些员工是被动接受者，那么经理就几乎不可能与他们建立信任和相互影响。

在相当短的时间内，我们就接受了"情商"的概念，并承认它对管理和组织绩效的深远影响。当刚开始着手写本书时，我怀疑让"MBA"学子学习丹尼尔·戈尔曼（Daniel Goleman）的著作很困难。[4]不过现在，他们散步的时候都在讨论"情商"，我们的校友向我们报告说，情商是区分成功者与失败者的"软因素"。现在的学生更加开

放地学习如何分析和熟练运用这种"软因素"。戈尔曼指出,情商包括21条能力,这些能力可分为五大类:

- 了解自我;
- 管理情绪;
- 自我激励;
- 识别他人的情绪;
- 处理人际关系。

戈尔曼的研究表明,为了成为卓有成效的管理者,经理必须学会了解自我(个人身份、优势以及劣势),愿意做必要的改变,并处理相关的压力和情绪。在他们的头脑中,他们也许已经明白成为一名经理需要做什么,但在他们心里,对于高标准严要求,有时候甚至让人痛苦的个人学习,深感震惊。[5] 唯有通过自我认知、同理心、训练和实践,经理才能不断提升自己领导他人的能力。最近出版了大量的管理书籍和自我评估指南,这也从一个侧面印证了自我管理的必要性,以及获得真正的自我认知有多么困难。

接受现实

在当今的环境下,新经理必须做好准备接受现实并与现实共舞。在表05-1中,我总结了管理的谬见和现实。

表 05-1 管理到底意味着什么

	谬 见	现 实
运作理念	权力	相互依赖
主要参与者	下属	包括在你正式职权范围以外的人
权力来源	正式职权	"除了正式职权以外的一切"
关注点	一对一管理	一对一管理和领导团队

(续)

	谬　见	现　实
关键挑战	应对复杂性	应对复杂性和变革
核心能力	技术能力	技术能力、人际能力和概念能力

　　在本书所述的管理职责中，没有哪一条会随着时间的流逝而变得无足轻重。事实上，绝大多数反而变得愈加重要。随着组织越来越精简，越来越有活力，经理需要在职业生涯早期承担越来越多的责任。例如，原来一位经理的管理幅度是5～10人，而现在很多经理却多达20～25人。因为组织更加扁平化，每个经理需要负责更多的事情，他们的工作任务也就更加广泛和深入。

　　当今的时代竞争激烈，我发现经理正在努力探寻三个基础问题的答案，我将在后续章节详加阐述。第10章解答经理渴求有效处理公司政治现实的问题。我将深入介绍如何在一个日益复杂和相互依赖的环境中当好经理。其中的关键之处在于处理好与经理职权以外利益相关者的关系，尤其是上级和平级。在第11章，我将重点讲述团队管理。随着团队和小组在公司里日益普遍，很多新经理问我采取什么战略和战术，才能打造一支高绩效的团队。接下来，在第12章，我对经理关心的职业生涯问题予以指导。贯穿经理的整个职业生涯，我将讨论如何持续更新至关重要的人际能力和概念能力。在这个变革和创新加速的时代，只有那些愿意成为自我主导的学习者方能持之以恒地更新其知识和技能，也只有他们才能在这个时代茁壮成长。最后，在结语中，我揭示了什么样的组织才会致力于建设有利于学习和领导力的企业文化，这也是21世纪企业的核心竞争优势。

第 10 章
在没有正式职权之下发挥影响力[一]

在我写这本书的 10 年内,如果说有什么变化,那就是管理工作更难了。就像我们所读到的那样,新经理发现他们的新工作远比想象的要复杂得多。回顾第一部分,公司由不同利益又互相依赖的个体组成。经理必须明白如何平衡或协调这些竞争性的利益关系,以便合理分配有限的资源。就像独唱演员一样,这些个体只是关心与他们利益相关的事情。由于很多新经理都是"明星",他们凭借专业知识和技能、经验和努力就能够在同级、上司面前建立良好的可信度。因此,当他们发现专业知识、技能和经验不再管用时,他们深为震惊。的确,经理必须重塑作为经理人的信誉,以便通过他人完成工作。如果他们打算维护团队利益,他们就必须理解并开发权利和影响力的新源泉。因此,从某种重要意义出发,他们必须成为"政治的",例如,理解组织的政治动力以及建立必要的权力和影响,以便为成员导航。

组织的权力动力

许多经理对组织日常工作中的政治现实冷嘲热讽,他们以不向

[一] In this chapter, I draw heavily from Hill (1994a), Hill (1995), and Hill (1996).

办公室政治折腰而引以为傲。惠滕（Whetten）和卡梅伦（Cameron）说："针对一个重要问题，你有了创造性的想法和独到的见解，而接下来你得面对组织的无力和无能，还有什么比这更让人郁闷和泄气的吗？！"[1] 对许多新经理而言，面对这些政治现实让人困惑和质疑。正如惠滕和卡梅伦所写的：

> 他们"令人敬畏"的能力、高水准的培训以及旺盛的精力会让他们平步青云，对此他们极度自信。然而，许多人不久就变得垂头丧气、痛苦不堪，他们指责"老守卫"固执己见，对新观念不够开放。他们的受挫感让很多人开始另谋高就——结果证明历史重新上演……这些人很快明白了只有天真的孩子才会相信以下这些：最好的推荐信才会被录用，最有能力的人才会被提升，有贡献的部门才会获得公平的分红。这些都是被利益阶层严重影响的政治决定。[2]

许多经理误认为"有权力的人"就是身处高位者，因为他们把权力简单等同于正式职权。刚开始，他们不明白权力的来源渠道有很多，现在他们的职责包括扩大其权力和影响力，以便管理相互依赖的因素和关系。此外，他们通常认为"政治"在本质上是不道德的，而没有明白公司本身就是一个政治实体。有些人希望他们所在的组织是个"快乐的大家庭"，大家可以自由沟通，很多界限（等级、职能和地理位置）已经大体上被根除了，他们希望一切政治都烟消云散。这种主张既不现实，也不合时宜。公司内不同主体间的冲突是良性的、积极的。[3] 为了消除政治冲突，经理就必须消除多样性，包括员工和专业分工的差异。而专业分工往往是公司生产效率和效能的必备选择。多样性和冲突也是创造力和创新不可或缺的要素。新经理有责任实现适度的平衡和合理的协商，整合自己团队和其他团队的利益，比如其他职能部门或地区公司的上级或同级。卓有成效的经理必须寻求有创意的双赢方案，避免搏杀和零和谈判，确保自己不卷入政治斗争。[4]

当然，政治氛围败坏的组织里往往充斥着小人和阴谋家，他们无视对他人的伤害。我们都知道，那些不胜任的、不道德的人走在前面，是因为他们擅长"玩把戏"。我们都熟知那句谚语："好人没好报。"这些例子对权力的负面态度推波助澜，也让人们对权力腐败深信不疑。

然而，事实上没有权力也会腐败。罗莎贝斯·莫斯·坎特（Rosabeth Moss Kanter）指出："缺乏权力往往会创造一种低效、散漫的管理以及小资、专横傲慢、无视规则的管理风格。"[5]那些经理——忽视或者不清楚权力和影响力如何在组织中运作，将发现他们及团队在追求高效和符合商业伦理地工作时困难重重，他们发现自己被组织局限和束缚。我们是否经常听到别人这样说，他们"别无选择"，只能按照潜规则办事，因为他们也无力改变这一现状？恰恰相反，那些懂得政治动态的经理有重塑环境的潜力。这个底线是：政治冲突是组织运转的核心。图10-1是政治冲突过程的描述。

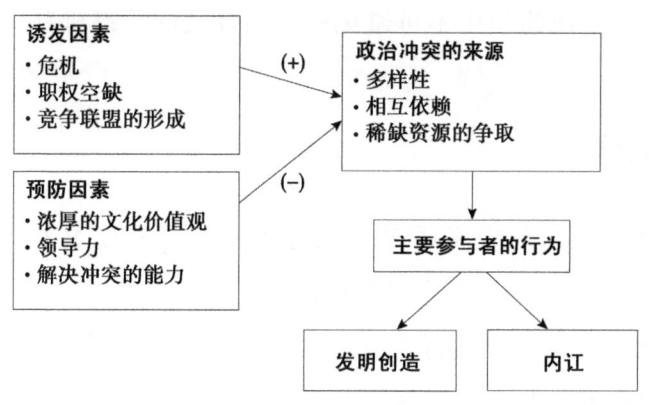

图10-1　组织中的政治冲突

所有的管理决策都涉及权衡和取舍：平衡复杂和模糊问题的需求引发了政治冲突，即什么对组织最有利的合理分歧。其他事情也一样，政治冲突随着相互依赖性、多样性和资源稀缺性的增加而增加。

诸如领导力、共享价值观等预防因子有利于减少冲突的数量；同样，也有诸如竞争联盟的发展、公司周期性危机等诱发因子加速政治冲突的恶化。这些诱发因子还包括经济下行压力，或者面对法律诉讼公司声誉的受损。当公司目标和价值观不复存在时，可能导致更多的政治冲突。一旦缺乏共享的文化，或者值得信任的领导者没有明确愿景以团结和激励员工，这些目标和价值观就会缺失。因此，人们对于领导力和组织文化的持续关注也就不足为奇了。今天公司里已有重要的机制来管理不断增长的多样性和相互依赖。

挑战在于有效管理冲突，而不是消灭冲突。一旦新经理逐渐理解公司的政治动态，以及他们与组织内外其他人的相互依赖程度，他们就会意识到权力来源并非他们期望的正式职权，而是像一位经理所说的，"除此之外的一切事情"。这一真相令人不安。当新经理发现正式职权只是权力来源的"冰山一角"，他们必须寻找其他途径以完成工作。但是，即使他们的亲自撰写的报告无人应答，他们也可以告知或要求他人做事。如果他们在新角色上取得成功，他们很快就领悟了权力和影响力是解决组织中不可避免的政治冲突的关键机制。

权力的来源

尽管对于权力的定义颇多，在这本书里，我定义权力是一个人（或者团体）影响另一个人或者团体的潜力。发挥影响，就是依次改变另一个个体，或者全体的行为、态度或者价值。改变行为比改变态度容易，改变态度比改变价值容易。

个体获得的权力和发挥的影响有多大要视具体情况而定，因此它是动态的：如果环境变了，其他条件都不变，个人的权力和影响仍会发生变化。大部分个人权力源于他履行的任务和活动，以及个体在组织中的位置。但为了最大化发挥该职位固有权力的最大潜力，个人需要具备必要的特质。的确，发挥影响力的最大因素在于能够与他人建立信任——而信任的建立需要时间。因此，一位经理的权力取决于两种因素：个人特征和职位特征（见表10-1）。

表 10-1 权力的来源

个人权力的来源	
专业知识	相关的知识和技能
工作履历	相关的工作经验
魅力	能够吸引他人、让他们认同的特质
付出	时间和精力的付出
职位权力的来源	
正式职权	在管理层的职级和岗位赋予的职责
关联性	工作任务和组织目标之间的关系
中心性	在核心关系网中的位置
自主权	在职位上拥有多大的决定权
可见度	业绩能够被他人所见的程度

个人权力由四部分组成：专业知识、工作履历、魅力和付出。专业知识是指与任务和组织相关的能力。一个人的知识越是独特和关键，它就越会成为重要的权力来源。虽然很多人倾向于关注技术性知识，但在管理工作中，在人员（管理工作关系的能力）和概念（把企业看作整体的能力）方面的专业知识更为重要。[7]

工作履历是指经理在组织里的相关经验和成就。更重要的是，这不仅是指他们做了什么，还有他们是怎么做的。那些有漂亮工作履历的人比那些没有的人拥有更多的权力。

那些被视为具有魅力特质（如行为或外表），从而被他人仰慕、认同或效仿的人，往往比那些没有的人更有权力。研究表明那些被认为有魅力的人，无论正确与否，都被认为更高效、更有职业道德。当然，魅力是在旁观者的眼中。在这个公司文化里，被视作充满魅力的特质和外表不一定"适合于"另一个。有些个人的外表魅力，大多数人会形容为"魅力超凡""讨人喜欢"或"佼佼者"。[8]"魅力超凡"是一种很特别的权力来源,但也仅仅是众多权力来源中的一个。[9]通常情况下,它不应该和领导力混淆。很多人认为除非具有超凡魅力才能领导他人,而超凡魅力是一种与生俱来的气质。很多人对魅力型领导的影响和管控持一种矛盾的心态,即使他们认同领导的观点。"讨人喜欢"看起来与友谊中常见的行为相关,如坦率、诚实、忠诚和同理心。拥有讨人喜欢特质的领导者通常可以让他人相信他们不会滥用权力。

一般而言,工作努力付出的人比那些没有这样做的人拥有更多的权力。努力工作的人往往会被认为更为敬业。很多人通常把在专业知识上的额外努力和对公司的贡献等同起来。

除了个人权力来源的几个方面,职权的五个组成部分包括:正式职权、关联性、中心性、自主权和可见度。当然,正式职权是指一个人在公司等级中的位置以及对于其权力、特权和职责具体而明确的"工作描述"。新经理一开始过度依赖这种权力来源,以至于他们没有正确理解新工作包含什么,应该如何开展。也就是说,经理在公司的职位职级越高,或者职责范围和权限越大,他获得的权力也就越多。

那些从事与公司业务重点紧密关联工作的员工,会比那些没有做这些工作的员工更有权力。那些身处公司核心关系网中心位置的人更有权力,因为其他处在边缘位置的人必须依靠他们获取资源,或者得到重要任务。从事行政性工作或支持性工作的经理比一线业务经理权力要小得多,因为他们对公司目标的达成更直接。但是,试想当一套关键的生产系统崩溃,而其他人希望维修部门尽快修复的情况下,这个部门的权力会增长多少。

更多的自主权(做裁决和判断的权限和自由度),通常和经理的职位有关,自主权越大他们的权力就越大。即使遇到一个例外的决定,有自主权的经理也不需要向上级汇报审批。具有高度新奇性和多样化特点的任务往往需要更多的自主权，因为很难开发指导方针或者规范来管理此类工作。面对当下的竞争环境，年轻的经理会比以前更早遇到例外的决定。例如，与我共事的一些新经理发现自己正在为公司解决一个重大的战略问题——重建供应链关系或公司层面信息系统的选择与实施。伴随自主权应运而生的是展现主动性和创新，简而言之，引领并形成公司前进的方向。正因如此，新经理比10年前我写此书时的经理更有权力，尽管他们并没有意识或运用这一点。

那些被公司权威人士看到业绩的经理，往往比那些业绩不凸显的经理有更多权力。仅仅高效工作并对公司成功做出贡献还不够。如果其他人没有认识到一项重要的成功应该归功于某一位经理，那么这个经理就不会得到信任。为了获得成功，经理必须确信人们熟知自己的业绩。对很多人而言，这或许是工作中最令人沮丧的一面，这也更印证了生活的不公平。除非有影响的人看到经理的良好业绩，否则他不会获得重用，也不会获得加薪和晋升的机会。

正如我们所见，经理的权力来源于一系列相互关联的职位和个人特质——这与很多人当初的设想不符，仅仅是正式职权或超凡魅力。何种权力来源将证明最重要的是相互依存的。但无论什么环境和背景，把他们融合在一起的是经理的可信度。缺乏可信度，在缺失正式职权的前提下发挥影响力毫无可能性。建立信任需要时间，也需要倍加呵护和珍惜。经理的可信度基于人们的三层理解：对一个人动机或意图的评估，他们的能力以及影响力。经理想做正确的事情吗？他知道正确的事情是什么吗？他能做好吗？根据我们的定义，新经理没有机会在他们依靠的人那里建立可信度，他们的角色还是新人，其他人没有理由信任他们。根据新经理所述，其他人正在紧锣密鼓地筛选有形的和无形的数据，以考察他们是谁，他们能做什么，他们是那些人值得追随的对象吗？

评估和建立关键关系

有成果地利用个人权力来源以及应对权力分配和政治冲突，需要深入分析。分析使经理能够预见并为无法规避的政治冲突做好准备，以及预见他人会如何思考并回应他们团队所做的决定与行动。新经理往往视野太过狭隘，他们仅仅将目光聚焦在自己团队的成绩单上。除非他们把目光投向周围的环境，否则他们的团队仍会对他们抱有不切实际的期望，同时也会缺乏完成工作的必备资源。

大多数公司都热衷于跨组织性（跨层级、职能和区域）工作，以努力提升执行和创新能力。越来越多的公司和供应商、客户甚至竞争对手结成战略联盟，以保持竞争优势。因此，经理发现他们自己必须应对组织内外与日俱增的利益相关者。如果他们的团队运作高效，经理必须实时扫描竞争环境和监控各项活动，这些活动不仅包括内部数字，还包括关键的外部支持者（董事会、客户、竞争对手、立法者、金融市场和媒体）。培育和外部支持者富有成效的关系需要一种战略途径。经理必须建设并维护关键性关系，以察觉和检测外部支持者关注点和需求的变化，为新的机遇和威胁做好准备。经理知道谁能够帮他们，决定了他知道什么。因此，一个强大的、精心构建的外部网络提供了全面而重要的信息，提升了经理制定战略规划的能力。外部环境越动荡，就越应当关注竞争监控，越与组织外的支持者多交流。

成为高效经理的关键一步是识别那些能够帮助经理完成工作的人。经理必须自问："我依赖谁，谁又依赖我呢？"要意识到那些依赖关系可能是不对称的（例如，经理可能会依赖那些不需要依赖他们就能完成工作的人）。为了履行完这一程序，经理还应该问自己以下几个问题：

- 我需要谁的合作？
- 我需要谁的服从？

- 谁的反对会阻碍我完成工作？
- 谁需要我的合作和服从？

一旦经理确认了需要依赖的对象，他们应该试着"穿自己的鞋子"，并且试着从其他角度观察情况，把导致潜在冲突来源的政治动态考虑进去：

- 我和我依赖的人之间有什么区别（目标、价值、利益得失、压力、工作方式）？
- 创造或者加剧这些区别的潜在因素是什么（例如，信息和激励计划的区别）？
- 我有什么权力来源影响这种关系？

一旦经理人开始明白更大组织范围内的权力动态，他们必须投入更多的时间和精力，建立并维护与团队依赖对象之间的关系。[11] 他们应该通过提问来评估关键关系的质量：

- 共同的期望、彼此的互信、相互的影响存在吗？
- 如果没有，应该采取什么措施以培养或者修复这种关系？

通常高估相互依赖性比低估要好。常见的情况是，有能力和成功的经理人会脱轨，因为他们大意疏忽了那些职位和权力没被预见到的人。很多经理发现，画一张相互依赖的地图非常有价值。[12] 鉴于日趋激烈的竞争环境，经理需要定期审视和更新他们的分析。为了搞清楚充满利益冲突的情境，大多数人往往认为自己动机高尚、分析严密，而其他人的行为则反映了自我利益导向和野心勃勃。用心的诊断与分析让你在正常的冲突中免于将恶意归咎于那些反对你的人，尤其是在他们获胜的情况下。这会鼓励你验证你的想法，并采用更为客观的视角，开展双赢的协商与谈判。

经理准备如何去管理和学习职业生涯的课程——第12章的主题，包括获得权力以及对他们关系网中的人发挥影响力。但是，对新经理而言，他们职位的权力来源或许有限，某种程度上超出了他们能力的控制范围。因此，更重要的是，他们应该关注个人的权力来源，以及他们的行为传给人们的明确和微小的信号。"不是你说什么，而是你做什么"，这是经理建立可信度时要牢记在心的真理。考虑到当今公司的现实，经理必须协商的同事和上司关系网络日益复杂。通常是，经理的关系网络是开发不充分的。

在第11章中，我们将会转向新经理主要关系的另一面：和团队成员的关系。本书中描述的新经理早就认识到他们建立有效团队的责任，尽管他们并不完全欣赏为此采取的行动。

第 11 章
建立有效的团队

　　站在我的立场，我认为团队管理代表了当今管理难题中日趋重要的一环。由于技术进步和全球化的加速，我看到新经理在努力应对日益复杂和相互依赖的新角色。例如，在一家刚刚起步的公司，一些人的第一份管理工作是管理一个30多人，拥有不同背景和经验的跨职能团队。由于"横向网络和跨职能团队"与"职能和等级组织"相并行甚至在取代它们，经理发现自己管理着相互依赖、多样化，并且可能虚拟的、跨文化的团队，团队里的成员都非常有能力。

　　如果我从当下的新经理那里收集数据，我想我会听到诸多有关团队方面的，可能会是令人沮丧的论调。出于工作需要，许多经理开始寻求更具战略性和实操性的支持，以更广泛地参与到组织领导中。他们已经开始授权，让那些掌握工作相关信息和具备专业能力的员工进行决策；当客户需要针对性的服务时，那些离客户最近的人有权提供给他们。他们从一对一解决问题转移到群策群力解决问题，将所有能够提出质疑和具体实施的人都囊括进来。因此，运用团队合作工作的能力——协调个体间、活动间，或者职能间以产生整体业绩大于部分之和，变得更为重要了。没有团队合作几乎不可能制定并实施高质量的决策。然而，据我们的研究以及经理的讲述，学习如何打造一支高效的团队是最难掌握的管理技能之一。

一对一管理不同于团队管理

经理面对最重要和最具挑战性的一项任务是，寻找一条有效的途径，以确保集体工作成果大于个体贡献之和。然而，许多新经理认为他们的团队徒有虚名，只是挂了个"团队"的名号而已。上任第一年，许多经理没有意识到，更遑论承担团队建设的责任。相反，他们错以为人员管理角色就是和每一位下属建立有效的关系，将管理团队和管理个体划为等号。因而，他们将关注点放在管理个体绩效方面，几乎不关注团队业绩。新经理花费大把时间和他们挑选出的一小部分下属在一起，而忽视了其他下属。他们几乎不依靠基于团队研讨分析和解决问题，甚至很多牵涉团队的问题也是一对一处理的。许多新经理发现自己基于有限的信息做出决定，而且他们吃惊地察觉到针对某位下属的举动会对其他人的士气和业绩产生意想不到的负面影响。

为了实现从管理个人到管理团队的转变，新经理需要对什么是高绩效团队、团队发展过程以及团队动能有个基本的理解。构建对团队的基本理解是管理团队内在矛盾的关键所在，所以我会给出一张简明但是完整地建立团队管理的示意图（见图11-1）。

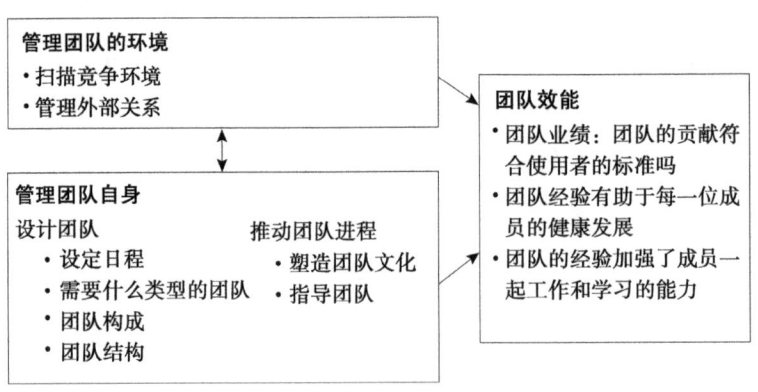

图11-1　管理团队

如图 11-1 所示，有两组和管理团队相关的职责：管理团队环境和管理团队自身。管理团队环境是指第 10 章里有关管理相互依赖性的讨论。经理有效识别相互依赖性并建立关键关系，实际上，他们营造了一个有利于团队效能的环境。在本章，我们侧重于管理团队自身的工作。我们将围绕这个话题展开讨论：设计并推动一支高效的团队成为管理的必要条件。管理哲学已经从控制逐渐发展为承诺和授权，而在这一过程中，经理要成为一个高效团队文化的架构师和教练，这一点将随着讨论逐渐清晰。

什么样的团队是一支高效的团队

通过驾驭和控制差异化的个体达到协调一致的行动，这种做法得不偿失。一个团队高效工作需要几种要素，但在阐释这几种要素之前，我们先要定义我们所说的高效团队是指什么。这一定义刚开始就容易引起疑惑。经理应该采用三种相关联的标准评价团队的整体效能：[1]

1. **团队绩效**。团队的产出（决策、产品、服务）应该符合使用者的标准和要求。团队对自己的产出自鸣得意，或者产出只符合一些客观的绩效考核标准是远远不够的。毕竟，不同的客户对团队产出的衡量标准不同（质量、利润率、创新）。

2. **团队成员的满意度和学习**。一些团队的运作方式会挫伤团队成员的满意度并阻碍他们的发展，其他一些团队则为其成员提供了多种机会以满足个体需要及持续发展。

3. **团队的适应和学习**。通过有效的团队工作，成员们学会了预料他人的活动，并做出恰当的行为以回应他们。他们学会了作为一个集体调整和革新自己（修订日程和指导方针）以适应组织和竞争环境提出的新要求。低效的团队运行方式会导致成员之间互相猜忌，无法凝聚在一起共同制定未来的举措。例如，如果团队文化充斥着你死我活的竞争，那么团队成员就会隐瞒自己的日程安排，不愿意和他人分享自己的专业知识和信息。

当评估团队效能时，新经理往往只依据第一条标准，即团队产出。一方面，这种方法是有意义的。如果团队业绩欠佳或者对重要客户产生了不良影响，那么团队成员就不可能体验到满意，也不会期待在将来的工作上进一步合作。然而，经理忽视了其他两条效能标准，这让他们置身险境。很多团队在学习和强化团队创新能力方面举步维艰，而这恰恰是在当今动态环境中取得成功的关键。如果团队成员感觉自己的个体需求很难得到满足，他们就会纷纷离去。替换有能力的员工并非一道简单的技艺。例如，当公司海外市场员工流失时，这就会对重要的客户关系产生负面影响，通常很难找到合适的人选接替他们。人员流动率的数据显示，新成员融入团队是有风险的，他们在团队中充分发挥作用往往需要数月时间。此外，如果团队成员不满意，他们很难与团队步调一致，也很难为追求共同的目标而付出额外的努力。

管理团队自身

经理不能对团队合作放任自流。相反，团队合作是一种涵盖设计、促动及辅导的精致行为。[3] 掌握其中的每一种能力，都需要新经理运用概念和人际能力去协调一个高效团队的付出。

设计团队

设计是成功团队合作的关键要素。新经理必须学会决定要做什么，需要什么类型的团队合作，谁应该加入团队，如何组织团队。

设定日程。经理的首要工作是为团队设定日程。团队成员需要对团队的期望有清晰明了的认知。除非团队日程以其成员工作的相互依赖性为基础，否则其成员就看不到团队的价值。只是简单地因为同在一个工作小组共事，或者联合执行一项任务，并不意味着他们意识到自身的相互依赖性，或者视作同一"团队"，也就是说，共享同一日常安排并从集体行动中受益。[4]

尽管经理最终需要担当团队的主架构师，但他不能独自一人决定工作日程，经理和成员们发现，共同制定团队目标是最合适的。在其他条件相同的情况下，经理允许团队成员对日程投入得越多，那么成员们对日程的认同和支持也就越多。但是，参与式方式通常比指令式方式更耗时。如果时间紧迫，经理可能希望乾纲独断。

需要什么类型的团队？团队日程确定后，经理必须决定采取何种团队合作方式。为履行工作日程，协作需要深入到什么程度，需要采取哪种类型？管理大师德鲁克指出，团队经常失败的原因在于他们的领导者对需要什么类型的团队困惑不已。[5]在《华尔街日报》的一篇社论中，他把团队分为三种类型：棒球型团队、橄榄球型团队和网球双打型团队。

德鲁克把棒球型团队比作进行外科心脏手术的队伍和亨利·福特生产流水线。他指出，在这种团队中，队员"在队伍里比赛"，而不是"作为队伍比赛"。每个人分工明确，几乎不离开固定位置。二垒手从不投掷；外科护士从不做麻醉师的工作。他还指出，这种团队的优势在于每位成员对自己的业绩非常清晰，接受所负责领域的培训并将个人潜力发挥到极致。由于成员间的相互依赖度相对较低，他们不需要为适应对方做较大的调整。他形象地举例说，每个职位都可以聘用一位"明星"，不论其中哪一位多么的神经质、嫉妒心强或者爱出风头。

德鲁克把橄榄球型团队比作交响乐团或者一个抢救心脏病人的急救室。正如棒球型团队，这些成员拥有固定的位置。德鲁克指出："双簧管不会是中提琴的和声，不论他们演奏得多么辛苦。"但是，在这些团队中，队员确实作为队伍比赛，他们遵循一个共同的"乐谱"。如果团队中有明星，他们只有在独奏的时候才发挥作用。另外，团队成员必须服从于整个团队。

最后是网球双打型团队，德鲁克将它比作一个即兴的爵士乐合唱团或者自主管理的团队。在这些团队中，队员们有基本的但并非固定的职位。正如德鲁克所说，在这种团队中，"只是团队在表演，个体成员做贡献"。团队成员保护队友，根据队友的才能和缺点以及游戏规则的改变做出相应的调整。

每种类型的团队要求领导和成员展现不同的行为，每一种都有各自的特长和局限。但是在商业中，棒球型团队——每个职位（市场部、生产部、财务部、人力资源部）各司其职，会很快被淘汰出局。棒球型团队太过死板教条；只有当工作重复多次，以及行为的结果被每个人了解之后，它才会发挥作用——如今商界这种情况凤毛麟角。而网球双打型团队比较灵活，他们要求细致周密的部署与承诺、信任以及各成员的相互协作。根据这种团队的运作模式，团队成员要充分发挥作用，就必须在之前一起培训和共事。正因如此，大多数团队都无法成为网球双打型团队。他们的工作相互依赖性不强，成员的关注点不在团队而在个人面临的问题。大多数团队希望成为橄榄球型团队或交响乐团，每个身在其中的成员都有自己的角色，但他们需要将自己的工作紧密融入其他同事中去。当然，团队成员的职能和运营相互依赖越多，团队就越应该效仿网球双打型团队。

团队构成。当团队日程和团队合作类型确定后，经理就必须着力解决团队的构成。许多经验丰富的经理总结出，当选拔团队新成员的时候，经理必须考虑新成员与团队其他成员之间的"化学反应"，这是与专业知识和经验同等重要的一条标准。通过研究那些带领公司从优秀到卓越的经理，柯林斯（Collins）发现："他们以人为先，策略第二。他们把合适的人请上车，让不合适的人下车，引导合适的人坐在合适的位子上——然后才决定去向何处。"新经理往往接手前任留下的团队。在这种情况下，新经理应该对团队成员进行详细的评估，以便纠正团队构成中的不平衡和不称职。下文我们将谈到，经理的职责更应关注辅导和管理团队业绩，这绝非偶然。

经理应当尽可能小心地平衡团队成员相似性和多样性的组合。他们应该挑选经验、知识和风格互补的队友。在这方面，经理应该避免任用"以自我为中心"的人。大多数人喜欢"类我"者，容易被相像的人所吸引。但是，团队成员既不能太相像，也不能差异过大。太相像，则彼此之间如同克隆，不能提供附加值；差异过大，则彼此之间无法相互学习，以致不能共事。很多在价值观、观点、经历方面相同的团队更容易建立关系，因为同一性有利于促进信任和交流。因此，在起步阶段，同一性的团队比多样化的团队更容易整合彼此的努力和付出，更高效地共同推进工作。但是，多样化的团队在开展工作时，能够提供更为广泛的观点、经验和专业知识。因此，长远来看，这些团队更富创造性，更具解决问题的能力。[8]

团队结构。经理既要做甄选团队成员的决定，也要做团队如何组织和实施工作任务的决定。例如，经理必须确立团队所做出的决策，团队如何达成决策，如何划分角色和责任，如何分享信息和资源，如何协调个人和小组的活动。当日程确定后，经理要么独立做出这些决定，要么和成员一起协商做出决定。建立决定权（由谁做哪个决定）的框架至关重要，尤其是在充分授权的时代。与授权的原因相同（详见第 5 章），赋权也是让新经理困惑和沮丧的过程。有效的团队赋权包括众多通过实验和实践发展的复杂判断。新经理认为赋权是个极端的命题，要么全部授予，要么一点不给。但是，赋权并不是让他人在每个决定上发挥实际的影响，赋权只意味着分享权力或拥有影响的潜力。卓有成效的经理明白在何时、怎样让这种潜力成为现实。表 11-1 是决策制定选择的框架。

表 11-1　决策制订选择方案

自主决策	授权决策	咨询决策	共同决策
由领导单独做决策	在领导限定的框架内进行决策	在团队成员建议的基础上，由领导进行决策	在领导和团队成员达成共识的基础上进行决策。这就意味着，即使这不是他们的第一选择，只有当团队成员和领导积极支持时，才会做出决策

资料来源：V. Vroom and P. Yetton, *Leadership and Decision Making*, Pittsburgh, PA: University Press, 1973.

对这些权力期望不清会导致团队成员的不满和严重的团队功能紊乱。这一框架提供了一个协商的过程，它能够推动当前实务性事情的讨论和争辩。下属不必因"担心谁得到了授权，谁负责什么"而心神不宁，分散了工作的注意力。他们仅仅是提建议，还是对决策有实质性影响，这些他们应该提前知道。或许更为关键的是，团队必须在哪些问题上共同决策以达成一致。因为共同决策费时费力、难度最大，因此建议在影响整个团队和具有战略意义的事情上使用这种方法。决定权框架应该定期检查并做必要的修订。

当领导全球性或虚拟化团队时，所面临的挑战变得极其复杂。当公司扩张国际市场时，经理的下属分散在世界各地。虚拟团队很少面对面沟通，一旦他们聚在一起，就必须做出重大决策，而这往往面临巨大的时间压力。打造并维护跨时区、跨文化的高效团队过程艰辛、实属不易，因为面对面的交流是建立互信和影响的最佳办法，除此之外别无他法。阐释虚拟团队面临的特殊挑战不在本书研究范围内，但是经理应该与该领域最佳实践的研究保持同步。[9]

推动团队进程

卓有成效的经理人不仅关注团队环境和设计，而且关注团队进程——团队如何完成工作。领导的角色不是命令团队成员应该如何开展合作性工作。相反，领导的作用是让成员学会如何使团队不可避免的"过程损失"最小化，并利用潜在的、协同的"过程收益"。[10] 接下来，我们将阐述形成团队文化和效能的关键过程因素。我对那些在管理中擅长发挥领导力的经理观察越多，我就越明白他们尤其长于塑造团队文化。

塑造团队文化。经理可以通过塑造团队文化来促进团队进程——团队成员共有的、无意识的、理所当然接受的基本假设和信仰。[11] 经理应当尽可能多地影响团队文化的表现方式：团队的规范、惯例和价值。这些为团队的交互定下基调，并且成为团队成员行为举止和开展工作的"准则"。团队准则的形成还包括以下几个方面：

1. **权力和影响力的分配**。那些非正式领导拥有最丰富的专业知识与技能，最长任期，非凡魅力吗？一些亚群体比其他一些更具影响力吗？

2. **团队中的沟通模式**。谁最健谈？哪些人沟通最多？如何处理被中断的谈话？

3. **合理的讨论话题**。团队能商讨策略和战略两大问题吗，还是战略属于经理的权限？情感能表达吗？团队可以讨论自身的发展吗？

4. **管理冲突**。不同观点可以自由表达吗？达成一致存在很大压力吗？

这些准则能深度影响团队的有效性。例如，一个有效的团队必须以一种其成员贡献能被合理衡量的方式运作。如果团队中的每个人在所有事务上有同样地发言权，那么这个团队往往效能低下。理想的情况是，个人影响力反映出对某个特定问题的专业能力，以及这个问题对他们影响的程度。然而，这种影响也反映出其他诸多不合理因素，包括繁文缛节、在组织等级中的地位、种族和性别统计标准等。

团队成员应当如何表现的准则和期望在团队成立之初就已经明确和强调。初期的行为模式会演化为团队准则。例如，那些在早期会议中主导谈话的人会被视为非正式领导，而那些一开始沉默的人发现他们很难参与到后期的讨论中。参与度的不均衡是个问题，大量研究表明，经常被提及的观点容易被群体采纳，无论其质量如何。[12] 在建议缺乏充分评估的情况下，成员们往往听从组织中更有影响力的人，而忽视那些代表小众支持的人群的建议，即使他们具备该领域的相关知识。一旦准则确定下来，将会被长期遵守。

经理并不能决定准则是什么，他们只能通过正式的团队设计或"角色模型"所期望的态度和行为影响他们。经理应该特别注意到他们的领导风格对团队准则的影响。例如，他们倾向于指令型还是参与型领导风格？[13] 一旦高产的团队准则建立起来，经理就应该通过奖励建设性的团队行为努力维护他们。例如，当评估和奖励团队成员业绩时，经理不但要关注他们做了什么，还要关注他们是怎样完成的。我们举个例子，尽管下属超额完成季度目标，但是他们是否制造了大量麻烦并疏远了团队其他成员？我们都熟悉"会哭的孩子有奶吃"和"搭便车"的例子，他们是以牺牲"优秀的团队合作者"为代价而上位的。

规则很难改变，除非发生一些不同寻常的变化（例如，团队取得了里程碑[14]，碰到异常情况或者受到了干预），迫使团队重新明确它们。因此，当经理初次带团队时，他应该致力于形成高产的团队准则，而不要侥幸期盼它"自然"发生。当然，经理通常接手的是前任留下的班底，而且事先没有对团队文化（准则、亚群体、非正式领导）和团队效能之间的相互关系实施诊断，他们就迫不及待地对团队进行改变。即使改变是必要的，他们也难免遇到抵制。管理学教授普费弗（Pfeffer）对这种两难境地提出了独到见解：

> 一种强势文化的确构成……范式，它告诉我们如何看待事物，什么是解决问题的合适方法和技术，以及什么是重要

的事件和问题。一个充分发展的范式，或者一种强势的文化，即使它不能对业绩数据做出解释或者引领新发现，也只能在遭遇重大困难时才会被颠覆。在类似的风格下，一个……范式提供了一种思考和探索世界的路径，这有利于减少不确定性，为有效的团队行动做好了铺垫，但是也忽视或忽略了其他可能的路径。[15]

在当下充满活力的竞争环境中，经理必须成为变革促动者，能够动员团队中的不同成员向着不断变化的目标前进。有鉴于此，经理应该为团队建立机制，对他们的过程定期予以评估。例如，团队成员经常不清楚准则是什么。通过提高对团队准则和惯例的认识，团队可以在更好的切入点做出必要的修订，以改善团队绩效。的确是这样，那些对过程和结果进行自我监控和自我纠正的团队比那些没有这样做的团队更富成效。众所周知，建设性的个人绩效评估不容易做，而团队评估则更为复杂。[16]但是就像个体一样，没有反馈，团队也很难学习和发展。经理应当努力建立准则，使对团队过程的讨论合理合规。

指导团队

也许经理能够富有建设性地认识到他们的角色不仅是团队"指挥"，也是团队"教练"——在后记中将做深入探讨。经理常常假设团队成员知道如何一起有效开展工作，但事实上他们或许并不清楚。团队成员可能具备完成任务所必需的专业技能，但缺乏人际技能。他们需要指导和训练如何成为一名有效的团队成员，也需要花足够的时间以培养团队中的互信。

经理也应该给团队提供有关过程和结果的整体反馈（依赖三项效能指标）。如果团队遇到困难，关键在于确定原因，以便能够实施合适的解决方案。这是由于努力、才能还是性能策略问题？目标不应只是简单地建立和维护团队，而是持续地改善运行方式。

处理矛盾

团队合作是一项艰巨的工作，这是因为它是一个处理矛盾的过程。有鉴于此，让我们回顾一下团队工作中关键的四对冲突力量（见图 11-2）。

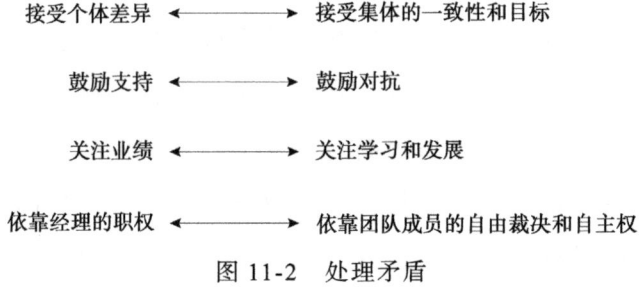

图 11-2　处理矛盾

接受个体差异和接受集体的一致性及目标

正如前文所述，团队的有效性通常需要不同个体的组合。为了让团队从多样性中获益，团队必须允许表达和听取不同的声音（观点、工作侧重点以及风格）。由于不同的声音能够公开，团队成员之间不可避免地会有冲突和竞争。于是出现了一个悖论：过多的冲突和竞争会导致"赢／输"的思维定式，而不是解决问题的集体协商模式，目的是整合个体差异并动员他们追求共同的团队目标。有效的团队允许个体差异和自由，但必须有一个成员们共同遵守的团队章程。

在团队成员间鼓励支持与鼓励对抗

如果接纳团队成员的多样性，鼓励不同的观点，那么团队需要培养信任和心理安全的文化，以鼓励团队成员之间互相支持。在这种文化中，团队成员被凝聚在一起。[18] 他们由衷地对他人的想法感兴趣，他们乐于倾听和澄清他人的观点。他们心态开放，愿意接受他人（具备与目前的决策和任务相关的专业能力、信息和经验）的领导和影响。

然而，如果团队成员之间相互支持过度，他们就停止了对抗——这是第二个悖论。在凝聚力很强的团队，保持和谐和友好关系的准则不断得以强化，与"批判性思维"相对的"群体性思维"出现了。团队成员停止对彼此决定和行为的批评，压抑自身的想法和情感，这有时需要付出巨大的个人代价。团队会做一些个人私下不赞同的决定，因为没人愿意为产生冲突担责。这种情况更可能出现在长时间没有人员流动的团队。

冲突管理是主要挑战。如果一个团队追求高绩效，那么允许建设性冲突和创造性摩擦的能力就至关重要。[19]然而，开诚布公的冲突很困难。[20]即使资深的、经验丰富的经理也发现，在讨论中分享自己对问题的真实看法并不安全。那些向资深经理直接汇报的新经理，尤其觉得可能产生冲突的公开讨论是一种威胁。但是团队成员坦诚交换不同意见，直率质疑潜在的假设，可能会产生更强有力、更富创造性的决定。这种类型的冲突，被称为任务型冲突，因为它与团队的实质性工作紧密关联，是健康的，也是高绩效团队必备的。但是，冲突并不都是建设性的。逐步升级的不同意见会导致成员间的压力，情绪压抑和紧张的关系。这种类型的冲突，被称为情感或人际冲突，能够迅速破坏一个团队的效能。这些负面情绪会导致团队成员将实务性的争论个人化，并发展为归咎于团队其他成员动机和能力的消极循环。[21]

有效的团队寻求任务型冲突，同时尽力降低情感性冲突。正如18世纪苏格兰哲学家大卫·休谟（David Hume）所言："真理的春天来自朋友间的争论。"用这种方式获得真理，说起容易做起难，因为团队成员有意无意地就会将忧虑摆上台面。团队成员被三个意味深长的问题所困扰：我被接受了吗？我有价值吗？我有影响力吗？[22]因为团队成员往往在团队互动中寻找答案，他们会自己解决任务型冲突。团队合作最主要的一个好处在于，团队成员在承接任务时可以产生不同的观点。如果冲突是团队中的一个问题（要么缺少任务型冲突，要么存在情感型冲突），那么就不可能所有的观点都被听到。团队成员也不大可能分享敏感信息，或者很不自在地指出他人想法中的前后不一致。

一旦发生了情感型冲突，决不能对它掉以轻心。不幸的是，很多公司只建立了这样的准则，即只允许表达积极肯定的感受或不一致的感受。而压抑强烈负面情绪的问题在于，随后不久它又浮出表面。一个人如果对之前会议中某个人的言论不满，他极有可能在之后的讨论中无意识地予以报复，对发言人持反对或批评意见，而无视它的价值。报复常常披上实质性问题的外衣，为不合理性做掩护。由于个人会追求在团队中的权力和地位，问题解决会议常常变为演讲会或辩论会，对手们都争相赢得争论而不是提出问题。作为一条规则，应立即杜绝这种行为。它被允许存在的时间越长，沮丧和愤怒会累积，团队讨论问题会越发困难。

关注业绩与关注学习和发展

第三个矛盾是同时关注当前的业绩和学习。竞争性环境导致员工压力很大，也让他们更关注短期业绩。我们在前文已论述过，当定义团队效能时，关注团队长期健康，确定战略方向以及塑造团队能力至关重要。我会在后记中谈到，既要完成今天的业绩，又要产生明天的创新，给予两者同等的关注很难做到，这让经理深感重担压肩。有时候，需要在"正确地"做出一个特殊的决策和把它作为发展性的经历之间权衡。如果鼓励冒险和发展创新，那么错误就不能视为惩罚的理由，而是学习的资源。

团队是检验和发展团队成员领导力、综合管理能力的重要平台。那些不成熟团队的经理必须学会抵制诱惑，不去解决已授权给团队成员的难题。相反，他们要花时间召集会议解决共性问题，以发展下属的业务判断力。他们不应将问题交给最有专业能力的人，而应该委托给需要锻炼专业能力的同事。让下属重复做同一件事会降低他们的满足感和对公司的投入。一家专业服务公司在离职面谈中发现，业务骨干离开是因为公司不允许开拓新业务。新任主管不情愿轮岗是因为客户喜欢连续性。但是他一门心思地关注短期业绩和需要，终会使他失去员工并损害客户关系。

依靠经理职权与依靠团队成员的自由裁决和自主权

第四个矛盾是在领导职权和团队的自由裁决和自主权之间达到平衡。[23] 团队领导不能推卸对团队业绩的终极责任，委托并不是放弃控制。团队成员自主权越多，他们对共同的日程安排（比如控制机制）责任就越大。很多高效的团队更具弹性，就像我们在决策权讨论中所说的那样，他们以最适合当前问题的方式平衡领导和团队之间的自主权。事实上，在运作良好的团队里，成员之间的互信程度很高，经理的决策空间很大，他们无需对自己的行为做出解释或证明。在低信任和低效率的团队，成员们会质疑经理的决定，即使这一决定无伤大雅。

按照管理风格管理矛盾

这些矛盾被视作个人管理风格的四个衍生物。[24] 走在一个极端或另一极端的经理最为自在。一位经理的风格会影响团队文化和进程，进而影响其效能，因此经理了解他们的风格就至关重要。他们需要关注他们带给团队成员的感受。经理尤其要注意他们风格的无意识后果。例如，一位经理提倡成员间"良性竞争"来"提高业绩表"。的确，业绩表上去了，但是不久他发现团队变得神经过敏。成员们似乎过于关注内部的政治事件。经理也注意到竞争联盟的发展，人们建立同盟以保护既得利益。

最高效的团队经理是多面手，他们具有审时度势、因地制宜的能力。训练这种能力需要同理心技能、实践以及投入。这些才能需要通过经验获取——体验、实践、反馈以及反映。

做一个终身学习的承诺

告诉那些想要从容应对公司的政治活动，或者打造高绩效团队的新经理，他们应该如何思考或者行动是最容易的。真正的困难在于获得相关能力并日复一日地付诸实践，即使资深经理也要面对管理工作中的基本问题。控制权可以规避很多问题，但是最卓有成效的经理心态开放，并不断地超越自我。正如 BMG 国际前任 CEO 鲁迪·加斯纳（Rudi Gassner）所言："当你成功的时候，仅仅是你认为你知道一些东西的时候，但你发现那远远不够。"成为有效的经理是一个终身学习和发展的过程。

第 12 章
终 身 学 习[⊖]

通过过去十多年的研究、教学和咨询，我较以往更深刻地认识到，最杰出的经理都是那些愿意终身学习并独立工作的人。管理工作很艰辛，即使最有才能的人也需要终身学习和自我发展。在工作过程中，我有幸开发了众多资深领导者及其执业发展的教材。本章来自于实证研究，这些故事均来自于我所接触的有能力的经理，他们在组织中均产生了一定影响。我们可以间接学习他们的经验。

一起来看看一个例子。一位经理仅仅在任职经理 4 年后就要面临职业生涯的一次重要转变。当她即将成为一个全国大型办公用品超市的营销副总裁时，她回忆道：

> 对于如何管理职业生涯，我不是一个好例子，我只是把握住了机遇。我曾经多次遭遇别人认为的职业危机，很幸运我都挺过来了……在许多不同的职能领域，我都证明了自己，获得了虽然算不上高深但却广博的经验，以及在高压环境中发挥作用的知识。就我而言，这是我做过的最伟大的工作。它需要我学会如何跨越一个大的管理跨度与公司高层打交道。[1]

⊖ In this chapter, I draw heavily from Hill (2002).

这位经理很谦逊。如果我们想进入更高的管理序列，想知道如何管理个人职业生涯，她算得上最佳典范。从她的故事中，我们看到领导工作是一个既兴奋又艰辛的自我发展旅程。在她刚到公司的头几年，她经历了一系列向上和横向的工作调动，承担了大量跨职能的艰巨任务。

刚开始，她担任新英格兰区域运营主管，负责50家经营不善门店的盈亏。她聘用了一个强大的督察组，制定了门店标准，开展了一系列培训项目，从而重振了业绩。由于她随后两年的成功运作，她又接到了两个更有挑战性的任务。首先，她成为东海岸150家门店的销售主管，一年以后，她被提升为副总裁和分管家具与装饰的商品经理。这意味着她负责3.5亿美元的盘子，接手12家商品管理混乱、销售不佳、产品盈利率低的门店。她和团队调整了75%的产品布局，最终的结果是产品盈利率翻了三倍，销售额上升了。当她再次晋升的时候，她重回营销部，成为负责小型企业和零售市场的高级副总裁。3年后，基于她的业绩，她被提升为公司电子商务的总裁，这是关乎公司未来成功的重要战略举措。

如同我研究的其他卓有成效的领导者，这位经理是一个愿意花时间的自我主导型学习者，她愿意不断超越自己。在下面的叙述中，我会按照前面对权力的讨论，展示一个终身学习的框架，这有助于管理生涯的成功。我将提出四个挑战：选择正确职位；拥有良好开端；承担拓展性任务；建立发展型关系网络。对于初任领导者看待这四个挑战的时候，我希望强调我的观点，即管理，尤其是领导力是无法教会的。相反，希望在职业生涯中承担更多责任的经理必须问问自己：我是否准备好了？

我们如何才能学会管理和领导

尽管一些有效管理的品质是"天生的"或主要通过社会化（个人

诚信，充沛的精力和领导驱动力）获得，但是大多数还是后天习得的。[2] 管理主要从实际经验——通过实践、观察和与他人的相互影响中学到。尽管这令人不安，我们发现发展的本质是多样性和逆境。[3] 著名的领导力专家沃伦·本尼斯曾总结道：在个人生命中，"熔炉"和锤炼将他们深刻锻造成领导者。[4] 然而，很多人观察指出，人们并不总是从经验中学习。[5] 为了从经验中获得价值，经理需要反思和巩固那些从经验中得来的经验教训。为了改变和发展，他们必须不断反省——获得对他们行为、态度和价值的反馈和分析。然而，保持客观心态进行评价是很难的。有些机制阻碍人们坦诚地评价自己。[6] 经理从不同来源获得的反馈越公正，他们的评价就越精准。

实际上，人们发现形单影只地取得自我发展几乎不可能。为了成长和发展，个体必须寻求帮助。他们必须花时间和精力建立发展型关系网络（上级和同级、组织内部和外部）。从这些发展关系中（如导师或支持者），有潜力的经理能够更好地通过反馈、建议和情感支持从经验中学习。只有当经理愿意承担风险，不掩饰自身的一些缺点，对建设性批评持开放心态——这的确要求很高，这些关系才能发挥作用。

选择正确职位

建立管理生涯始于选择正确职位。经理在决定选择哪个工作机会时，应该考虑两个因素：他们和这一职位（这一组织）之间的匹配度如何？"他们是谁"和"他们想成为谁"之间的适合度如何？也就是说，这一职位提供了哪种类型的学习机会？如果适合度是"完美的"，即这位经理拥有工作必备的才能和特质（个人价值观和企业文化相匹配），这位经理将在最适合他的职位上迅速对企业业绩做出贡献。[7]

不可否认，"适合"是主观的，女性和少数民族经常被排除在外，因为没人觉得他们是"适合"的。个人应对这一现实的一种方法是隐瞒真实身份或真实想法，直到他们一只脚迈进门槛。这一策略十分冒险，如果个人价值和公司文化不相符，那么妥协让步的要求可能相当多。此外，当"扮演"一个不真实的自己时，成为他人值得信赖的领导是非常困难的。[8]

从发展的眼光来看，最好的职位是那些适合度并非完美的职位——它具有"弹性"（才能方面，而不是价值观）。这些职位风险很大，因为经理更容易出错，那可能导致他们的职业生涯进程倒退，或者对企业绩效产生负面影响。但是，他们也能从这类职位中获得新知识、新技能、新视角、新判断。

人们应该寻找这样的工作：他们能够充分利用初期的适合度建立自我强化的成功周期，年复一年，他们获得更多的权力来源，而这些对有效和成功是必不可少的。他们应该追求能发挥所长的职位，并且他们的短板不会成为阻碍成功的因素。他们的核心价值观必须与企业相一致。换言之，"弹性"不可过大，风险应当可控。[9]风险应该在个人能力可控的范围内（出于企业和个人利益考虑）。根据经验判断，在某一特定工作中，如果希望用6个月时间，在学习曲线上取得长足的进步，并获得丰硕的成果，那风险可能太大了。[10]

人们应当从多个领域获取不同的经验以促进和平衡自身的发展。这就是经理在本章开头提到的，她在运营、销售、生产和营销领域轮岗。那些能够超越他们初始优势以成长并发展各种才能的人，更容易取得进步，因为他们拥有满足工作变化的必要能力。在这点上，研究是富有启发意义的：把那些"脱轨"（止步不前、后劲不足）的高潜经理和那些处于高位置的高潜经理进行对比，[11]那些"脱轨"的经理有一个显著特点，就是初始优势（例如，"亲自上手"的风格或者技术精湛）之后变成"致命弱点"。当面对新挑战的时候，这些经理继续依靠他们最初的能力，甚至当这些能力不再够用和适用时，他们也没有或不愿发展其他互补的能力。

在发展特殊领导能力方面，寻找涉及变化和弹性的工作需要付出代价。例如，引进一种新产品或者一套信息技术系统，重振成熟的业务，或在国际市场上建立子公司。这些任务的属性需要个人明确方向，并将方向（愿景和策略）传递给不同的利益相关者，并明白如何动员利益相关者执行新战略并实现愿景。变化越具有革命性——相对于演变性，则领导力学习的机会就越强有力。

拥有良好开端

为了在选择职位时在适合和学习机会之间做出恰当的权衡，经理必须认识到他们的优势、短板、动机和价值。[12] 然而，他们只能通过经验认识到"他们是谁"以及"他们想成为谁"。随着工作经验的积累，他们有机会做出选择并检验那些选择，并逐渐明白"他们擅长什么"，以及"对他们而言什么是重要的"。[13]

因此，那些较早走上管理道路的人或许对自身的才能、动机和价值只有朦胧的认知。通常，由于选择了不适合自身能力、动机和价值的工作和公司，他们的起步并不好。因为他们不清楚自己是谁，自己到底适合什么，他们只是被薪酬、魅力或者威望所诱惑。一些人把"好"机会定位为在社会环境中流行的事物。这些人失去工作是因为工作是"流行"的选择，而不是因为受到同事、产品或者服务的刺激。对少数人而言，他们被赋予建立发展关系的特殊挑战（将在下面讨论），最好关注一下他们与同事相处的和谐程度。

在其他例子中，人们选择要求过高的工作。因为他们没有完全认识到自身的优势和短板，他们让自己陷入焦头烂额的境地。例如，刚毕业的MBA，以前从来没带过下属，可能将承担相当大的人员管理职责，而他们对存在的风险毫无感觉。职业院校的毕业生在高度政治化的环境中工作，要谨慎小心一些，因为只有在人际方面非常老练的人才能茁壮成长。

那些刚刚从事管理工作的人，通过用心和系统的内省获得自我洞察。他们尤其应该通过以往和当前的经历中具说服力的主题来解释他们的核心优势、致命缺点和核心价值。例如，为了决定是否从事领导职位，人们应该反躬自问他们认为最有趣和满足的工作是什么：

- 我喜欢合作性工作吗？
- 我想成为能实现自我的团队中的领导吗？
- 我曾经主动教授或者指导过别人吗？
- 我发现处理棘手的、模糊的问题让人饶有兴趣吗？
- 我能管理好压力（比如经常加班、艰难的个人决定）吗？

如果对于以上大多数问题不能给予肯定的回答，那就预示着他们既缺乏成为一名有效管理者的个人品格和特质，也缺乏必要的动机。[14]

如果人们选择适合自己的职位，他们就能够充分发挥个人综合能力，并将其转化为公司或工作中所需的专业能力，并发展关系，在相对较短的时间内为企业绩效做出贡献。一旦他们开始为公司业绩做贡献（可能起初微不足道），他们的业绩记录和公信力就会水涨船高。因此，人们开始主动找上门，并渴望与其共事。换言之，他们的关系网将进一步扩大。有些人将乐意支持他们甚至指导他们，为了他们甘愿冒风险，将他们提升至更具挑战性的岗位上。由于那些职位，他们学到了更多的专业能力，发展了更广泛的人际关系，也因此在一个更重要的职位上为公司核心目标做贡献。

很快，成功循环开始自我强化。他们的业绩记录和公信力继续提升。当他们获得更多权力，建立更为广泛的人脉关系时，他们发现自己处在关系网络中更核心的位置，因而他们可以获得更多的权力和机会。[15] 一旦他们开始前进，他们将获得更多的正式职权，并且可以进一步巩固他们的权力（图12-1 动态描述了这一过程）。

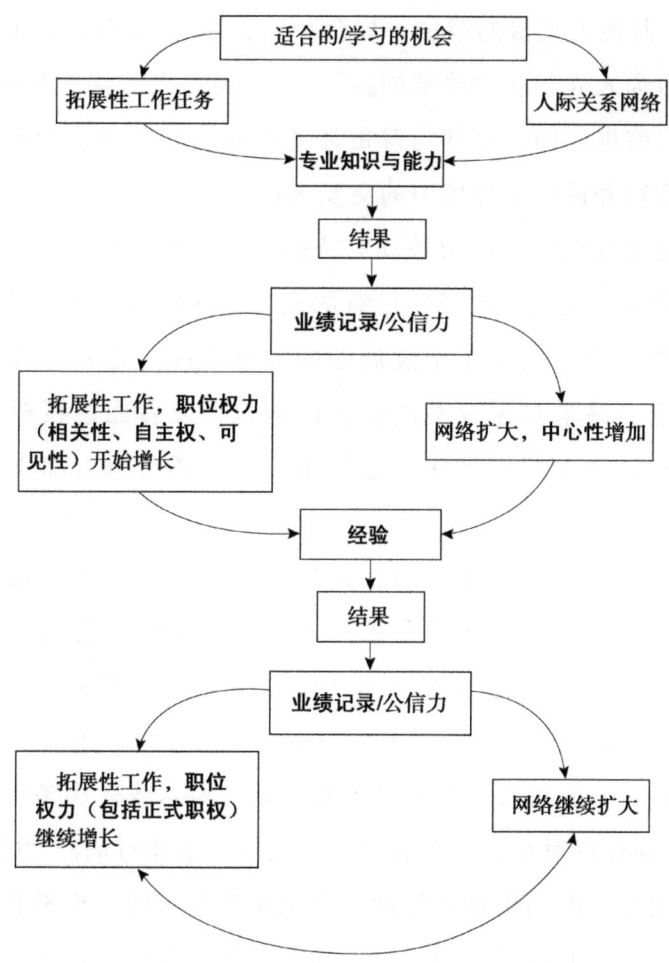

图 12-1　建立职业生涯过程的权力和影响

承担拓展性任务

拓展性任务通常与大量职位权力相关联。正如第 10 章所述，职位权力来源包括相关性、可见性和自主权。通过在与公司业绩高度相关的问题或项目上历练，个人能够获得对于实现公司目标重要的专业能力。但是，高绩效表现和对企业成功做贡献还不够。为了获得与成功相关的薪酬，其他人必须认识到个人的业绩。与战略相关的任务通常公司有权力的人能够看到，因此从事与之相关任务的人可能获得珍贵的回报（其他人羡慕的职位、加薪和升职等）。最后，自主权会催生和发展"敢为人先"和"改革创新"——简而言之，就是引领企业（特定部门）的前进方向。这些特殊的才能在现代组织中尤为重要，因为企业需要面对并适应新环境中的突发事件。

最有效和成功的人不会被动等待别人给他们提供职位，他们会追求或创造职位。他们"投资"已有的权力，并希望"连本带息"一起收回。如果一位经理有志于发展他的领导才能，尤其是设定方向的能力，他应当寻求自主权不断扩大的职位，或者愿意授权给下属的上级。当然，自主权通常伴随着模糊不清，还与压力和失败的机会有关。

高级经理关注职业进程的正确指引，他们不仅关注看得见的头衔、升职和加薪，而且也关注看不见的事物（诸如更具挑战性的任务）。例如，管理学教授韦伯（Webber）在他的著作中指出，那些对他们职业生涯最满意的人努力向公司的"权力轴心"移动。如果能够获得向中心移动的机会，他们从不在头衔、薪水或先决条件等方面挑剔。[16] 他们同样反对在他们没有准备好之前，企业对他们"过度关注"，如果提拔太快，他们很难从行动的结果中学到东西，也没有机会巩固和掌握来之不易的经验教训。人们往往低估了掌握一项工作任务所需的难度和时间。正如博诺玛和劳勒所观察到的："级别较低者的最大敌人就是自己，他们把职业生涯的头五年误认为是整个职业生涯……就一般的管理而言，一个成功的职业生涯类似于爬梯子——跨越梯级几乎总是给全体人员带来安全风险。"[17]

但是把个人的职业生涯严格比喻为一个梯子是不对的。那些最善于管理职业生涯的人都是战略性地进行设计——他们知道自己在哪，也知道自己想去哪。他们设定目标，定期回顾并修订，他们持续地扫描环境以预测组织需要什么，以努力发展他们应该掌握的知识与技能。他们并非出于一己之私利只考虑实现自我抱负，他们甘愿冒一定风险去寻找可以让自己成长的职位，以便在此位置上为公司目标做出贡献。一位经理讲述了他从导师那里学到的重要一课：

> 他是我的角色楷模，因为他并没有工作头衔，他不是非要一份工作。据我理解，他非常重要，十分清楚如何利用公司的间隙完成应该完成的工作。比尔在这方面算得上行家里手。我记得曾经向他征询职业生涯阶梯的问题，他说："职业阶梯！是什么让你产生这样的想法？生命中有什么事儿像梯子一样简单？"

经理在战略性考虑自己的职业生涯时，可能选择横向的而不是纵向的移动，因为他们认为这样做将有助于拓宽他们的技能水平，使他们在更好的职位为组织服务。这些个人愿意承担适度的风险。例如，他们可能从一个直线业务岗位调动到一个后台行政岗位，前者他是负责人且成果可以衡量，而后者需要他在缺乏正式职权的情况下发挥影响力，在组织中建立一个完全不同于前者的关系网络，而这有助于培养他有效影响他人的能力。他们也可能自愿去国外工作（如将新品引入新市场）。在经济全球化的背景下，这样的职位很有意义且容易被关注，在组织日益增长的进口环境下，也为员工提供了获得专业能力和业绩记录的机会。此外，这些全球化的工作任务还提供了发展重要领导力的时机，例如冒险精神、处理模糊数据，以及对不同文化背景人群的理解。当然，风险和这些任务紧密关联，他们通常需要发展新的营销专业知识，学习一种新语言，或学习如何与不同文化背景的同事共事。另外，总会存在"视野之外、意料之外"的风险。[18]

建立发展型关系网[19]

战略性考虑职位选择的人也会战略性考虑他们的关系。[20] 花时间和注意力培育关系网络不仅有利于经理获得有"拓展性"的工作任务，而且也有利于他们管理与这些任务关联的风险。例如，因为他们与有影响力的人联系交往，所以当他们完成外派任务回国时，就不容易被遗忘和忽视。

那些最有成效管理职业生涯的人培育多元的、不同的发展型人际关系，致力于建立一个"个人指导委员会"（教练、支持者、保护着、角色典范和顾问等），相反，他们从来不寻找一位"十全十美"的导师（很多人这样做）。他们根据工作和成长需要将时间分配在关键的关系上，而不是根据自身的习惯和与谁最合得来。他们把握时机构建合作伙伴关系。例如，他们可能被推荐参加一个专项工作小组，即便这意味着额外的工作，他们也会紧紧把握住，因为这提供了与上级和不同职能平级沟通的机会。久而久之，这种接触有利于建立发展的关系。这种类型的工作也是提高与不同支持者沟通技巧的机会，而这是很关键的一项领导才能。

此外，领导者不会为谁将成为一名"好导师"而烦恼，而是聚焦于成为一个"完美的门徒"，以便吸引他人一起共事。他们认识到辅导关系要求相当大的投入，而且需要两位伙伴共担风险。他们和导师共担责任，以确保这种关系成效显著、互惠互利，他们在收获的同时，也最大努力地回报他人。

为了帮助MBA明白成为一个"完美的门徒"意味着什么，我写了一个"新经理升职记"，记录了她从最初的人事助理实习生到独当一面管理一家公司的传奇发展历程。这位经理不断学习，积蓄力量为未来成功做准备。她知道应该向他人学习，她给我们讲述的事件证实了这一点，当她第一次做新的招聘政策时，她与一位高管的互动交流如下：

> 他是一个很特别的人。如果我需要和他商量事情，他会建议我在一天快要结束的时候去他办公室找他。我们交流

15～20分钟，其他人也会慢慢来到办公室，讨论公司政策，现行政策中存在的问题，或者进展中的项目。他从不让我离开，正是这种方式让我很受用。所以，我这个刚出校门的人居然在办公室和CEO坐在一起。这是我人生中的第一次，我很识趣地安静地坐在一旁，不引起他们的注意。之后，当谈到公司重要的项目的时候，我也参与进去了。无疑，他给了我机会，但不是所有人支持他的这种做法。但是他让我们接触了公司的高层，帮助我们更好地了解企业文化。[21]

这位新经理对反馈很开放，所以她的导师可以坦诚地告诉她有关她完成的（或者是没有完成的）事情，她做事情的方法，以及公司里其他人对她领导风格的看法。她可以利用反馈意见来发展更为有效的管理风格，她常常向他人征询以下问题：其他人和她一起共事感觉如何？其他人和她相处感觉如何？他们是否感受到了激励和鼓励？如果不是，她的行为没有效果吗？这种洞察力可以帮助个人修正和改善他们的行为，提高他们激励和鼓励他人的能力。就这点而言，有效的领导知道，他们可以向同级和下属学习，就像从上司那里学习一样。

对于刚刚任职的领导而言，关系是确保他们不断发展和事业成功的关键。导师和支持者向他们提供很多富有挑战的任务，他们可以从工作中学习，培育更广泛的关系网络，对公司做出贡献。如果人们无法得到"拓展性"的任务，那么他们也就没有机会提升自己的专业能力。[22]当今企业变化日新月异，个人的专业能力可能很快就贬值了。这个"不知不觉"的过程会不公平地发生在妇女和少数民族身上（如美国的非洲裔管理者）。正如埃利（Ely）和托马斯（Thomas）发现的，这或许解释了为什么这些人很难突破公司的"玻璃天花板"——向公司最高层晋升的障碍。[23]有证据显示，在很多情况下，妇女在处理高层管理工作上，比起男性做的准备更少，因为她们没有机会接触到可以帮助他们成长的工作，比起男性们她们分配的工作责任更少，而且有效开展工作的资源也很稀缺。[24]

研究表明，导师和支持者的关系对于公司里的少数民族尤为重要。这些人为了他们会去冒险，如果双方没有牢固的关系，那么个人很难获得不断成长和发展的必备经验。[25]不幸的是，大量证据表明那些少数民族在建立发展关系上进退两难。因为大多数关系需要一定程度的认知、密切的关系和信任，所以指导关系发生在"喜欢"的个人身上也就不足为奇了。[26]建立指导关系对于妇女或者少数民族绝非易事，但它并非不能克服。但是，没有人能对他们的处境保持天真或者愤世嫉俗的态度。

正如之前所说的一样，在选择职位的时候，经理应该关注他们和潜在同事的融洽度。他们应该关注实质的适合，而不是形式上的"适合"：他们在对待企业重大事情上英雄所见略同吗？他们有相似的价值观吗？因为导师发现那些少数民族更难指导（坦率地说，确实如此），他们必须做好充足的准备，付出更多一些。这正如一家公司管理层的某女士所说："如果派你去抓一条比目鱼，你最好带一条鲸鱼回来。"这不公平，但这却是事实。调查显示少数民族必须争取主动，并努力建立多样的发展关系网络。他们必须准备讨论由于他们和那些希望建立发展关系的人之间的差异所引发的一系列问题。尽管在一些重大问题上表面的一致会奏效，但从长远来看，在关键问题上过分附和是有害的。托马斯发现，有些"包含"差异并且涉及敏感话题的关系比起那些忽视困难话题的关系更容易成功。

终身学习

那些想担当更大责任的管理职位的人，必须对自身的发展负责。

没有人能教你管理和领导，你必须亲自体验并学习。因为作为经理，你是"工具"，你的贡献必须被别人利用才有价值，你必须准备好为自己而努力工作，在你的职业生涯中，你必须"自动自发"地"富有企业家精神"地发展自己的才能。你必须做好准备，追求和创造发展机会，从经验和关系中学习领导。

正如我们前几章所讨论的，公司和教育机构在帮助个人学习如何管理和领导方面扮演着十分重要的角色和作用，这也是结语的主题。

结语
创造一种领导和学习的文化

在此,我想与诸位分享一下21世纪有关管理开发方面我的一些深深忧虑和质疑。与本书其他章节不同,结语可作为"时政短评",帮助新经理学习和发展。

自从本书第1版问世以来,企业、商学院以及其他培训机构发表了大量有关管理开发的著作和研究,甚至新经理的培养也获得了更多的关注和投资,因为企业相信人才是驱动企业竞争优势的引擎。许多公司开始认真评估一位失败的经理所带来的财务成本和人力成本。不断有大量证据显示,与一般经理相比,杰出的经理创造了更大的价值。

与其他人观点相同,我认为组织成功的最大障碍不再是大量的财务资本,而是如何吸引人力资本,如何寻找有才能的管理者。麦肯锡的开创性研究与我的观点相吻合:

> 我们相信人才战争是一种……战略转折点。它在19世纪80年代工业时代的灰飞烟灭中悄然升起,一跃成为20世纪90年代的主题,并将在未来的几十年中率先改变这个世界。
>
> 转折点是说人才是现代企业的关键引擎,企业吸引、开发和保留人才的能力将是未来最大的竞争优势。[1]

结语 创造一种领导和学习的文化

提供企业吸引、开发和重新培训人才的案例容易，但让它成为日复一日的常规工作却是另一码事。虽然今日的业务管理人员、人力资源和培训专家以及商学院的教授很容易获取大量信息——如何管理和领导他人，他们需要学习什么，但如何将这些知识付诸实践仍是难题，大家都在努力尝试。甚至如我们这些商学院的学者，如果不能促动学员将所学应用于实践，也不能免于批评。[2]

经理究竟是天生的，还是后天培养的？这一老生常谈话题的核心是，通常认为管理尤其是领导力是无法学会的。所以，此方面的研究虽多，但许多人仍坚信领导者是不同凡响的个人，他们的才能是天生的。某种程度上，很多人将领导力和领袖气质相混淆——回顾第10章所述的一种权力来源，而且很多人认为领袖气质你有就是有，没有就是没有。一些人则倾向于制造英雄和名人，不允许他们具有人类普遍的复杂性和缺点。坎特在一次有关领导风格的会议中指出，人们试图相信企业里的明星员工是"水上漂"。但是她接着谈到，如果我们通过现象看本质，我们将看到很多巨石阻碍人们前进的步伐，如过去的经验和导师。[3]本书第1版问世后，其中的基本观点已经被证实，因为这些观点基于大量经理的实证研究，这些基本观点是：成为经理很难，需要不断学习，而且整个过程压力很大，没有捷径可走。简而言之，管理没法在教室里学会。正如前几章所述，精通管理的艺术包括任务和个人学习，而且基本上是从经验中学习的过程——经理唯有通过实践、观察、与他人相互影响，才能掌握。

但是我们都知道，经验是效率低下的、严厉的老师，我们称为"实验和试错学习"和"逆境锤炼学校"，这一点都不让人意外。为什么人们从经验中学习的能力存在差异呢？对这一问题我们已经有所了解，但仍需要深入了解。[4]

好在我们对此已经了解颇多——经验丰富的人需要什么，如何帮助他们最大化利用从经验中学习的机会。例如，麦考尔、埃文斯和其他人的著作已经帮我们更准确地认识到，人们能在哪些管理课程中学到哪些经验（例如，一位经理需要领导跨国公司团队的经验）。[5]

我们不仅应更多地了解经理需要有什么经验，也要知道如何帮助他们从经验中学习。当经理得到他人帮助时，他们看起来才能最好地从经验中学习。由于人们是社交化学习者，因此我们需要他人提供反馈和指导。近期的研究帮我们明确了有效辅导和指导过程所学的资格。[6]

在下文中，我将列举一些障碍，我认为正是他们阻碍我们将已知变为现实，阻碍我们建立管理的后备队伍，而这在当今竞争激烈的环境中尤为重要。之后我会围绕以下三方面分享我的最新研究：选拔新经理；提供他们发展经验；让他们的上级准备更有效的学习资源。

舍弃旧学，拥抱新学

什么阻碍了企业开展所需的管理人才培养工作呢？这需要我们超越关注单个经理发展的层面，而从更深层次的企业文化层面入手，看看企业文化是如何经常抑制学习的。高级管理层与两个重要事项紧密关联：一是业绩和学习与发展之间的管理困境，这点在第11章已经详细论述；二是以一定程度的心理安全来创造企业文化的需要。

在当今竞争异常激烈的环境下和无情的资本市场中，主管不愿或不能有效平衡短期财务业绩和长期人才发展之间的需求。此外，日益增加的人员流动率使得企业不愿投资于员工发展，因为企业看到的是"为竞争对手做嫁衣"。然而，如果企业过于关注业绩，则几乎不大可能培育重视学习和发展的企业文化。为了使人们乐于学习，员工需要一种心理上的安全感，即在他们的团队和企业里，个人冒险是安全的。[7]在企业里，眼前的业绩压力越大，人们越不愿意寻求帮助和支持。调整过分偏重业绩的失衡天平，帮助员工建立心理安全感，这都涉及游戏基本规则和企业文化的变革。而且我们都知道，企业文化变革是多么艰巨的一件事，如果高管不愿面对并解决这些问题，那么在管理开发方面的努力都将付之东流。[8]

考虑到新职责的复杂性以及新经理必学的内容，所以无论他们多么有才华，都会犯错，因此需要他人的帮助和支持。尽管公司高管可能很注重员工学习与发展，但很多人声称当他们接手挑战性任务时，因不可避免的差错、过失而受到惩罚。如果过失和失败——任何学习两项本质的要素，都被严厉批评，那么员工将因为害怕而躲避舒适区之外的任务，组织也因此而失去了培养明日领导者的机会。

在一个成功的案例中，现任百事可乐南美区CEO的克雷格·韦瑟厄普（Graig Weatherup），为我讲述了在他的职业生涯中使他成长和发展的关键因素。[9] 韦瑟厄普从他的第一份管理工作说起："我的机会不少，但其中一些却以惨败收场。"他回忆了他职业生涯早期的一件事，当他告诉上级罗格·恩里科（Roger Enrico），他可能会丢掉一笔2000万美元的生意，他并未被解雇，而是学到了重要的一课，即犯错是冒险的副产品，也是学习的重要机会。"百事可乐在企业文化宣传上言行一致，'敢于冒险和探索，保持快乐的心，如果你把事情搞砸了，不要第二次犯同样地错误，但要奋斗不息、前进不止'。"只有人们愿意冒险，愿意在工作中尝试新方法，才能学会管理和领导。学习尤其是个体学习，要能够让自己承受伤害并承认个人的盲区，但很多经理仍旧抱怨可以寻求帮助的安全地带太少了。

有诸多标志表明很多公司正在进步。它们在商业中更聚焦于人的发展，很多情况是因缺乏管理人才而致使长期财务成本增加和关键市场丢失。由于证据不断涌现，适应企业文化的意愿也在不断增加。高级经理和高管层开始采取必要的措施，推动建设更有利于领导力和学习的文化。

评估"适合"

公司到底在做什么呢？首先，它们会认真审核选拔标准和依据，并据此提拔个人贡献者到管理层。为了回应权力的表达和学习的影响力模型，它们重新考虑如何定义和评估"适合"。是什么造就了卓有成效的管理者和学习者？随着这方面研究的日渐增多，当公司选拔人员晋升至管理层时，最为关键的是公司依据的实际标准正在发生改变。

当制定晋升决策时，公司开始注重通常提及的"后竞争力"（meta-competencies），如情商、学习敏捷性及适应性。[10] 有些人有更高的学习敏捷性，能够比他人做更好的学徒，某种程度上这得感谢他们的情商以及自省和反思的习性。他们是这方面最具反思性实践者。在其他事情上，面对新情境，他们采取探索者的立场，他们心态开放，积极接受新想法，并整合各方不同的观点。他们也具备高超的对话技能，能够从他人处寻求并使用反馈。

高管和人力资源管理者必须问如下问题：那些正在被考虑晋升的人选愿意且能够从经验中学习并改变自己吗？他们具备"完美学徒"的特征以吸引他人成为其导师吗（例如，能接受正面和负面的反馈）？他们能承认自己不是"万事通"吗？他们有寻求帮助和支持的内在倾向吗？美国最成功的一家餐饮连锁企业在招募候选者时会问："在以前的工作中，你曾遇到了哪些困难妨碍你把工作做好，你是如何克服它们的？"[11] 他们试图寻找遇到问题就积极沟通的人，而不是"试图自己搞定一切的独行侠"。

在决定谁将获得晋升时，在没有收集到足够的证据之前，不要将任何候选人排除在外，这点非常重要。通常人们尤其是那些敢于冒险者和试图成为变革推动者，在没有足够数据支撑的情况下就开始晋升。晋升和潜在的发展性任务通常给予那些最像上司的人，相反，不是那些贡献最多、价值最大的人。尽管我们对此难以启齿、不愿承认，但我们发现其实我们更容易信任"类我"者。如果一个人是少数民族或来自不同的文化背景，他们很难成为上司。为什么会是这样呢？第一，因为歧视和不公平；第二，通常有才能的人（包括少数民族和大多数人），当看到这种不公待遇时，都会愤然离职；第三，最新的研究显示，组织中的多样性会引发创造性和创新的增长，其结果是，企业的竞争优势也随之增加。虽然以上这些偏见众所周知，但在企业中仍旧被忽视，许多企业正致力于改善晋升流程。它们正升级或彻底改善绩效管理系统，以增加制定晋升决策时数据的全面性和权威性。360度绩效考核系统在企业的运用呈上升趋势，这一点都不足为奇。本着同样地主旨，组织也在问经理问题，他们如何和为什么这样制定个人决策。例如，业绩档案通常被视为个人对企业长期贡献的有力衡量和他们潜力的关键预测。个人绩效评估和业绩档案无可否认是客观的，但不总是个人挑战、成就和过失的合适衡量尺度。一旦一个人已经生成了一种特别的业绩档案，它就趋于"黏性"。当"明星"犯错时，人们会给他们第二次机会，但"起跑缓慢者"上了快速跑道就会遇到麻烦。[12]

最适合的发展

虽然我称赞组织在评估适合度方面的进步，但只有当组织不再将管理开发视为可选项的时候，我相信这才是真正的进步。它们不再将管理开发视作"挑选合适的人"（麦考尔一针见血的说法），它们开始视它为"开发适合的人"。[13]人力资源经理和高管需要将价值观和行为准则嵌入企业文化，作为一种竞争优势，它必须与开发和管理人才一脉相承。为了做到这一点，他们应当进行内部研究以识别人们在组织中取得成功的关键要素。从企业的现状和未来出发，员工需要具备什么样的能力、态度和价值观？一旦他们确定了这些特质，他们就需要定义新经理如何掌握这些必备的能力、态度和价值观，从而可以在特定的商业环境中有效开展工作。该问题的一种回答是评估成功经理的发展路径。他们的关键拓展性任务是什么？他们什么时候接受领导职责？如何给他们制定任务？他们关键的发展型关系是什么？他们如何获得这些关系？最后，什么使他们能够最大化利用学习机会？由于很多经理说工作是最好的学习，所以人力资源主管应当尽可能将学习转移到教室之外。他们应当设计更多的实践学习项目，并花更多的心思在日常工作中的学习机会上。例如，你所在企业中的挑战性任务是什么？如何设计这些任务？哪些资源尤其是关系，是人们需要的？谁辅导谁，为什么？为营造更具发展性的企业文化，应该移走哪些绊脚石？

对大多企业而言，一种"开发适合的人"的方法是一种根本的转变。它意味着鼓励自我学习以及支持第12章讨论的拓展性任务类型，尤其是对于那些富有挑战和发展管理和领导才能的人才。此外，人力资源经理和高管能够使用资源和工具，以帮助新经理充分利用他们的在岗学习经历。

管理开发的"处方"容易开，但实施却很难，其原因在于前文所概述的业绩与发展之间的权衡。例如，如果你手上有个重要的项目，需要领导技能才能完成，你是当作挑战性任务给一位需要发展该领域技能的经理呢，还是给一位已经知道如何做该项目的经理？管理相互冲突的轻重缓急是件艰巨的任务：一方面，你需要为客户真正实施该项目；另一方面，你需要培养组织所需的领导人才。显然，你需要在合理的风险范围内做出决策。但是久而久之，总是选择"安全"路径的企业可能导致"勇于挑战、奋勇向前"的人选择离开。很多组织采取了危险的中间道路，它们给员工拓展型任务，但在合理的风险之后，惩罚那些犯错者，因而会发布喜忧参半的消息。

对于那些将学习与"做业务"严格分开的人，我希望他们清醒地认识到这种二分法是荒谬的。事实上，人们只能通过在工作中的体验学会管理。那些以管理人才的深度和广度著称的公司，通过利用从工作中学习这一杠杆，让经理尽可能自然地学习，从而建立起人才库。它们为经理创造了日常环境，使他们有机会从自身的经历中反思和巩固经验教训。它们战略性思考企业所需的人才以及发展人才所需的经验。

例如，GE 的"群策群力"法设计的初衷是为消除企业中不必要的官僚作风，同时提供一种机制，使上级和员工之间发展一种协作的工作方式。他们模仿新英格兰市镇会议开放式讨论的方法，鼓励员工畅所欲言，开诚布公地提出企业如何更有效运行的建议。他们的上级则需要对他们的想法和问题立即予以反馈。20 多万 GE 员工参加了"群策群力"，以及涉及跨层级、跨组织的行动学习项目。这不仅给市场施加了挑战，GE 借此也识别和培养了一批面向未来的干部。当跨组织团队在处理公司中燃眉之急的事情时，他们磨炼了自身的日程设定和团队合作技能。参与者发展了"社群实践"、跨组织的人际关系网，无论从短期效用还是长期发展目标来看，之后均被证明是无价的财富。斯蒂芬·科尔（Stephen Ker），一位 GE 克劳顿维尔教育中心的主管，他描述了行动学习和社群实践的力量：

> 公司里到处都是生产委员会、财务委员会、技术委员会，确切地说是几百个跨专业、跨部门的亲密团队。通过它们（以及培训中的行动学习项目），GE 年轻的领导者形成了朋友圈，在后期的事业发展中，他们都将利用这个圈子。在会议中，他们要分享自己的观点，他们的朋友、同级都可以反驳，帮助他们完善、提升，并将这些想法带回部门付诸实践。正是在这样的社交过程中，他们注意到谁是真正的人

才，谁更有发展前途。领导如同艺术，识别比定义更容易些。评审中的好"等级"和培训中的好成绩，学校中的测试和表现都不能创造、展示或者锻炼领导才能，也不能产生信任，但是社群实践的方式却能做到这一点。[14]

公司能提供的最有力的学习经验是挑战性任务，它让人们走出自己的舒适区。正如第12章所述，挑战性任务稍微超出员工的现有能力。这些任务给予经理一定程度的自主权，以便他们有机会决定做什么（设定日程）以及怎么做（动员关系网中的员工共同完成）。如果仅仅考虑能力、概念和员工的种类，一位经理能够从海外任务中获得，如表E-1所示。

表 E-1 经理能够从海外学到什么

管理技能	• 提出问题 • 达成共识 • 心态更为开放 • 能够与更大范围的人共事、打交道
对不确定性的忍耐	• 在信息不足的情况下做出决策 • 在不懂每件事如何运作的情况下采取行动
多角度思考	• 站在他人的角度看问题 • 预见他人的行为 • "容忍"不同类型的人
工作能力	• 更多的沟通与交流 • 预见更多自身的影响

资料来源：Adapted from N. Adler, *International Dimensions of Organizational Behavior*, 2nd ed. (Boston: PWS-Kent, 1991), 240.

挑战性任务并不是把有才能的人扔进游泳池任他沉浮，即使一位明星运动员，让他攀爬一架缺失多数横档的梯子，他也很可能摔下来。恰恰相反，这些挑战性任务是将个人发展的需要和能力与一系列精心设计的、有意义的机会匹配起来。它应当帮助执行者获取专业能力，同时与有助于他们获得更多经验的人建立关系。给予合适的机会，他们就能产生结果，创建业绩档案，建立公信力，并为更具挑战性的任务做好准备。

长期注重管理人才培养的企业，必须从战略上考虑如何识别有潜力的员工，然后给他们正确的经验组合，让他们做好准备从事管理工作。高级经理应该问自己，有才能的人应该学习什么技能，然后将这些技能与发展机会匹配起来。例如，思考不同类型的技能可以从不同的任务中发展而来：跨职能任务小组；创造性地引进新产品；作为高层助理参与主要部门的转型。罗格·恩里克用了一年时间专门研究领导力开发中的基本问题。他相信没有足够的领导人才，企业将无法确保其竞争地位或实施全球化战略。他访谈了高层管理者，如克雷格·韦瑟厄普，看他们是如何学习领导的。通过个人访谈和小组活动，他发现对百事可乐而言，如下问题的针对性答案：

- 从企业的现状和未来出发，经理需要什么样的能力、态度和价值观？
- 关键的"适合"标准（胜任能力）是什么？
- 他们合适吗？如何对他们进行评估？
- 关键的挑战性任务是什么？
- 如何设计这些挑战性任务？
- 经理需要什么资源尤其是关系？
- 谁是"导师"？指导"谁"？为什么？结果是什么？
- 我们应该搬走哪些"绊脚石"？

以战略视角审视管理开发，第一步是深入诊断。根据人们对以上问题的不同回答，公司可以针对每个人的需求，量身定制发展经验。

然而，制定任务的流程是大多数公司最为薄弱的环节。最常见的情况是，绩效和学习与发展之间的平衡点损毁了。例如，很多公司为培养更多的总经理，曾试图引入跨职能轮岗，并将其作为一种机制。但这种尝试失败再正常不过了，因为经理将离开很长时间，以确保公司不会从他们的团队中突然"猎走"最具才能的员工。这些经理并非坏人或自私自利的家伙，他们只是理解公司暗含的价值观，并认识到公司仍注重业绩而非员工发展。他们知道，如果团队中最好的员工调离去做挑战性任务，一旦团队业绩下降，他们将被处罚。内部公开招聘是规避这种倾向的好办法。一旦团队成员获悉职位空缺，而他们又有有价值的"炮弹"，他们就会借此给上司施压，以获得个人成长的机会。[15]

除非经理对发展员工负有直接责任，否则不要期待在培养管理人才方面有大的突破。通常高管只是嘴上说关注员工发展，但实际上他们只对短期产出进行奖励。我们多久能够看到这样的个人——高收益产出者，但却有着团队成员流失和倦怠的名声——被提升到更高的职位呢？除非将人才发展纳入管理奖励和晋升标准，否则不要期待高管会培育一种领导力和学习的文化。对专业服务公司而言，因为它们最有价值的资产就是人，它们开始在短期绩效和学习与发展这一矛盾中反复斗争，这其实一点都不奇怪。[16]

事实上，当公司开始更多关注学习与发展时，它们发现，上级往往不是帮助新经理，而是阻碍新经理。回想一下第 8 章，本研究中大约一半的经理不愿到上司那里寻求帮助，他们中的绝大多数觉得那是在公开地接受批评和指责。如果新经理的上司已经掌握了更多的指导和辅导技能，企业就不会错失这么多良机！然而在很多企业中，很少有经理具备这样的基础能力。为何他们会缺少这种基础能力呢？再次强调，人们从经验中学习。过去，在人力资源一年一度的绩效评估中，企业允许经理降低辅导和指导的职能，因此直线经理就不会发展那些能力了。

现在企业制定了鼓励员工关注发展的政策，它们发现有必要提升经理的能力，以在发展他人方面扮演建设性角色。如果经理能够帮助员工从经验中学习，并最大化发挥其价值，他们应当借助"在线"或日常辅导、定期"线下"反馈以及反思型发展谈话等手段，为员工提供持续的、坦诚的反馈。为了弥补能力不足，一些公司将培训聚焦在辅导和指导等基本应知应会方面。那是在正确方向下迈出的第一步，但对于经验丰富的经理来说，掌握新技能的唯一途径是跳到合适的位置并实践它们。有了时间和支持，他们能够学会这些至关重要的技能，而他们之前可能理想化地认为自己在第一项管理任务中已经掌握了。

直接上级是关键

尽管组织文化很重要，但直接上级如何对待其下属才是管理开发的关键驱动力。[17]公司开始认真看待经理的教练角色。如果"经理作为变革推动者"是20世纪90年代的主旋律，那么"经理作为教练"则是当今的主旋律。甚至有文章提到，CEO的关键角色是成为老师。诸如信任、心理安全等"软"话题正在获得关注，也鼓励经理考虑在所属团队创建学习文化。我们知道直线经理应该做什么，这也没有什么神奇的事。正如我们在第8章看到的，新经理倾向于向提供支持性自主权的人学习。从我对管理开发的持续研究来看，我开始更加准确地理解了，为成为有效的管理者直线经理应该做什么。他们对下属高标准、严要求，但当发生不可避免的错误时，他们会采取共同解决问题的办法，这使得心理安全对学习如此重要。这些上司认识到新经理潜在的难点，例如，忽视关键的同级关系，缺乏授权或者很少关注变革管理。他们找出部门任务中的新手，认识到他们的不安全感。他们会采取苏格拉底式的方法，鼓励学习援助的发展，如同理心和探究询问等，也鼓励个人反省和巩固从经验中得到的经验教训。最后，他们要求员工必须对自身的发展负责，并给他们提供在岗学习的一些工具。

一方面，为了对自我发展负责，这些上级鼓励员工在既定的任务外更可能多的学习。例如，一位新经理的上司可能会定期问下属以下问题：

- 确定一两个在过去几个月出现的领导力发展机会（例如，参与一个跨职能任务小组，或者启动一个质量改进项目）。
- 你利用那个机会了吗？
- 如果没有，原因是什么？
- 你的行动/不行动对你的团队或组织有什么影响？
- 在不久的将来，你预计会有哪些领导力发展机会？
- 我能提供什么帮助？

通过这样的询问，上司向下属发出这样的信号：他们应当为自己的发展负责。最后，这些问题鼓励人们战略性地考虑自己的事业——他们应该寻求什么经验，他们应该建立什么关系？帮助人们成为自我指导式的学习者的最重要途径，就是学会做一名完美的学徒。

培育学习文化

我们知道培育有利于管理学习的文化需要做什么：

- 在管理开发上投入时间的关注，包括高管层。
- 在短期业绩和学习与发展之间做好权衡。
- 研究人们需要学什么以及如何学。
- 建立一种"心理安全"的环境。
- 使"业务"和"人力"战略更好地融合。
- 提供学习机会和资源。

简而言之，我们知道应该做什么。现在需要的是"尽快去做"。真正有成效的经理不会简单地问："我在管理和领导吗？"而是围绕更难的问题:"我们创造了一种让他人学习管理和领导的环境吗?"这种重点的转移才是根本所在,它迫使我们进一步质疑我们的基本假设。领导者是不同凡响的人吗?或者说普通人也可以不同凡响——还存在潜藏的潜能有待开发吗?它的核心是在组织中谁应该有权力和影响力。是经理(领导)还是团队?看看这段鼓舞人心的名言,它来自纳尔逊·曼德拉(Nelson Mandela):

> 一位领导者……像一个牧羊人。他待在羊群后方,让腿脚最灵便的羊走在最前面,那么其他的羊就会跟着往前走,它们根本没意识到,自己一直被牧羊人从后方引导着。[18]

直到最近,我们主要还是让经理"从前面领导",这在一定程度上反映了管理过度,不能应对引言中所说的20世纪末的挑战。我们寻求的经理应当扮演愿景领导者和变革推动者的角色。现在,我们必须超越"领导就是应对变化"的概念,我们需要了解如何从后面领导。曼德拉的名言提醒我们,领导者必须是教练和组织文化的设计师。从后方领导是一个创建企业文化的过程,它允许人们将其独特才能尽情发挥,这才是核心所在。我们如何选拔愿意从后方领导的新经理呢?我们怎样才能成为他们个人发展的伙伴呢?在未来全球化浪潮更进一步的环境下,下一步的研究必须更好地理解,经理如何激励不同文化背景的人踏上持续学习和领导的集体旅行。

附录 A
研究设计和方法

本次研究是对我早期在证券公司中层经理再培训的一次重要延伸和拓展。就那个项目而言，我采访了 100 多个中层经理，包括他们的职业生涯和公司的情况。在采访过程中，这些经理在描述他们做经理的早期经历时的热情给我留下了深刻的印象。一个 50 岁出头的经理说，这（新经理上任第一年）就像昨天发生的事情。

我开始对经理上任第一年的各种经历产生了浓厚的兴趣，并且开始尝试研究和探索这一领域。描述新经理工作不胜任、工作摩擦和职业倦怠的论文和报道比比皆是。但是，不久我却发现，对于向管理转型几乎没有什么系统或是缜密的研究，并且我们对于经理是如何学会做好工作的情况也是知之甚少。此外，很多对于职业生涯转型的研究也很局限，这些研究将转型看作一种活动，而不是一个过程，因此常常忽视了转型中更多以人为中心的重要方面——也就是说，忽视了主观的经验和社会性的心理影响。[1] 韦克等人认为，更多个体对职业生涯的想法和理解还有待我们进一步发现和探索。[2] 教育领域的一个实际标准应该是："始终以学生为中心。"如果管理开发的动机是要真正满足新经理的实际需要，那么它就必须建立在新经理对成为经理这一经历的理解和感受之上。

为了填补这一空白，我决定实地研究从个人贡献者到经理人的转换历程。从理论上来讲，成为一名经理人始于晋升，结束于成功理解并掌握了这一角色。³我的目标就是站在新经理的视角，描述新经理的经历：新经理发现最具挑战性的是什么？他们如何学会做经理？他们依靠什么样的资源，不管是个体的，还是来自公司层面的？

虽然我的兴趣主要是由一个切实可行的日程安排所驱动，但是这个项目的理论意义——针对职业生涯、管理行为、管理研究、角色理论，以及社会化表现而言，看似是不证自明的。但我既没有验证理论，也不是在发展理论。为下一步的调研，我希望提供一个概念性框架，以理解管理转型的意义并生成一些成果丰富的假设。

研究项目的发展

兴趣的表象几乎支配了研究方法。由于这个研究关注的是当前活动"怎么样"和"为什么"等此类问题，似乎定量研究是符合逻辑的方法。⁴由于这个主题的研究几乎是空白，所以采用已有的方案不太现实。虽然采用了一些系统性的调查方法，但是我有意决定在收集数据方面保持随机性，并且对于发展性的事件保持开放的态度。

我收集了所有有价值的数据，不管是定性的还是定量的。我依靠观察、正式的访谈以及非正式谈话（在走廊里面、在吃饭的时候、在正式会议的休息片刻期间），消息灵通和消息闭塞的人，以及档案材料和出版材料。数据主要来源于半结构化的采访和非结构化的观察。随着调查的不断深入，模式开始形成，我更加深入地探究一些看似重要的问题，同时提出更明确地质疑，以及做更集中的观察。由于我和调研对象建立了互信和足够的默契，我不断地会提出更为敏感的话题。

诚然，自我报告作为主要的证据来源存在风险，尤其是关于个人变化的内容。⁵但是，很难想象还有别的办法可以开发新经理有关转型经验的内心感受。接受我采访的每个人表现出的坦率和乐于助人以及很快习惯于我的存在,这都给我留下了非常深刻的印象。

总之,在他们上任第一年,我都会定期拜访、观察,以及电话采访这19位经理。对于每一个人而言,我平均会花12天的时间,这包括和他们本人、他们的高管、人力资源经理、经验丰富的同级,以及他们的直接上司、下属和其他职能部门的同级代表;同时也会包括参加为经理准备的定向培训时间。很显然,成为一名经理人的工作不是在一年内就可以完成的:没有人觉得在他们上任第一年的纪念日就完全掌握了这份工作。[6]但是考虑到实际情况,我只考虑了新经理头一年的经历。

研究策略是不断发展的、定性的、分类的以及归纳性的,这种研究方法的价值受到了广泛质疑。[7]一项跟踪研究越深入、实时性越强,那么收集到的数据就会越详细、联系性越强。但恰恰相反,我们也必须留意到它们的广泛性、可靠性以及有效性。在其他的复杂情况下,一个人必须考虑到研究人员对于研究现象的影响。我的存在似乎确实影响到了新经理的经历。正如之前所说的那样,可以和别人去诉说他们的焦虑和问题,以便让他们得到缓解。对于很多人而言,我成了一块共鸣板。在很少的情况下(因为经理只有在遇到问题时才会寻求帮助),我又扮演着顾问的角色。很显然,对这些经理而言,参与研究会迫使他们思考自己的经历,并且这种思考使他们更容易理解和巩固从经历中获得的经验教训。

参与者

因为这次研究的主要目的就是深入研究成为一名经理的主观经验,所以让例会比较少,以便于控制。我找到了两个此类的研究地点,我可以研究在一个职能领域的10～20位经理。我会用三种标准来评估潜在的地点:(1)它的规模是否可以在调研期间有一定数量的经理?(2)它们是否处于所在行业的领先地位?(3)它们是否可以为管理培训和开发以及晋升机制提供重要的机会？为了在选择和开发经理方面设定一些标准，我选择研究在最佳环境下的管理工作转型。我关注销售和市场是因为我很熟悉这些领域，并且很少有人研究销售管理工作转型，尽管大量证据表明很多新任销售经理没有成功地做好转型工作。前面的研究主要关注三类人群——班组长、技术经理和专业人员。

参与者是证券公司和计算机公司的一线新任销售经理。结果是可以概括的，只有当对不同职能和不同背景的更多经理进行调查时才能证明这一点。证据强烈表明，管理工作和他们的基本责任十分相似。但是，证据同时表明职能也确实影响特殊任务和跨职能活动的重要性。[8]实际上，我采访和观察了（虽然不够系统和全面）其他部门的新经理（包括研发、咨询、会计、法律以及博物馆管理工作），同样得出了一致的结论。

更重要的是，这次研究是为了在两个完全不同的背景之下看待一个问题。因为我和公司以及个人之间签订了保密协议，所以我不能提供一些经理和他们工作的细节材料，我很抱歉剥夺了读者对于个体和他们情况的完全知晓权。保密协议比起预期更加严格，因为两个公司在开展研究的时候拥有的经理数量相当少。但是，我的确总结了一些证券公司和计算机公司经理的差异之处，他们的职位如表 A-1 所示。

表 A-1　新经理简介

	10 位证券公司的经理	9 位计算机公司的经理
职位名称	部门经理	销售经理
直接上司的职位	区域总监	部门经理
销售人员的职位	客户代表	销售代表
主要下属的职位	客户代表、运营经理、行政经理	销售代表
下属人数	20～80 人	5～15 人
销售任务	向个人和小型企业投资者销售金融产品	向大型计算机系统的机构销售
平均年龄	36 岁	30 岁

我确定了五家我想在此次研究中涉及的公司——三家金融证券行

业、两家是计算机行业。我选择这些行业，部分是因为我熟悉这些行业，同时也因为它们正在经历着重大的变革（组织变革是我感兴趣的另一个领域，如同前面对于再培训的研究）。通过我在哈佛的同事，我可以安排和这些公司的高级总监会面，并讨论我的意向（详情请见表 A-2 的一封正式信件）。

表 A-2　寻找研究现场的信

尊敬的（　　）：

　　我目前正在开展一项大型研究项目，主要是研究不同行业的销售人员向销售经理的转型。本研究是首次对个人贡献者/业务人员向经理转型的系统深入的调查。以下是本次研究的提纲：

（1）转型的主要要求和挑战是什么？

（2）个人在转型过程中最常用的资源有哪些？

（3）成功的转型取决于哪些因素（个人、工作和组织）？我希望利用这些信息描绘职业规划、职业发展与职业设计指南，使这一转型更加平稳和成功。

　　我目前正在为这项研究寻找地点。因为贵公司（在相关行业）的领先地位，所以我想就此项目与贵公司合作。研究方法双方可以进一步商榷，这自不必说。我希望采取分阶段的研究方式：在第一阶段，我将对新经理做一两项案例研究；在第二阶段，我将对 5 名或 5 名以上的新经理进行跟踪。我将在为期 4 个月的时间内对新经理、他们的直接上司和下属进行三次访谈。附件是访谈提纲。

　　在开始案例研究之前，我需要有关现场销售管理方面的背景信息：

职业发展体系和正式的工作设计：

（1）招聘和选拔；

（2）培训与发展；

（3）典型的职业发展路径；

（4）人员流动率和工作倦息的比率；

（5）正式的工作说明书；

（6）绩效评估和薪酬方案。

对现场销售管理工作的理解：

（1）高水平执行者、中等水平执行者和平均线以下执行者的差别；

（2）与工作相关的主要压力和挑战；

（3）与工作相关的主要回报。

理解从销售人员向现场销售经理的转变：

（1）转型的主要压力和挑战；

（2）处理这些压力和挑战的可利用资源；

（3）成功转型者和失败转型者的主要区别。

　　为了收集这些信息，我想我必须至少与三类人群沟通：人力资源部、高级销售经理、

（续）

至少有5年销售经验的现场销售经理。当然，所有信息都是准确可靠的。

我希望与您面对面进一步讨论我的想法。我下周会给您电话，和您约定面谈的时间。感谢您的关心和支持。

此致

琳达·希尔

附件：采访安排

新经理
销售经理工作
  1. 岗位职责和权力
  2. 主要的工作关系
  3. 工作成功的关键要素
  4. 工作中的主要压力和挑战
  5. 他们喜欢工作的哪些方面
  6. 他们不喜欢工作的哪些方面
个人
  7. 工作价值
  8. 追求管理生涯的动机
  9. 工作成功关键要素以及必要的知识、技能和态度评估
转型过程
  10. 转型的要求和挑战
  11. 管理转型的应对措施
  12. 角色楷模、教练以及导师
  13. 为实现平稳和成功地转型，组织能做什么，做了什么
产出
  14. 工作绩效和效率评估
  15. 工作满意度
  16. 心理幸福感：自尊以及压力下的身心状态

上司和下属
销售经理工作
  1. 岗位职责和权力
  2. 主要的工作关系
  3. 工作成功的关键要素。高水平执行者和一般执行者的区别
  4. 与工作相关的主要压力和挑战
  5. 工作的主要回报
转型过程
  6. 工作成功的关键要素以及必要的知识、技能和态度评估
  7. 转型的要求和挑战
  8. 平稳和成功转型的关键要素
  9. 转型过程中可以利用的组织资源
结果
  10. 评估新经理的工作绩效

在一轮的熟悉和了解之后，我决定与其中的两家公司合作。我再次和那些经理见面，并且正式要求他们参与本次研究。幸运的是，两个公司都同意参与，只要我严格保密。两家公司在营业额和一线管理职位的不胜任方面都有困难，并且急于学到一些有关如何选择和发展新经理的方法。在这些会议中，我们签订了合同，并且将在合同范围内工作，同时指定了和公司人事部门的联系方式，他们将协助我完成本次调研。

初步的数据收集

我开始收集一些背景信息，以确保我对于新经理工作背景的充分理解。我采访了销售和营销部门的高管（5位来自证券公司、2位来自计算机公司）以及负责新经理开发的人力资源工作者（4位来自证券公司、6位来自计算机公司）；我也采访了一些相关的新经理（4位来自证券公司、5位来自计算机公司，并且他们至少在该岗位工作了两年以上）以及他们的直接上级。对于每一位，我按表A-3中所列出的内容进行了开放式采访。

表 A-3 收集的背景资料

- 工作履历
- 公司历史
- 当前的战略和关键成功要素
- 当前面临的挑战
- 组织架构
- 管理人才盘点
- 经理的招聘和选拔
- 典型的管理职业发展路径
- 销售人员和经理可参加的培训和发展项目
- 人员流动率和工作倦怠比率
- 绩效评估和薪酬政策与流程
- 销售人员和一线销售经理的岗位说明书
- 这些职位的关键成功要素
- 管理转型的挑战
- 与成功转型相关的个人和组织差异

接下来，为了更好地了解新经理的工作，我要求采访和观察"公司的传奇人物"——那些经验丰富的经理，他们的管理能力在业界享有盛誉。我花了一天的时间采访了4位证券公司以及6位计算机公司的传奇人物。最后，我参加了为新经理专门设计的定向培训课程（每个公司两次）。

在收集了这些信息之后，现在我准备好选择研究的对象。两个公司都推荐了一些经理候选人，我要求公司联系人尽可能去安排我和这些候选人见面。我在证券公司联系到的11个人之中，有10人同意参与研究，第11位和我达成了共识，他不应该参加。他对于这个研究对他个人的好处持怀疑态度，并且坦率地说，他不相信公司不会要求我对他的业绩进行评估。不久就可以表明我的工作早已经安排好了。因为我正在研究现场的销售经理，所以我需要周游全国。因此，在计算机公司，我把样例限定为美国新英格兰和中大西洋地区有发展前景的经理。联系到的9位都同意参加这个研究项目。

在最初的会议中，我采访了经理以了解他们的职业履历、追求管理生涯的动机以及有关对管理工作的期望。

现场研究方法

我和新经理、他们的直接上级、下属和同级代表进行了一系列访谈。在每一个案例中，我至少采访了他们一半的下属。我采访哪个下属随机决定，包括没有经验的下属和有经验的下属。在证券公司里面，我确保不仅采访销售人员，而且还有行政人员和操作人员。我也面谈或者电话采访了一些新经理的同事（13位来自证券公司、16位来自计算机公司）。一些同级是公司或者区域总部的员工，而其他人是就职于一线功能、行政、运营以及技术销售支持部门。我也有幸与一些新经理的顾客交谈。我和7位来自证券公司的顾客以及3位来自计算机公司的顾客交谈，而这些人都是当我拜访新经理的时候碰巧在场。

在新经理上任的最初一个月到第六周,我对他们的办公室进行了为期三四天的拜访。在拜访之前,我发给了经理一份采访日程安排(见表 A-4)。

表 A-4　新经理的访谈安排

介绍

我正开展销售人员向销售经理转变这一问题的研究。本调研的目的是收集经理对这一问题的意见,以改善这一转换过程。

所有问题的回答均采取自愿原则,而且会严格保密。您的个人信息仅由我个人保存。

我希望得到您对:(1)销售人员工作的看法;(2)向销售管理工作转变的意见。请您在我们的讨论中畅所欲言。我希望我确实理解了您的意见和观察结论。

销售经理岗位

1. 简单描述您当前的岗位和职责。
2. 您的直接上级对您的工作有什么期待?
3. 如何衡量和评估您的工作绩效?
4. 销售人员对您有何期待?其他下属呢?
5. 为了完成工作,我想您一定与很多人接触。在您的工作领域内部和外部您认为什么样的工作关系是重要的?
6. 您在工作中面临的主要压力和挑战有哪些?您工作中最具挑战性的是什么?
7. 如果有的话,您最不喜欢工作的哪些方面?
8. 与您工作相关的回报是什么?
9. 您最喜欢工作的哪些方面?
10. 您认为怎样工作才会成功和有效?
11. 您认为绩效最佳的销售经理和一般或者中等偏下的销售经理有什么主要区别?他们如何开展工作?他们的知识、技能、态度和工作经验是怎样的?
12. 想一想为实现有效工作您所需要的知识和技能。您如何获得它们?
13. 您怎么看待公司选拔新销售经理的流程?它的好处在哪?如果可以的话您将把它变成什么方式呢?

转型

1. 您为什么选择做销售经理?
2. 您如何看待公司选拔的销售经理后备人选?
3. 转型中最主要的压力和挑战是什么?
4. 您认为转型的最高要求是什么?在转型过程中您认为最难处理的是什么?
5. 您怎样处理这些压力、挑战和要求?
6. 您依靠哪些个人资源?
7. 您依靠哪些组织资源?您在工作中得到了他人的哪些支持?
8. 有什么事您希望采取不同的方式再做一次吗?
9. 迄今为止您所犯的最大错误是什么?

（续）

10. 您避免这些错误了吗？如果有的话，您是如何避免的？
11. 您对新经理有什么意见和建议？
12. 在转型过程中您希望可以利用什么资源？
13. 公司怎么做才能让新经理平稳转型？
14. 您什么时候才开始不再感觉自己是"新经理"？这种转型需花多长时间？

背景信息

1. 您在公司工作多长时间了？
2. 您在现在职位上工作多长时间了？
3. 您在公司还担任过其他什么职位？
4. 有多人为您工作？他们都为您做什么或者说他们的岗位职责是什么？

结果

1. 如果您是我的话，正在开展这项调查，哪些问题您一定要问新销售经理？
2. 有哪些问题是您希望我在这项调研中找到答案的？

我总是从采访新经理开始。我询问了一些在采访日程中提出的一些问题：他们目前存在哪些问题？自上一次采访以后他们从工作和情境中学到了什么？他们和上级、下属以及同级的工作关系是怎样发展起来的？他们如何利用自己的时间以及把时间花在了谁身上？他们考虑到了哪些个人或是公司的变化？他们依靠什么或者是哪些人帮助他们学习和工作……这些采访通常会持续 3～5 个小时。我也采访了他们下属的一些代表，这些采访通常要花 1～3 个小时，同时也包括其他补充的不同类型的话题。

在我拜访期间，我跟踪采访了新经理的日常工作，尝试着尽可能地观察他们与下属的谈话以及召开的团队会议。此外，在实地拜访后不久，我采访了新经理的上级。采访是非正式的，目的是收集上级对这些话题的观点，再把这些观点和采访新经理的观点做个比较。这些类型的采访持续了 1～2 个小时。

在之后的几个月里（每隔三四个月），我会定期拜访和重新采访新经理和他的下属。我又再次登门拜访并采访了 9 位新经理（在他们任职的后半年），同时又花了两个月采访剩下的 10 个人。大多数采访是电话进行的，持续30分钟到2个小时。经理和他们的下属习惯于通过电话做生意，即便是在谈论困难的和敏感的话题也看起来十分轻松和自在。这些采访是为了获得自从上一次采访以来的新信息。我通常会在一开始问道："最近过得怎么样呢？"如果有必要的话，对于新经理而言，我也会和他们讨论以下的一些问题：（1）一般情况下，你的一个星期是如何度过的？你会和谁一起度过这样一个星期？（2）你发现最具挑战性的是什么？（3）你学到了什么？（4）你发现最令人满意和最令人高兴的是什么？（5）是谁（如果有的话）对你是有所帮助的？大量的证据表明，当我们回忆和描述特定事情的时候，可以减少自我评估时的偏见。[9]因此，如果有合适机会，我会鼓励参与者提供具体的例子来证明他们的观点，并且分享他们对于特定事件的想法和看法。

在年底的时候，我要求经理使用采访日程作为他们的指南，评估任何他们接受的正式培训（见表A-5）。

表A-5　评价正规培训的采访日程

1. 新经理培训项目的目标是什么？
2. 在帮您发展这些知识和能力方面，培训起到了多大的作用？
　　（1）_____理解补偿和重新配置政策
　　（2）_____时间管理技巧
　　（3）_____沟通技巧
　　（4）_____解释和准备行政管理报告
　　（5）_____管理新下属（教练、咨询和激励技巧）
　　（6）_____召开有效的销售会议和办公室工作会议
　　（7）_____理解产品和服务
　　（8）_____招聘和选拔技巧
　　（9）_____培养团队精神
　　（10）_____发展有经验的下属
　　（11）_____管理高绩效下属
　　（12）_____监督执行活动和解决执行问题（仅适用于部门经理）
　　（13）_____开发营销战略（确定战略性销售的时机和组织销售活动）
　　（14）_____授权技巧

（续）

（15）_____ 开发领导力和管理风格
（16）_____ 理解员工政策和服务
（17）_____ 管理绩效不佳的下属
（18）_____ 计算机应用技巧
（19）_____ 制订行动方案的技巧
（20）_____ 处理家庭和事业之间的矛盾
（21）_____ 为管理自己的办公室做好准备

其他方面呢？

在年底的时候，我又重新采访了每位经理的直接上司，要求他们从上级的角度看经理转型进程。我只简单地问上级："从你们的角度来说，你们觉得新经理做得怎么样？"当然，结果是这样的问题导致了对新经理业绩表现不完美及并不完整的评价。[10] 但是，大多数上级相信自己的结论，通过和我分享（保证信息不会对外公开）他们对于经理表现的正式认可。正如之前所描述的那样，大多数新经理（其中16位左右）成功度过了他们上任的第一年。也就是说，他们的上级觉得，以新经理的有限经验来看，新经理已经完成了之前人们对他们预期的客观表现，可以说他们已经尽力而为了。

分析数据

本书的研究产生了2000多页的手抄本（大约80%的采访有录音）和会议记录。精选经理的故事是一项具有挑战性但是也会让人望而却步的任务。本书里的结果是通过归纳分析而得出的——重复的内容分析以及对于材料的解释。我主要是依赖其他人的调查研究来帮助我理解我的数据（注释部分列出了我的观点的理论基础）。通过确定有用的变量以及生成有关它们之间的关系的假设，我确定了话题的范围。

坦率地讲，经理如此一致的表述让我印象深刻。事情、问题和情境使得他们有规律地重复着自己的所作所为，以至于让我感觉我可以对于转型经验得出一个合理的、全面的看法。通过我对于数据的分析,中心的趋势也就产生了。绝大多数(15个或者15个以上)或者大多数(10个或者10个以上)经理的回应或者表现都是一致的。绝大多数经理似乎要应对相同的挑战——转型经验以及四大转型任务。

　　因为研究设计是纵向的,所以我努力尝试在数据中寻找周期性。但是让我感到懊恼的是,新经理的经历中并没有出现什么阶段或者时期。有一个晚上让我记忆深刻,在我沮丧地筛选了一天数据后,我开始重新阅读肖恩(Schon)的《反思性实践者》。[11] 我突然意识到,新经理只有在他们需要学习的时候才会去学习他们认为有必要的东西。时间并不能解释数据的组织性原则,问题和惊喜才应该是正确的答案吧。在充分认识到了这一点之后,分析的方案终于开始尘埃落定了。

　　变化确实发生在新经理的经历之中。每个经理的经验看上去似乎部分是被个人特征所塑造的,比如说经验、能力和管理风格,以及受到环境因素的影响,比如公司、办公室规模和策略、下属的情况等等。其中的一些区别在本书中已经描述过了。如果有更大的实例,我或许可以更好地剖析这些区别,为理解个人和公司的差异是如何调整这种转型提供一种很好的范例。由于本研究中的经理没有几个是"失败的",所以我可能无法确定为什么一些人的转型比起其他人的转型更为平稳。

结论

　　一部处女作的作者比起那些经验最为丰富的评论家更了解其作品的不完美。多亏了本研究中的参与者,我才能够很荣幸地接触到独一无二却又十分丰富的数据。对于这些数据的分析是从来都不会完整的,我个人希望在未来的一段时间内可以有所斩获。当然,我希望我已经收集到了在更为系统和更为严格的条件下的额外数据,尤其是从经验中学习到的个人能力之间的差异。我希望我可以在确定和开发这种重要能力方面有更多的发言权。

我十分热切地希望得到来自读者的宝贵意见和反馈。新经理的经历提醒了我，管理性工作是多么得充满挑战性和令人为之激动兴奋。他们使得我不得不重新评估我作为工商管理学教授的优势地位——我应该学习的知识以及我应该在教室里传授的知识。在此，我再次对使得这项工作成为现实的19位新经理表示最诚挚的谢意。

最新版
"日本经营之圣"稻盛和夫经营学系列
任正非、张瑞敏、孙正义、俞敏洪、陈春花、杨国安　联袂推荐

序号	书号	书名	作者
1	9787111635574	干法	【日】稻盛和夫
2	9787111590095	干法（口袋版）	【日】稻盛和夫
3	9787111599531	干法（图解版）	【日】稻盛和夫
4	9787111498247	干法（精装）	【日】稻盛和夫
5	9787111470250	领导者的资质	【日】稻盛和夫
6	9787111634386	领导者的资质（口袋版）	【日】稻盛和夫
7	9787111502197	阿米巴经营（实战篇）	【日】森田直行
8	9787111489146	调动员工积极性的七个关键	【日】稻盛和夫
9	9787111546382	敬天爱人：从零开始的挑战	【日】稻盛和夫
10	9787111542964	匠人匠心：愚直的坚持	【日】稻盛和夫 山中伸弥
11	9787111572121	稻盛和夫谈经营：创造高收益与商业拓展	【日】稻盛和夫
12	9787111572138	稻盛和夫谈经营：人才培养与企业传承	【日】稻盛和夫
13	9787111590934	稻盛和夫经营学	【日】稻盛和夫
14	9787111631576	稻盛和夫经营学（口袋版）	【日】稻盛和夫
15	9787111596363	稻盛和夫哲学精要	【日】稻盛和夫
16	9787111593034	稻盛哲学为什么激励人：擅用脑科学，带出好团队	【日】岩崎一郎
17	9787111510215	拯救人类的哲学	【日】稻盛和夫 梅原猛
18	9787111642619	六项精进实践	【日】村田忠嗣
19	9787111616856	经营十二条实践	【日】村田忠嗣
20	9787111679622	会计七原则实践	【日】村田忠嗣
21	9787111666547	信任员工：用爱经营，构筑信赖的伙伴关系	【日】宫田博文
22	9787111639992	与万物共生：低碳社会的发展观	【日】稻盛和夫
23	9787111660767	与自然和谐：低碳社会的环境观	【日】稻盛和夫
24	9787111705710	稻盛和夫如是说	【日】稻盛和夫

推荐阅读

读懂未来前沿趋势

一本书读懂碳中和
安永碳中和课题组 著
ISBN：978-7-111-68834-1

双重冲击：大国博弈的未来与未来的世界经济
李晓 著
ISBN：978-7-111-70154-5

一本书读懂 ESG
安永 ESG 课题组 著
ISBN：978-7-111-75390-2

数字化转型路线图：智能商业实操手册
[美] 托尼·萨尔德哈（Tony Saldanha）
ISBN：978-7-111-67907-3

彼得·德鲁克全集

序号	书名	序号	书名
1	工业人的未来 The Future of Industrial Man	21 ☆	迈向经济新纪元 Toward the Next Economics and Other Essays
2	公司的概念 Concept of the Corporation	22 ☆	时代变局中的管理者 The Changing World of the Executive
3	新社会 The New Society: The Anatomy of Industrial Order	23	最后的完美世界 The Last of All Possible Worlds
4	管理的实践 The Practice of Management	24	行善的诱惑 The Temptation to Do Good
5	已经发生的未来 Landmarks of Tomorrow: A Report on the New "Post-Modern" World	25	创新与企业家精神 Innovation and Entrepreneurship
6	为成果而管理 Managing for Results	26	管理前沿 The Frontiers of Management
7	卓有成效的管理者 The Effective Executive	27	管理新现实 The New Realities
8 ☆	不连续的时代 The Age of Discontinuity	28	非营利组织的管理 Managing the Non-Profit Organization
9 ☆	面向未来的管理者 Preparing Tomorrow's Business Leaders Today	29	管理未来 Managing for the Future
10 ☆	技术与管理 Technology, Management and Society	30 ☆	生态愿景 The Ecological Vision
11 ☆	人与商业 Men, Ideas, and Politics	31 ☆	知识社会 Post-Capitalist Society
12	管理：使命、责任、实践（实践篇）	32	巨变时代的管理 Managing in a Time of Great Change
13	管理：使命、责任、实践（使命篇）	33	德鲁克看中国与日本：德鲁克对话"日本商业圣手"中内功 Drucker on Asia
14	管理：使命、责任、实践（责任篇）Management: Tasks, Responsibilities, Practices	34	德鲁克论管理 Peter Drucker on the Profession of Management
15	养老金革命 The Pension Fund Revolution	35	21世纪的管理挑战 Management Challenges for the 21st Century
16	人与绩效：德鲁克论管理精华 People and Performance	36	德鲁克管理思想精要 The Essential Drucker
17 ☆	认识管理 An Introductory View of Management	37	下一个社会的管理 Managing in the Next Society
18	德鲁克经典管理案例解析（纪念版）Management Cases(Revised Edition)	38	功能社会：德鲁克自选集 A Functioning Society
19	旁观者：管理大师德鲁克回忆录 Adventures of a Bystander	39 ☆	德鲁克演讲实录 The Drucker Lectures
20	动荡时代的管理 Managing in Turbulent Times	40	管理（原书修订版） Management (Revised Edition)
注：序号有标记的书是新增引进翻译出版的作品		41	卓有成效管理者的实践（纪念版）The Effective Executive in Action